JN187510

昭和プロレス正史

上巻

斎藤文彦

イースト・プレス

昭和プロレス正史

上巻

はじめに

本書のテーマは、昭和のプロレス史の分析と解体である。力道山を客観視し、ジャイアント馬場とアントニオ猪木を客観視すること。力道山というプロレスラーと〝力道山現象〟、力道山の後継者である馬場と猪木が歩んだ道をさまざまな視点から検証し、昭和のプロレス史を相対化すること。昭和のプロレス史を相対化することで、平成のプロレス、そしてプロレスというジャンルの未来を予想・予測してみようという試みである。

日本のプロレス史、とくに昭和のプロレス史は力道山、馬場、猪木という3人の偉大なるスーパースターによってつくられた。歴史を書くのは歴史家である。歴史的な事件の数かずをじっさいに現場で取材し、記事や本を書き、文献・資料を次の世代に残すという作業だ。日本のプロレス史、とくに昭和のプロレス史のほとんどは田鶴浜《たづはま》弘さん、鈴木庄一さん、櫻井康雄さんという3人の偉大なプロレス・ライター——プロレス・マスコミのパイオニア——によって記された。

昭和のプロレス史の主人公が力道山であり、馬場、猪木であることはいうまでもないが、その力道山、馬場、猪木の物語をリアルタイムで活字にしてきたのは基本的に田鶴浜さん、庄一さん、櫻井さんの3人である。プロレスラーとマスコミは、アナログ・レコードでいえばA面とB面の関係、あるいはコインの表と裏の関係と考えればわかりやすいかもしれない。本書——活字プロレス史——の主人公は田鶴浜さんと庄一さんと櫻井さんである。

日本はこれまでずっと〝プロレス先進国〟といわれてきた。この国を〝プロレス先進国〟にしてきたのは、プロレス・マスコミという日本にしかない特別なメディア——あるいはコミュニティー——の存在だった。日本プロレス史の本格的な幕開けとなった力道山&木村政彦対シャープ兄弟の〝国際大試合〟、力道山対木村の〝昭和巌流島の決闘〟がおこなわれたのは、いまから62年まえの1954年（昭和29年）。この年をプロレス・マスコミ元年とすると、活字プロレスの歴史もそれと同じ長さということになる。

田鶴浜さん、庄一さん、櫻井さんはそれぞれちょっとずつ世代の異なるマスコミ人だった。田鶴浜さんは〝戦後のヒーロー〟力道山が出現する以前から新聞、雑誌でプロレスに関する記事を書いていたただひとりのプロレス・ライター。庄一さんは1951年（昭和26年）のボビー・ブランズ一行の慈善興行にかかわったことでプロレス記者となった。田鶴浜さんと庄一さんは力道山よりも年上で、力道山ときわめて近い関係にあった。田鶴浜さん、庄一さんよりも若い櫻井さんも新人記者時代に約3年間、力道山とじかに接した。3人に共通していることは、力道山時代から馬場・猪木時代を通じて、ものすごい量の活字プロレスを後世に残したことである。

田鶴浜弘さんは1905年（明治38年）、宮崎県生まれ。早稲田大学卒。旧『報知新聞』記者、日本初のプロレス専門誌『月刊ファイト』の主宰をはじめ、1920年代から80年代まで50年以上にわたりスポーツ記者、評論家として活躍。日本ボディビル協会副会長、日本プロスポーツ会議専務理事、日本スポーツ評論家協会常任理事もつとめた。

鈴木庄一さんは1923年（大正12年）、静岡県生まれ。法政大学ボクシング部主将から日刊スポーツ新聞社に入社し、同社運動部長、編集委員を経て、後年は『週刊プロレス』（ベースボール・マガジン社）編集顧問。法政大学講師、関東アマチュアボクシング連盟理事、国際空手道連盟極真会館理事、日本プロレス評議員、全日本キックボクシング諮問委員、日本格闘技連盟相談役を歴任した。本名のほかに〝野目利二〟〝木仁好〟というペンネームも使用した。野目利二はレオ・ノメリーニのノメリーニで、木仁好はジン・キニスキーのキニスキーであることはいうまでもない。

3人のなかではいちばん若い櫻井康雄さんは1936年（昭和11年）、東京都生まれ。法政大学法学部卒。61年（昭和36年）、東京スポーツ新聞社入社。運動部でプロ野球、相撲、武道、プロレスを担当し、その後、第二運動部部長を経て同社取締役編集局長。30年以上にわたり東スポ紙上で膨大な量の記事を執筆したほか、本名と〝原康史〟のペンネームでプロレス関連の著書を多数、出版している。本書ではその大著『劇録 力道山』全5巻と『劇録 馬場と猪木』全13巻（いずれも東京スポーツ新聞社）を参考文献として取り扱った。

明治生まれの田鶴浜さんと大正生まれの庄一さんは故人。昭和生まれの櫻井さんもすでに東スポを定年退職したが、現在も執筆活動をつづけている。第二次世界大戦が終結したとき、田鶴浜さんは40歳、庄一さんは22歳、櫻井さんはまだ9歳の少年。1951年（昭和26年）にボビー・ブランズ一行が来日した時点では田鶴浜さんが46歳、庄一さんが28歳、櫻井さんは15歳で、63年（昭和38年）12月に力道山が死去したときは田鶴浜さんが58歳、庄一さんが40歳、櫻井さんは27歳の若手記者だった。

3人とも活字メディアだけでなくテレビ・メディア（とテレビ番組づくりの現場）とも関係が深く、田鶴浜さんは54年（昭和29年）2月、力道山&木村政彦対シャープ兄弟の日本初の〝プロレス国際試合〟のテレビ中継——街頭テレビ——の解説者をつとめ、その後、日本プロレスと全日本プロレスの中継番組（いずれも日本テレビ）のコメンテーターをつとめた。庄一さんも昭和30年代から昭和50年代にかけて民放テレビ局5社でプロレス中継、キックボクシング中継の解説を担当。櫻井さんは69年（昭和44年）7月の放映開始時から18年間、『ワールドプロレスリング』（テレビ朝日＝当時はNET）の解説者として活躍した。

本書は、この国のプロレス・マスコミのパイオニアであり、昭和のプロレスの語り部であり、〝生きたメディア〟であった田鶴浜弘、鈴木庄一、櫻井康雄の3人の歴史家に親しみと尊敬の念を込めて〝田鶴浜さん〟〝庄一さん〟〝櫻井さん〟と〝さん〟づけで表し、田鶴浜さん、庄一さん、櫻井さんがこれまで執筆した単行本、新聞・雑誌記事、歴史的な記述、プロレスラーや関係者たちのコメント内容などをそれぞれ〝田鶴浜ナラティブ〟〝庄一ナラティブ〟〝櫻井ナラティブ〟と表記することとする。

ナラティブnarrativeとは物語、朗読による物語文学、叙述すること、語り口といった意味で、ここでは活字によって語られた物語、ストーリーを指す。あるひとつの事件、史実でも語り部によってそのディテールが異なっている場合がある。たとえば、力道山がプロレスと出逢うきっかけとなったとされているハロルド坂田との銀座の酒場での遭遇シーンは、その日時もやりとりも文献ごとに微妙にデフォルメされ〝演出〟されているし、力道山から馬場、そして現在の全日本プロレスの三冠ヘビー級王座へと継承されてきたインターナショナル・ヘビー級王座の出自についても、田鶴浜ナラティブと庄一ナラティブでまったくそのストーリーがちがっている。本書では田鶴浜ナラティブ、庄一ナラティブ、櫻井ナラティブをベースに、過去60余年のあいだに活字化された複数のナラティブをできるだけ公平に検証していく。

田鶴浜さん、庄一さん、櫻井さんは明治から昭和初期にかけて生まれた日本人で、パソコンどころかワープロさえ存在しない時代から〝活字〟を書いていたライターだから、いまとなってはそれを確かめるすべはないけれど——庄一さんは鉛筆で、櫻井さんは細いサインペンやボールペンで原稿を書いているところをぼくは目撃したことがある——原稿執筆は手書きの作業であったと思われる。取材の方法についても、とくにレスラーや関係者のコメントを取るさいにテープレコーダー（いまだったらＩＣレコーダーか）にそれを録音していたかどうかもわからない。おそらく、テープに録るようなことはせず、メモ書きをしていたのではないだろうか。しかし、活字になった記事のなかでは力道山や馬場、猪木らのかなり長いコメントがかぎカッコのなかにおさめられている。つまり、力道山の発言、馬場の発言、猪木の発言もまた広い意味では田鶴浜ナラティブであり、庄一ナラティブであり、櫻井ナラティブだということだ。

田鶴浜さん、庄一さんとほぼ同じ時代を生きたジャーナリストではあるけれど、田鶴浜ナラティブ、庄一ナラティブとは異なるスタンスで、また、田鶴浜ナラティブにも庄一ナラティブにもまったく影響を受けることなくプロレス——とくに〝力道山プロレス〟——に関する書籍を著したライターでは小島貞二さんと門《かど》茂男さんがいる。

小島貞二さんは1919年（大正8年）、愛知県豊橋市生まれ。漫画家、力士、雑誌記者、新聞記者とたいへんカラフルなプロフィルの持ち主で、のちに相撲評論家、演芸評論家、作家として活躍し、その生涯に100作品を超える著作を残した人物だ。プロレスを専門分野としていたわけではなかったが——これはぼくの勝手な解釈ではあるけれど——相撲出身の力道山に親しみをこめ、プロレスにも愛情をこめ、〝力道山プロレス〟を扱ったプロレス関連の文献に『日本プロレス風雲録』と『力道山以前の力道山たち——日本プロレス秘話——』の2作品がある。昭和40年代前半あたりまでは大須猛三（おすもうさん、または、おおずもうさん）というペンネームでプロレス専門誌にも記事を寄稿していた。

『日本プロレス風雲録』（初版1957年7月）は、ボビー・ブランズ一行の来日から6年後、〝力道山プロレス〟がスタートしてからわずか3年後に刊行された、日本プロレス史をリアルタイムでひもといた日本で最初の歴史書で、いま読み返してみてもその資料的価値はひじょうに高い。『力道山以前の力道山たち』（1983年）は、力道山の死去からちょうど20年後に刊行された「遠い時代のプロレスラーたちの群像の記録」（小島）で、小島さんのプロレス史観が記された文献としてこれも資料的価値が高い。本書はこの2作品も貴重な参考文献として取り扱い、小島さんのオリジナルの記述を〝小島ナラティブ〟と表記する。

門茂男さんは1924年（大正13年）、福井県福井市生まれ。東京師範学校（現在の東京学芸大学）、東京高等体育学校（現在の筑波大学）を卒業。53年（昭和28年）に内外タイムスに入社し、社会部で警視庁キャップ、運動部長を歴任。力道山－木村戦からプロレス界にかかわり、東京スポーツ新聞社第二運動部部長を経て、日本プロレスコミッショナー事務局局長、コミッショナー代行を歴任。〝メモ魔〟の異名で知られ、プロレス関連の多くの著作を残した。得意分野は〝暴露本〟だった。本名のほかに〝御門茂〟〝荒道茂〟のペンネームも使用した。故人。本書では〝暴露本〟として記された、史実として取り扱うにはいささかの議論の余地があるものと思われる〝門ナラティブ〟は引用していない。

昭和の活字プロレスづくりにかかわったジャーナリスト——昭和プロレス史をつくった当事者——としては田鶴浜さん、庄一さん、櫻井さんのほかに新聞記者出身の森岡理右《りう》さん、山田隆さん、菊池孝さん、門馬《もんま》忠雄さんという4人の著名なプロレス・ライター／プロレス評論家の存在も外すことはできない。本書では森岡さん、山田さん、菊池さん、門馬さんが執筆した記事、著作も参考文献として引用し、それぞれの論旨、論点を〝森岡ナラティブ〟〝山田ナラティブ〟〝菊池ナラティブ〟〝門馬ナラティブ〟と分類する。

森岡理右さんは1934年（昭和9年）、三重県鳥羽市出身。東京教育大学卒業後、東京タイムズに入社。社会部を経て運動部で相撲、プロ野球を担当。65年（昭和40年）から『スポーツタイムズ』

でデスク兼プロレス担当。68年（昭和43年）12月から『プロレス&ボクシング』『大相撲』（ベースボール・マガジン社）の編集顧問。ニックネームはリッキー森岡。学習院大学非常勤講師を経て、76年（昭和51年）から筑波大学に常勤。現在、筑波大学名誉教授。プロレス・マスコミから〝闘いの場〟を大学の教壇に移したインテリである。

山田隆さんは1933年（昭和8年）、北海道北見市出身。日本大学法学部卒業後、59年（昭和34年）、国民タイムス新社（のちの東京スポーツ新聞社）に入社。同社では櫻井さんの2年先輩にあたる。東京スポーツ新聞社運動部部長を経て、フリーのプロレス・ライター。67年（昭和42年）から約20年間、日本テレビのプロレス中継（日本プロレス、全日本プロレス）の解説者として活躍した。東スポ以外の活字媒体で記事を執筆する場合は〝山田豊〟〝山路登〟という、すぐにそれとわかる暗号のようなペンネームを使用した。故人。

菊池孝さんは1932年（昭和7年）、神奈川県横須賀市出身。立教大学卒業後、地方紙の社会部記者、運動部記者を経て、60年（昭和35年）から『大阪新夕刊』でプロレス担当記者となり、68年（昭和43年）からフリー。77年（昭和52年）から81年（昭和56年）まで国際プロレス中継（東京12チャンネル＝テレビ東京）の解説者としても活躍。昭和50年代までは本名以外に〝菊入三山〟〝西武菊彌〟（または菊弥）〝須賀真美〟〝山丸智能〟（サンマルチノ）といった複数のペンネームを使い分けていた。現役最古参記者として2012年（79歳）まで現場で取材活動をつづけた。故人。

門馬忠雄さんは1938年（昭和13年）、福島県相馬市出身。日本大学藝術学部卒業後、62年（昭和37年）、東京スポーツ新聞社入社。運動部部長、編集委員を経て、86年（昭和61年）からフリー。

70年代から80年代にかけては国際プロレス中継、『世界のプロレス』（いずれもテレビ東京）の解説者としても活躍した。現在でも『東京中日スポーツ新聞』にコラムを連載し、単行本、雑誌記事の執筆をつづけている。

昭和40年代から昭和50年代にかけてのプロレス専門誌（『プロレス&ボクシング』『プロレス』『別冊プロレス』など）の目次には、執筆陣として〝志摩一郎〟〝司次郎〟〝築地三郎〟〝北直人〟〝竜豪二〟〝小松川正〟〝芦名兵太郎〟といったあまり聞いたことのないライターのクレジットが並んでいる。これらはいずれも明らかにペンネームで、その正体は櫻井さん、山田さん、門馬さんの東スポ・トリオではないかと思われる。

『東京スポーツ』は毎日、夕方になると駅の売店に並ぶ日刊サイクルの夕刊スポーツ新聞で、プロレス専門誌は本屋さんで売っている月刊ベースの雑誌。しかし、ほとんどの記者がいくつかのペンネームを併用していた事実からもわかるように、記事を書いている人たちは、じっさいにはスポーツ新聞も雑誌もほとんど同じメンバーであることが多かった。つまり、昭和のプロレス・マスコミは、ひじょうに限られた人材によって形づくられた――そのなかで仲がよかったり、仲が悪かったりということはあったとしても――それほど大きくはない共同体だったのだろう。

本書では、プロレス専門誌はおもに『プロレス&ボクシング』『プロレス』『別冊プロレス』『デラックス・プロレス』『週刊プロレス』（いずれもベースボール・マガジン社）を参考文献として取り上げた。そのライバル誌にあたる『ゴング』『別冊ゴング』『週刊ゴング』（いずれも日本スポーツ出版社）にはあえてタッチしていない。これはぼく自身が少年時代から『ゴング』よりも『プロレス』を愛読していたことと、これまでの35年間のプロレス・ライター生活のほとんどを『週刊プロレス』の記者として過ごしてきたことがその理由だ。『昭和プロレス正史』というタイトルで昭和のプロレス史、活字プロレス史をひもといていくうえで、それでは偏りがあるのではないかといわれてしまえばたしかにそういうことにもなるかもしれないが、これはぼく自身のなかのどうにもならない偏りなので、そういう批判があるとしたら甘受するしかない。

昭和の終わりから平成にかけてデビューしたプロレス記者、プロレス・ライターは――ぼくを含め――田鶴浜ナラティブ、庄一ナラティブ、櫻井ナラティブを教科書として読み、大先輩である菊池さんや門馬さんのおはなしを取材現場で聞きながら、プロレス観、プロレス史観を構築してきた。ぼくは在米中の1981年（昭和56年）から『プロレス』『デラックス・プロレス』の海外通信員となり、『週刊プロレス』には83年（昭和58年）の創刊時からスタッフとしてかかわってきた。

現在、日本国内のスポーツ新聞、雑誌、書籍などの活字媒体、放送媒体（テレビ、ラジオ、通信メディア）、インターネット上などで資料、史実として扱われている昭和のプロレス史に関するありとあらゆる情報――つまり活字プロレス――のルーツは、突きつめていけば、過去40年ほどのあいだにさまざまな形でコピー・アンド・ペイストがくり返され、時代を超えてマスメディアとその読者のあいだでシェアされ、ひじょうに長い時間をかけて加工、再加工、再生産されてきた田鶴浜ナラティブ、庄一ナラティブ、櫻井ナラティブであり、森岡ナラティブ、山田ナラティブ、菊池ナラティブ、門馬ナラティブなのである。

1980年代以降の活字プロレスは、ターザン山本さんの『週刊プロレス』と竹内宏介さんの『週刊ゴング』の闘いの歴史だった。月刊誌から週刊誌に〝変換〟されたことで、活字プロレスのリアリティーもまた週刊サイクルとなった。本書は、ぼく自身が書いた記事も含め、『週刊プロレス』に掲載された記事も資料文献として引用、山本さんの署名入りの記事については〝山本ナラティブ〟と記した。

昭和30年代から昭和50年代にかけての〝現在進行形〟として活字になった田鶴浜ナラティブ、庄一ナラティブ、櫻井ナラティブには、現代の人権意識にかんがみるとやや不適切・不適当と思われる単語、表現などが用いられている場合があり、また、外国人レスラーや外国人関係者の人名、外国の地名などのカタカナ表記も統一されていないことがあるが、原稿執筆時の時代背景と作品のオリジナリティーを重んじ、本書ではこれらを〔原文ママ〕という注釈つきでそのまま引用することとした。

引用した著作や記事、歴史的事件の日付、場所、登場人物のフルネームなどのデータについては必ずその出典（作品名、新聞の名称、雑誌名など）を明らかにし、本文中にそれを記した。また、プロレスラー、プロモーター、歴史上の人物、著名な関係者などはパブリック・フィギュア＝有名人・公人として文中敬称略とした。

目次

一章
力道山I プロレス入り

二章
力道山II 昭和29年、巌流島の決闘

三章

力道山Ⅲ　インター王座のなぞ

四章

力道山IV　出自

五章

力道山V　プロレスとメディア

六章

馬場と猪木Ⅰ デビュー

櫻井康雄

鈴木庄一

田鶴浜弘

序章

〝活字プロレス〟の原点

田鶴浜弘とはどんな人物か

田鶴浜弘さんとプロレスの出逢いは、力道山の出現よりもはるかに古い。田鶴浜さんとはいったいどのような人物だったのか。田鶴浜さんが最晩年につづった田鶴浜さん自身のプロフィルがある。

明治38年乙女座の生まれ。

ガキの時代、熱烈な忍者志向――忍者のトレーニング（修行）は、今にして思うと立派なウェイト・トレーニングで、そのおかげか、旧制中学時代になると抜群のバネ人間の筋肉マンとなり（ガキ時代の大正元年頃芝浦で怪力ロシア人の力技興行見物。実はポーランドの有名プロレスラー、スタニスラウス・ズビスコの実弟、ウラディック・ズビスコだった。これがプロレスラーとの初出逢い）中学生の身で大学選手（陸上競技）をヒン負かし、当時国際オリンピック種目だった〝立ち高跳〟の日本記録づくり（1メートル43）、さらに、〝三段跳〟〝五種競技〟の日本代表（極東オリンピック出場）になるなどで、当時の各大学からのスカウトが、引く手あまた（今は野球部以外ではないらしい）、一番条件の良かった早大（陸上競技）入り、だが、間もなく早稲田大学在籍のまんま、当時の旧報知新聞（中略）に入社（アルバイトに非ず正式社員で運動部と事業部兼務）が、以来スポーツ・ライター生活50余年のこれがフリ出し（おかげで早大は落第重ね、やっと昭和7年卒）。

　折しも、かつて（大正10年）講道館柔道に道場破りをかけに来日したアド・サンテルを追って渡米した早大柔道部の大先輩庄司彦雄（原文ママ＝彦男）五段の帰国をめぐって、八田一朗等と、日本初の〝アマレス協会〟設立——これは戦争のため当時〝幻の東京オリンピック〟となってしまったが、〝1940年オリンピック東京〟組織委員会競技部宣伝部を兼務（報知新聞からの派遣）の立場からのテコ入れであり（庄司先輩のアメリカ土産〝アマレス〟は、今の〝プロレス〟に近いものだった）。これに深入りして、当時の世界アマレス組織（今日のFILAの前身で、当時はヨーロッパが本拠）加盟の会議日本代表役員としてエストニアのタリン会議出席かたがた、組織委員会から〝1940年オリンピック東京〟の欧米各国PRの旅に派遣される（昭和13年2月～7月）。

　その途上、ハワイでかつては父の教え児だった世界プロレス王座めぐる現役時代の沖識名との出逢い（父は第一次世界大戦で米国政府に没収されたハワイ中央学院を経営していた時代に沖も在学生だった）で、サンフランシスコのジョー・マルコビッチ（後年アメリカで力道山の後楯だった）、またニューヨークＭＳＧの大ボスとして有名なトーツ・モント等２大プロモーターも紹介され、本場のプロレスを存分に観てまわる。（中略）

第二次大戦後の〝東京オリンピック〟も筆者は組織委員会に連らなる。

第二次大戦後のプロレスだが、折から発足したＮＴＶ正力松太郎氏の知遇で、〝街頭テレビ〟人気盛り上げの目玉として〝力道山プロレス〟テコ入れに一役買い、〝シャープ兄弟戦〟の解説（プロレスＴＶ解説初代解説者）担当のみならず、〝街頭テレビ〟にリンクした日本最初の〝プロレス専門雑誌〟として〝ファイト社〟創設（現行のファイト誌は、その後新大阪新聞に譲渡して筆者から代替り）、プロレスと併行してＮＴＶのボディビル定期番組〝男性美の創造〟のホスト役つとめ（〝ファイト誌上〟でも盛りあげをはかる）で〔原文ママ〕昭和30年の大話題〝ボディビル・ブーム〟を巻き起こし（三島由紀夫を巻き込んでこれが彼の生涯の大転機になる）、〝日本ボディビル協会〟設立する。（『プロレス オール強豪名鑑 世界編』、２９０～２９３頁）

『プロレス オール強豪名鑑 世界編』と『プロレス オール強豪名鑑 日本編』の２作品は１９８６年（昭和61年）４月から６月にかけて、つまり田鶴浜さんが80歳のときに発表した生涯最後の著作で、プロレス・ライター生活50余年の総集編のような内容になっている。早稲田大学在学中にアルバイトではなく正社員として旧報知新聞に入社したというプロフィルはひじょうにユニークなもので、田

鶴浜さん自身の記述には「おかげで早大は落第重ね、やっと昭和7年卒」とあるから、大学を卒業したのは26歳のときだったことになる。

早稲田大学大隅講堂で日本初のレスリング大会――レスリング部設立から2カ月後――が開催されたのは1931年（昭和6年）6月のことで、このとき田鶴浜さんは25歳（同年8月29日の誕生日で26歳）。田鶴浜さんよりもひとつ年下の八田一朗（1906年＝明治39年6月3日生まれ）も25歳。アメリカ帰りの庄司彦男（1896年＝明治29年生まれ）は35歳。試合場として使用されたのは現在のようなアマレス用のマットではなくて、四角いキャンバスに3本のロープが張られたプロレス式のリングだったが、どうやらこれは庄司のビジョンだった。

〝アマレスの父〟八田一朗が〝大日本アマチュアレスリング協会〟を設立したのはその翌年の1932年（昭和7年）4月――戦後の1946年（昭和21年）、日本レスリング協会に改称――だが、庄司はその後、八田グループとは別に大日本レスリング協会をつくった。庄司はアマレスではなく、どうやらプロレスの日本への導入を考えていた。ここで注目すべき点は、まだ20代だった田鶴浜さんが日本におけるアマレスとプロレスのどちらの〝輸入〟にもきわめて深くかかわっていたということである。

やや蛇足になるが、庄司のファーストネームの漢字表記については、現在でも〝彦男〟と〝彦雄〟のふたつの表記がメディア空間を漂流している。田鶴浜さんも著作によって〝彦男〟と書いたり〝彦雄〟と書いたりしているが、庄一ナラティブと櫻井ナラティブではなぜか〝彦雄〟で統一されている。庄司は1896年（明治29年）、鳥取県境港市出身。鳥取県郷土人物文献データベースという資料に記載されている表記は〝彦男〟で、プロフィルには「南カリフォルニア大学教授、1947年、衆議院議員（日本社会党）」と記されている。

庄司との関係、プロレスに興味を持つようになったいきさつについては、田鶴浜さんは1968年（昭和43年）の著作でこう書いている。


私がプロレスに興味を持ちはじめたのは、四十年ほど前のこと、アメリカから帰った庄司彦男氏から本場のプロレス談義を聞かされて以来である。

この庄司氏は、大正十年春、柔道の総本山講道館に道場破りをかけてきたアメリカのプロ・レスラー、アド・サンテルを迎えて、東京の九段にあった相撲場でたたかい、その後、帰国したサンテルを追って渡米した人物だから、面白い話がたくさんあった。

そのおかげで、私はアメリカの雑誌などを拾い読みするようになり、一九三八年アメリカに渡って本場の試合を見、レスラーに会うなどして、ちょっとしたプロレス通になってしまった。

だが、これはあくまでも一ファンとしてプロレスに注目していただけであって、本格的にプロレスに関係するようになったのは、昭和二十六年、力道山にプロレス入りをすすめたバビー・ブランズ〔原文ママ〕が来日したとき、報知新聞で対談の相手に選ばれたときからだ。以来十数年、その間にNTVのプロレス中継における解説をはじめ新聞、雑誌等でプロレスの記事を手がけることになったのである。（『プロレス血風録』、19〜20頁）

のちにプロレス・ライターのパイオニアとなる田鶴浜さんにプロレスの魅力を説いた人物がアド・サンテルと闘ったことで有名な柔道家・庄司彦男であったという事実はひじょうに興味ぶかい。1921年（大正10年）に靖国神社の相撲場でおこなわれたサンテルと庄司のプロレス対柔道の他流試合は、現在では日本におけるMMA（ミックスド・マーシャルアーツ＝総合格闘技）のルーツという位置づけになっている。

ズビスコ、ハッケンシュミット、ゴッチ

田鶴浜さんは、最初の著作となった『世界の選手たち』という本のなかで、いちどはスポーツ・ライターの道をあきらめたこと、戦後に再び執筆活動に戻ることになったいきさつ、そして田鶴浜さん自身が考えるところのスポーツ・ジャーナリズムのなんたるかをしたためている。

『世界の選手たち』はそのタイトルのとおり、登山、ヨット、スキー、ラグビー、陸上競技、ボクシングといったさまざまなスポーツの伝説の選手たちのストーリーで、全10話からなる短編集の第3話には『快力三昧』というタイトルで米国職業レスリング＝プロレスのおはなしが収録されている。

主人公はポーランドからアメリカに渡ったプロレスラー、スタニスラウス・ズビスコ。そのズビスコの半生を追いかけながら、1900年代初頭の〝ゴッチの前にゴッチなし、ゴッチの後にゴッチなし〟とたたえられたフランク・ゴッチと〝ロシアのライオン〟ジョージ・ハッケンシュミットの時代、1920年代の〝大黒柱〟ズビスコと〝胴絞めの鬼〟ジョー・ステッカーと〝絞め殺し〟エド・ストラングラー・ルイスの三強鼎立《ていりつ》時代、そして1930年代以降のアメリカのレスリング・ビジネスの変容までが描かれている。

本文中の登場人物のカタカナ表記は、それぞれスタニスラウス・ズビスコがスタニスラス・ヅビスコ、弟のヴラディック・ズビスコがヴアルデイツク・ヅビスコ、ハッケンシュミットがハツケンシユミツト、ゴッチがゴツヂ、ステッカーがステツカーとなっていて、このあたりが時代を感じさせる。タイトルの〝快力〟もいまだったら〝怪力〟とするところだろう。

終戦から4年後の1949年（昭和24年）7月に出版された本だから、20世紀前半――日本で本格的にプロレスがはじまる以前――のアメリカのプロレス事情をくわしく紹介した日本における最古の文献ということになるのかもしれない。プロレス、プロレスリングというカタカナ語が発明されるまえのプロレスの物語には米国職業レスリングという表現が用いられている。

田鶴浜さんの人となりをよく知るための手がかりとして、ここでは単行本『世界の選手たち』から『自序ノート』と『快力三昧』の抜粋を紹介する。旧漢字、旧カナで書かれているところはできる限り原著に忠実に現代語に変換し、マツト（マット）、オリンピツク（オリンピック）といった外来語のカタカナ表記、漢字の送り仮名については田鶴浜さんの原稿のオリジナリティーを尊重し、基本的に原著どおりとした。

『自序ノート』

（前略）この物語の材料は、僕が十年ほど前、文筆生活に一度別れて渡満した（満州に渡った）時、過去の生活の記念に——と持っていったものの一部で、終戦後、僕が東満州の国境に苦しい俘虜（捕虜）生活をしていた新京の留守宅で、僕の生死も知れぬままに、女手一人で内地に引揚げる僕の妻が、——ひょっとしたら僕のかたみになるかも知れない——と、大切にリユックサックの中に入れて持ち帰ってくれた遺品箱の中のものである。

田鶴浜弘著『世界の選手たち』沙羅書房、1949年

引揚げの荷物検査で、一度は没収されたが、遺品と思い込んでいた妻の熱望が検査官を動かしようやく許されて持ち帰れた――といういわくつきのものであったから、今となってはことさらに感慨は深い。

昔『オール読物』『報知新聞』に書いた物もあり、僕の帰国後『日刊スポーツ』に連載したものなどに、筆を入れまとめた。

また『日刊スポーツ』への連載は、帰国後早々の僕に取っては、無事に生きて帰れた――という友人たちへのいいご挨拶状代わりの役目を果す結果ともなって、おかげで、おたがいに居所の知れなかった友人たちと何人か、めぐりあえたことも感謝している。

（中略）

偉大なるスポーツマンや、あるいは各種スポーツ固有の体臭が強くにおっている物語が書いてみたいと思う。

僕はかつて陸上競技の選手であった。

陸上競技というものは、見る競技ではなくて、自分でやる競技である。

競技である以上、勝負ではあるが、必ずしも勝負だけではない。

僕の思い出の心境は、いろいろつきつめてみると肉体の能力を追及する努力の没我境に酔う喜びや苦しみであったと思う。

考えようでは、アスリートは、一種の肉体の哲学者じゃあないかと思う。

スポーツの種類や、本人の力、技量あるいは、環境と立場で、彼〔原文ママ〕がスポーツと取り組み、立ち向かう対象や心境が、それぞれ異なっているであろうから、スポーツ文学としての対象も何も僕の陸上競技に対する場合の例示に限るような狭い範囲のものでは決してない。

僕は、選手生活を去ってから、競技団体の役員をしながら、約十年間、一九四〇年オリンピック東京大会の流会までスポーツライター生活をつづけ、その間、新聞雑誌にずいぶんたくさんの文章を書いた。

前記したように、僕はかつて陸上競技の選手であったが、その後、偶然のめぐり合わせで、日本レスリング創立時代からこれに関係して、競技団体的にはレスリングに一番深く介入してしまった。

それから拳闘にも特に深い愛著《あいじゃく》を感じている。（中略）

昭和十二年ドイツから、レスリングのレーマン選手を連れて帰国する船の中で、オリンピック東京大会の流会決定ニュースをラジオで聞き、以来のスポーツ社会は不愉快な国防スポーツのイデオロギーで色あげされた。それに嫌気がさした僕は、思い切って一八〇度の転身をし、満州に去りスポーツライター生活を離れ、以来終戦まで、ペンにもスポーツにも別れていた。

敗戦日本に舞い戻った今の僕は、再度、スポーツとペンの生活に郷愁を感じ始めている。

僕はスポーツライター生活に十年間という幅広い断層があったが考えようによるとそ

の間に、別の眺め方や考え方を反省する余裕を与えられ、僕という人間全体としての成長ということをも勘定に入れると、むしろ、これからの方が面白いものが書けるんではないかと思っている。(『世界の選手たち』、1～5頁)

『快力三昧』

「近ごろのレスリングなんざァ、ムキになって見てるのがおかしいわい――あヤツらはだいたいレスラーだなんぞというよりは、軽業師だってえほうが、よほど本当に近けェ、俺たちの若けぇころのレスリングは生命がけの果し合いだったものョ。それが証拠にゃ、本物のレスリングで若けえころに鍛え上げた俺の身体を見るがいい。この年になっても、当節の若けえ者にびくともするもんじゃァねェ」

一八七六年にポーランドの片田舎で生れた岩壁のような胸、丸太ン棒のような両腕、ゴリラのように毛むくじゃらな二二五ポンド(約二七貫)の巨体の前世界重量級職業レスリング選手権者スタニスラス・ヅビスコは、禿げ頭を振り、肩いからせて、かくは広言しながら、つい先だってのこの大戦直前まで六〇歳をいくつか越した老体ながら意気軒昂として若い現役選手と肩を並べ、米国職業レスリング界を渡り歩いていた。

弟の、これがまた、兄貴に瓜二つというほどよく似たヴアルデイツク・ヅビスコと一緒に、時にはレスリングの檜舞台ニューヨークのマジソン・スクエア・ガーデンやシカゴのシカゴ・スタデイアムあたりのマットにも上るし、毎週一回くらいのわりで、田舎まわりの草試合稼ぎにも闘かっていた。

レスリングで飯を食うこと四十年、試合数二千回を超し、なおその荒仕事をやめないというから物凄い親父である。

リング・ネームを大黒柱と呼ばれ、いくぶん敏捷さを欠くから近ごろ流行のアクロバテイックなはなれ業には向かないが、超人的な耐久力、と金剛力の持ち主で、大黒柱のごとくマットの真ん中につっ立って、相手がいかなる技をほどこしてこようが、根が生えた大木然と真正面から、ガツキとばかりにそいつを食い止めて、打たれようが、頭や胴を締めあげられようが、あるいは不意をつかれ投げ飛ばされるとも、うんと踏ん張って耐えつづけ、恐るべき金剛力をこめた「両羽交い締め《フルネルソン》」か「頭がい骨締め《ヘッド・ロック》」あるいは得意中の得意技である「足攻め《トーホールド》」のチャンスを待って、それらの一つでもが、かかったならば、それこそ雷が落ちようとも、大地震が揺れようとふりほどけることではない。

「大黒柱」とは、まったく強情我慢の禿げ頭ヅビスコには、ふさわしい通り名である。

四十年という長いマットの生活だから、ずいぶんいろいろな相手と組み合っている。

近世の職業レスラーで、ヅビスコと顔を合わせていない奴は、下っ端選手かもぐりである。

一九二二年有名な「締め殺しのルイス」を破り、一年間、一九二五年にワインマン〔原文ママ＝ウェイン・マン〕を破り数カ月間と、二回にわたって世界選手権を握ったが、全試合を通じてのその戦績はまず中くらいだ。

二千回を超える試合中、勝敗あいなかばする程度の記録で、ことに近来アクロバティツクな見世物興行化した傾向が歓迎されるようになってからは、いわゆる「立て役」とでもいうべきよい役回りには、どうも縁が薄く、ますます戦績に黒星が増えていくとはいうものの、いまだかつて、本当に参った――という試合は、一つもないと豪語している。

「俺の黒星は、負けたんぢやアねェ、俺にチャンスが回って来ねェうちに時間が切れただけョ」

というのは、決してまけ惜しみではなく、その強情我慢の試合ぶりから見て本当のところであろう。

その長い選手生活の間には、あらゆる強豪選手と対戦してきており、彼の歩いてきた路をふり返ってみると、それはまさに生きている近世世界職業レスリング変転史そのものであろう。

この珍重すべき老人の多彩な半生をたどってみよう。

強情我慢なヅビスコの若いころ、世界に覇をとなえ、初代世界重量級職業レスリング選手権者として認められた「ロシアのライオン」ことハツケンシユミツトには、幾度も向かっていって、どうしても勝てなかったが、それでも決して「参った」とはいわなかったというおもしろい挿話を残している。

ハッケンシユミットは、スタニスラス・ヅビスコと同じ一八七六年ロシアに生まれた男だが、ロンドンで力技を磨いた。

レスリングばかりでなく、力持ちとしても当時の世界一で、腕に力をこめて、グット〔原文ママ〕曲げると、今はなきかつての浅草の仁王様の腕ほどもある力こぶができる。

その自慢の力こぶの周囲が一九寸もあるし、背中から胸にかけて、鶏卵大の力こぶが随所に頭を持ち上げたということである。

どれほど力があるかということを具体的に説明すると、あお向けに寝て、頭と脚で身体を橋型に持ちあげるレスラーブリッヂを作りながら、三二〇ポンドの鉄アレイを胸の上に両腕で高々と差しあげ、差し下したり、あるいは直立して、左右の腕にそれぞれ九〇ポンドの鉄アレイを持ち、水平に前方に伸ばして平気で立っていたという記録を持っている。

一九〇〇年前後、二十歳台のハッケンシユミットは、ロンドンを中心に西欧にまったく敵がなくなってから、ポーランドを通り故郷のロシアに向かい、東欧に敵を捜し歩いた。

そのころ、ポーランドではスタニスラス・ヅビスコとヴアルデック・ツビスコ〔原文ママ〕の兄弟レスラーが無敵を誇り、二本の大黒柱のごとく「ロシアのライオン」の行く手に立ちふさがっていたわけである。

ヅビスコ兄弟くらい、酷似した兄弟というものはめったにない。

二人とも揃ってレスラーであるだけでなく、実力もほぼ同じくらい、おまけに二十歳台の若さで鼻下にひげを蓄えているくせに、揃って頭髪は一本もなく、ツルツルテンの若はげの石頭で、体重も二二五ポンド前後の巨人であった。

ヅビスコは、技は早くないが、生まれついての大した強情我慢で、忍耐力と、金剛力の持ち主であった。

ハツケンシユミツトとの第一戦には、兄貴のスタニスラス・ヅビスコが立ち向かった。試合の経過はつまびらかではないが、鈍重なヅビスコは大黒柱のごとく、揺るがなかったとはいえ、果敢なハツケンシユミツトが終始優勢で規定時間が来ても、ともに伸びなかった。

しかし当然判定は「ロシアのライオン」のものであった。

握手をして、マットを去る時、判定負けを宣せられたヅビスコははげ頭から湯気を立てながらマットの真ん中に立ち胸を張り、四方を睥睨《へいげい》して「今日はチャンスが来ないなかに時間が切れたが、今度の試合で露助〔原文ママ〕の首を叩き折ってやる」と豪語しハツケンシユミツトの握手を荒々しく振りはらった。（中略）

それから後、ヨーロッパに敵なく、職業スポーツ栄える米国に相手と黄金を求めて、ハツケンシユミツトが押し渡ったあとを追い、スタニスラス・ヅビスコもおくればせながら、のそのそとはげ頭の巨体を大西洋通いの船に運び、アメリカにやって来た。

ころは一九〇〇年代の始め米国のレスリング界に君臨する稀代の強豪フランク・ゴツ

チが頭を持ち上げつつあった。後年ゴッチ以前にゴッチなく、ゴッチの後にゴッチなし――と嘆ぜられた。ゴッチという男は大したレスラーで、ハッケンシュミットの果敢豪力とヅビスコの忍耐力とを併せ持つうえに、神技といっても過言でないほどの特技たる「脚とり攻め」の武器が完成され、彼こそは、超名人というべき人物であった。

ついに一九〇五年の四月、ハッケンシュミットもゴッチのため二時間余にわたるもつれ合いを演じた末退治されてしまったし、ヅビスコも「いつかはゴッチの腕を折ってくれる」と豪語しながらどうにも勝ち味なく、客観的には、レスリングの神様に完敗をつづけた。

大黒柱のヅビスコは、太い腕を胸に組みながら「野郎の腕を折っちまう」をくり返すばかりで、豪語がいっこう実現せぬうちに、八年の年月が経過し、その間、ゴッチは世界重量級レスリング選手権者の王座に悠々フン反り返って過ごしたが一九一三年、敗れずして退位を声明し、大黒柱の念願もついにお流れとなってしまった。

「ゴッチ不敗で王座を去る」というニュースを、大黒柱は、田舎めぐりの興行先で聞いて大いに落胆した。

『屠殺場の豚殺し崩れ』〔原文ママ〕『ギリシア人の氷配達人夫上り』〔原文ママ〕『向う傷の男』なんどという、荒くれた力自慢の若者一隊を引率していた旅先のヅビスコは、ゴッチのいるシカゴの空を遙かににらみながら目玉をひんむいてはげ頭に湯気をたてゆでたまごのごとき相貌《そうぼう》を呈し、「ゴッチの野郎逃げやがった」と怒ったという。

ゴッヂ去った後には、次期選手権決定のトーナメントで新人カトラーが一九一四年王座に就き翌年有名な「胴締めの鬼」ステツカーが現れ、一年置いて一九一七年には、ゴツヂの流れを汲むアール・コダック〔原文ママ〕が王座を奪えば、一九二〇年にはステツカー雪辱する間もなく翌年は、これまた職業レスリング史に輝く「締め殺し」のルイスが制覇する。

第一次欧州大戦は終り、好況時代到来で強豪林立し、ここのところ職業レスリング大発展時代を迎えた。

そのころに至って、ようやくヅビスコにも運が向いて来て、一九二二年、ルイスをマットに伸ばし、第十代世界重量級選手権者となったのであった。

ともかく、それまでのヅビスコは大黒柱のごとくに、がっちりとチャンピオンたちに相対する手強い存在でこそあれ、技の遅い持ち前がわざわいをして、いつもチャンスを失っていた。

一九二一年前後「胴締めの鬼」ステツカー、「締め殺し」のルイス、それから「大黒柱」のヅビスコとそれぞれ、はっきりした特徴をもった三強鼎立時代を迎えたレスリング界は、大した壮観であった。「胴締めの鬼」とあだ名されたステツカーは、その名の通り殺人的な恐るべき胴締めが売りもの。で、これが決まったが最後、たいていの荒くれ男が、もん絶してしまうのである。（中略）

「締められるにきまってらァ」

「あの胴締めを頑張り通すのが大黒柱だ」

というわけで、えらい前景気でステツカー対ヅビスコ戦は大入りであった。

ヅビスコは果たして、前半戦、痛烈に胴締めを喰って締め上げられた。（中略）

小一時間、もつれ合う二人の巨人は、マットの上をのたうちまわった末、ついにあの子馬さえ締め殺したステツカーの両脚が、大黒柱の胴っ腹からほぐれてしまった。

もうこうなればヅビスコのものである。

背後からヅビスコは金剛力をしぼって「両羽交い」で、ステツカーを押えつけ、弱ったところを右手で大腿を取り、左手で「片羽交い」しながら、持ち上げて、真っ逆さまに頭から床板めがけて叩きつけ勝負がついてしまった。

ステツカーを粉砕した余勢をかって、直ちに、立ち向かった選手権者の「締め殺し」のルイスというのはまた不世出の怪物、ステツカーに輪をかけたような戦慄に値する人物である。

相手の頭を腕とわきで締め上げる「頭がい骨締め」の名手で、この技がかかったら最後で、ただ単に締め上げているだけでも、たいていの強情我慢な男が、目から火花が飛んで失神してしまうか、さもなくて、ほんとうの不死身男で、この凄い技にかかって万一にも失神しなかったとすると、ことによったら、頭のはちを締めつぶされて、あの世に旅立たされるにちがいない、というくらいの代物。

ところで、ルイスは、締め上げるだけでは満足せず、いよいよ相手がしぶといとなると、相手の頭を脇の下に締め上げながら、頭を、支点にして、相手の巨体が空中に大きな弧を描く戦慄的な「頭がい骨締め投げ」を、麦穂打ちのごとく連発し振り回して床に叩きつけるのだから、まさに地獄の責め苦を味わう以上といわねばなるまい。（中略）
「ルイスは、メキシコ・シティーの旅行先で、牛の頭を締め上げて、一時間半でみごとに頭がい骨をグチヤグチヤに粉砕して殺してしまった」などという話が試合の宣伝と、「大黒柱」ヅビスコに対する威嚇の意味を兼ねて、さもさも真実らしく伝えられたという。（中略）

攻め立てるルイス、頑張り通すヅビスコという戦況が進むにつれて、ここのところ、旭日昇天の勢いのヅビスコは次第に立ち直って「頭がい骨締め」がツルリとはづれ、そのはづみを喰って、ちょっとすかされ気味に体勢の崩れたルイスの胸板目がけて、その巨頭が物凄い頭突きを喰わせたのをきっかけに、攻守位置を転じてしまった。

前回のステツカー同様、今回もヅビスコの金剛力が、ルイスの両腕をしばり上げ、首根っこに丸太のテコで締めたてるような「両羽交い」がかかり長々とマツトの上に伸ばしてしまった。

スタニスラス・ヅビスコは、その念願かなって、世界重量級レスリング選手権を獲得し、ダイアモンドをちりばめた時価二万五千ドルという「王者のベルト」を、その太い腹に巻きつけられた。

思えば、ズビスコ〔原文ママ〕が大西洋を渡って以来二十年にも近く、そのはげ頭はいよいよ光沢を増し、年すでに四十五歳、よい親父であったことを考えると、永い苦労が報いられたわけであるが、鯨飲《げいいん》大食と格闘力技三昧に夢のごとく年月を過ごしてきた当の御本人は、人並みの感慨などは一向にないようであったそうだ。

国技館ではないから、座布団の雨は降らなかったろうが、満場の観客はすごい沸き方、

「大黒柱!」

「石頭!」

などという歓声のなかに、いろんな品物が八方から降り、リングの真ん中にスポット・ライトを浴びたヅビスコははげ頭を光らせ得意満面、相好《そうごう》を崩してつっ立ち、さん然と輝くダイアモンドの帯をしめ、リングサイドの運動記者が、感想を聞いたのに対して、いった台詞というのが振るっている。

「俺がアメリカに来て、もう二十年になるかねエ、そんなに経ちゃすまい――」と好人物らしい顔面にかすかに回想の表情を浮かべながら、一本一本右手の指を折り曲げて数えていたが、折ってひろげる六、七本目の指であとの勘定をやめてしまったという。

そして、さん然と輝く、ダイアモンド帯を不思議そうにながめていたが、片目つぶってウインクしながら、アスレテイツク・コミツシヨンの委員に奇問を浴びせた。

「ガラス玉じゃねエだろうな」

「馬鹿野郎、ダイアモンドを知らねエのか」

「宝石屋で鑑定させて、偽物だったら、手前たちの首を折っちまうぞッ」

上機嫌でそういいながらバスローブ〔原文ママ〕を肩に引っかけて、ドンドン引きあげて行った。

「大黒柱」のズビスコ〔原文ママ〕は、かくて一九二〇年代、米国職業レスリング界群雄割拠時代の第一線に大花形として祭り上げられた。（中略）

「大体なっとらんよ、一度に世界選手権者が二人もいたり」と、前の時代の者は嘆く、つまりチャンピオンを認める委員会が二つ存在しはじめている。

だが、正面切って、騒ぐには当たらない、ヅビスコがいっているように当節の職業レスリングは見世物以外の何ものでもありはしないからだ。

かつてブラウニングの得意技だった頭上で相手を振り回しブン投げる「飛行機投げ」あたりは軽業はまだよいとして、体重六十貫を前後する「山男」などいう片輪者〔原文ママ〕が売りものになったり、試合に悪役と立役の役割りができたりに至っては、面白いかもしれないが沙汰の限りである。

したがって興行政策上、選手権が猫の目のように変わったところであえて不思議ではない。

「年は取っても、俺が怖がる相手などは一人もいねエ」とヅビスコはブツブツいうだけに、強いかもしれないけれど不器用な彼の浮かび上がる機会はもう去り、時流には乗れず三流どころに成り下がった。

ヅビスコが軽べつする、加州地方に旅興行の途中、あるホテルのロビーで、身なりの

豪奢《ごうしゃ》な中年過ぎた紳士がほほ笑みかけた。（中略）

「スタニスラウス〔原文ママ〕の親父さん、相変わらず元気らしいね」

「どこの旦那だっけ」

相手は、腹を大きく揺すぶって笑いながら、

「あっしでさア、あまり変わっちまって、それ力持ちのルー・ダーローさ」

「旦那が、野良牛みてえなダーローだと」

ヅビスコの驚くのも無理はない。

サーカスの力持ち崩れ〔原文ママ〕で、地方のカーニバル興行の顔なじみで食うや食わずの時にインチキ・レスリングに、たまに拾ってやったことのある下っ端選手の昔の姿と、今は似ても似つかぬ羽振りらしいのである。

これは近世軽業レスリング興行の天才的興行師として、ロサンゼルスを根城に、ひと頃大儲けし、かつ日本の相撲までも買いにきたことのある有名なカーネーション・ルー・ダーローの売り出しはじめのころであった。

「おやじさん、当節は、がんばりとクソ力だけじゃダメだ。芝居心が第一、それにおやじさんもいい年、そろそろ俺に見習って、興行師になるんだナ」

「馬鹿ッ吐《と》せ、だいたい手前と俺では、格が違わア。これでも二万五千ドルのダイアのベルトを締め込んだもんサ」

「そのベルトを出したり、チャンピオン争覇戦を、いったいだれが興行するんだい」

「今の選手権なんざア、軽業のインチキじゃツねエか、今時の若いヤツらなんざア俺に勝てねエ」

「その軽業を俺様の頭が編み出したのヨ、おおきに悪かったたっけ」

ダーローは、涼しい顔をして、「大黒柱」のはげ頭に紫煙をプーッと吹きかけて、大笑いをした。

「何をッ、こん畜生、もう一度言ってみやがれッ、首の骨を叩き折るぞッ」（中略）

スタニスラウス〔原文ママ〕・ヅビスコは老いてますます意気盛んで、葉書大の大きな名刺に前世界重量級選手権者と大きく刷っていて
「メーン・エベンターだぞッ」

といばっている。

しかし一流試合場での試合の時、プログラムを見ると、中ほどのところに前世界選手権者の肩書こそあれ、最上列にあるメーン・エベンターの名前が刷ってある大きな活字の半分くらいな小さい活字でしか彼の名前は書かれてはいない。

新聞だって、雑誌だって、めったに、もう彼を取りあげはしなくなった。

それでもみずから、メーン・エベンターをもって任じ、番組の最後に彼の試合をもっていってやらせないとご機嫌が悪かったという。

大戦前、昭和十三年頃、筆者はM・S・G（マジソンスクエヤーガーデン）で彼の試合を見た。

その夜のプログラムによれば、オマホニー対ケーシー戦がメーン・エベントであった。しかし、試合順序は、メーン・エベントのほうが先の、終りから二番目で、はげ頭でビア樽のような老ヅビスコ対ジンブレマンの試合が、当夜の結びの一番になっていたのを覚えている。

「俺は、一番しまいでなきゃア面白くねエ」

などといいかねないヅビスコ老のことだから、きっと、無邪気で、一途に片意地な、老ヅビスコのわがままを、主催者が聞き入れてやったのではなかろうかと、この試合を見ながら、ほほ笑ましい気がした。

強情我慢な老ヅビスコが、つい先だってまで、骨とうのようなレスリングで、みずからの年齢を忘れ、なお希望を抱き、意気さかんなりしことがかえって哀愁の心を抱かせた。

その一生を力技格闘三昧に過したスタニスラス・ヅビスコ老よ益々健在なれ。（『世界の選手たち』、67～89頁）

田鶴浜さんがニューヨークのマディソン・スクウェア・ガーデンで観戦したという試合は、1938年3月30日の興行のことだろう。というのは、同年、ガーデンでプロレスの興行が開催されたのはこの1大会だけで、それから11年間——アメリカの研究家たちはこの11年間をニューヨークのダーク・イヤーと呼んでいる——、戦後の1949年2月まで同所ではいちどもプロレスの試

合はおこなわれていない。

マディソン・スクウェア・ガーデンにおけるプロレス興行の記録をくまなくリストアップしたアメリカの資料集によれば、この日のメインイベントではスティーブ・ケイシーがダーノ・オマホニーを下し、メインのひとつまえの試合では、田鶴浜さんが少年時代に芝浦で目撃したというヴラディック・ズビスコがスリム・ジンブルマンという無名のレスラーを2分55秒の短いファイトで負かしたことになっている。プロモーターはヴラディックの実兄、〝大黒柱〟ことスタニスラウス・ズビスコだった。

スポーツ・ジャーナリストとしてのバックボーン

『世界の選手たち』の序文にあたる『自序ノート』によれば、同書に収録された10編の物語のノート（草稿）は「僕が十年ほど前、文筆生活に一度別れて渡満した時、過去の生活の記念に——と持って行ったものの一部」だという。

同書の目次のすぐまえにある著者略歴には「昭和二年、早大在学中報知新聞社運動部記者となり、同社勤務の傍ら昭和八年日本初のスポーツ新聞『週刊スポーツ社』を主宰するも、時期尚早で長続きせず休刊」「——昭和十二年同協会（大日本アマチュア・レスリング協会）及びオリンピック東京大会組織委員会により欧米派遣」「一九三八年国際アマチュア・レスリング連盟総会（エストニア）に日本代表委員として出席」「昭和十三年転業会社員、翌年渡満し終戦により俘虜生活、後昭和二十一年末内地に引揚ぐ」とある。

ここでもういちど整理しておくと、田鶴浜さんは早大在学中に22歳で報知新聞社運動部記者となり（1927年）、28歳のときに日本初のスポーツ新聞『週刊スポーツ社』を主宰（1933年）、1938年（当時33歳）の半年間の外遊のあとに転業して会社員となり、翌1939年（当時34歳）に満州に渡った。戦前、日本初のスポーツ新聞をつくったのが田鶴浜さんだったという事実はあまり知られていない。「終戦により俘虜生活」とあるが、わかりやすくいえば捕虜となって抑留生活を送ったということだ。

『自序ノート』には「昭和十二年ドイツから、レスリングのレーマン選手を連れて帰国する船の中で、オリンピック東京大会の流会決定ニュースをラジオで聞き、以来のスポーツ社会は不愉快な国防スポーツのイデオロギーに色あげされた。それに嫌気がさした僕は、思い切って一八〇度の転身をし、満州に去りスポーツライター生活を離れ、以来終戦まで、ペンにもスポーツにも別れていた」と書かれている。

1940年（昭和15年）に東京での開催が決定していたオリンピックは、戦争のため中止となった。軍人ではなかった田鶴浜さんが「満州に去り」とあるのは、軍国主義の道を突き進んでいた日本を捨て、新天地・満州に新しい人生を求めたということなのだろう。『世界の選手たち』第8話『果たせなかった雪辱』――ドイツの中距離ランナー、ハンスブラウンの物語――はこんな書き出しではじまる。


戦争というものはスポーツの敵である。

戦争とスポーツは両立しない。

それなのにかつての戦時体制中「国防スポーツ」などと銘打って、スポーツを戦力培養の予備目的視して時局便乗を図ろうとしたなどは、結局スポーツを愛するのあまり、戦時中にもなおスポーツを守り通そうとした自己防衛窮余の一策だったとすればまだ情状酌量もできるが、それを本気でやっていたのだったら、スポーツの正体を知らぬ輩だ――と軽べつしてよいと思う、スポーツは人間の闘争本能を中和させる作用を持っていると思う。

突飛な引例だが、仮に世界中の人間が、全部スポーツ選手だったら戦争など決して起こりはすまい、おそらく闘争の情熱を皆スポーツで燃やしつくし、汗と一緒に洗い流してしまうであろう。

戦争どころか国内の社会的な相こくやまた野心的な極端な生存競争も中和されるにちがいない。

レーニンだったか、うまいことをいったと記憶する。

「スポーツは阿片だ」と。

極端にスポーツに全生命を捧げつくすと、あるいは社会的に去勢された人間ができてしまうかも知れぬ――と極端な場合を想像させる実例がないでもない。

スポーツは世界人類の闘争本能に対して、一つの安全べんではなかろうか。

スポーツは平和においても繁栄するし、スポーツマンは平和時代においてこそ幸福ではある。

世界的平和行事の大祭典近代オリンピックもまた平和な時代にだけ繁栄する。（『世界の選手たち』、184〜185頁）

1905年（明治38年）8月29日生まれの田鶴浜さんは、終戦の夏に40歳となり、44歳の誕生日の1カ月まえにこの本を出版した。これまでプロレス関連の文献、資料ではあまり触れられてこなかった部分ではあるが、田鶴浜さんは、戦争にほんろうされつづけた世代の日本人だ。20代から30代にかけての戦争体験がスポーツマンであり、ジャーナリストであり、国際的な職業人であり、家庭人であった田鶴浜さんをひじょうにリベラルな平和主義者にしたのだろう。「戦争というものはスポーツの敵だ」「戦争とスポーツは両立しない」「スポーツは人間の闘争本能を中和させる作用を持っていると思う」という文面から読みとれるその姿勢こそ、まさに田鶴浜さんのスポーツ・ジャーナリストとしてのバックボーンなのである。

田鶴浜ナラティブ＝プロレス文学の原型

『快力三昧』は、プロレス文学あるいはプロレス小説というべき作品だ。主人公のスタニスラウス・ズビスコは、「生まれついての大した強情我慢で、忍耐力と、金剛力の持ち主」であったという。これはズビスコというプロレスラーに対する田鶴浜さんの評価なのだろう。田鶴浜さんの好きなフレーズだったのか、文中には〝強情我慢〟という単語が何度も何度も使われている。〝強情〟は頑固なことだが、広辞苑によれば〝我慢〟は①自分をえらく思い、他を軽んずること、②我意を張り他に従わないこと、③耐え忍ぶこと、とある。現代語のニュアンスだと③のほうが先にくるようなイメージがある。

現在の資料では、ズビスコ（本名スタニスロー・ヤン・シガニーヴィッツ）はポーランドのガルシア出身でオーストリアのウィーン育ち。1878年、または1879生まれが〝定説〟で、1906年にフランスで世界グレコローマン・トーナメント優勝、1907年にはベルギーでヨーロッピアン・ヘビー級トーナメント優勝。1909年にアメリカに渡り、世界統一王者時代のフランク・ゴッチと2度対戦（1敗1引き分け）。ゴッチに敗れるまでは〝945戦無敗〟という〝神話〟を売りものにしていたという。

〝家元〟フランク・ゴッチ対〝ロシアのライオン〟ジョージ・ハッケンシュミットの世界統一ヘビー級選手権試合については、文中では1905年となっているが、史実としては1908年4月3日

（イリノイ州シカゴのデクスター・パーク・パプリオン）とそれから3年後の1911年9月4日（シカゴのホワイト・ソックス・パーク＝現在のコミスキー・パーク）の2回、おこなわれていたことが明らかになっている。昭和40年代あたりまで、日本のプロレス・マスコミはゴッチ対ハッケンシュミットの最初の世界統一戦が開催された年を〝1905年〟と表記していた。これもまた田鶴浜ナラティブの影響といえるかもしれない。

作品のなかでは1900年ごろにポーランドでおこなわれたというズビスコとハッケンシュミットの闘い、ズビスコ対〝胴締めの鬼〟ジョー・ステッカーの次期世界王座挑戦者決定戦（1921年3月4日＝ニューヨーク）、ズビスコ対〝絞め殺し〟エド・ストラングラー・ルイスのタイトルマッチ（1921年5月6日＝ニューヨーク）の模様がくわしく描かれているが、もちろん、田鶴浜さんはこれらの試合を現地で観戦したわけではない。おそらく、海外の文献をもとに原稿を書いたのだろう。つまり、田鶴浜さんのジャーナリストとしての経験とイマジネーションの産物である。

〝絞め殺し〟ルイスを「首根っこに丸太のテコで締めたてるような〝両羽交い〟」でマットの上にのばしたズビスコが、念願かない、「ダイアモンドをちりばめた時価2万5000ドルというチャンピオンベルトをその腰に巻いた」という場面は、まるで田鶴浜さんがその場にいたかのような写実的な描き方になっている。この物語のクライマックスといっていいシーンをもういちど引用する。

（前略）永い苦労が報いられたわけであるが、鯨飲大食と格闘力技三昧に夢のごとく年月を過ごしてきた当の御本人は、人並みの感慨などは一向にないようであったそうだ。

国技館ではないから、座布団の雨は降らなかったろうが、満場の観客はすごい沸き方、

「大黒柱！」

「石頭！」

などという歓声のなかに、いろんな品物が八方から降り、リングの真ん中にスポット・ライトを浴びたヅビスコははげ頭を光らせ得意満面、相好を崩してつっ立ち、さん然と輝くダイアモンドの帯をしめ、リングサイドの運動記者が、感想を聞いたのに対して、いった台詞というのが振るっている。（中略）

そして、さん然と輝く、ダイアモンド帯を不思議そうにながめていたが、片目つぶってウインクしながら、アスレテイツク・コミツシヨンの委員に奇問を浴びせた。

「ガラス玉じゃねエだろうな」

「馬鹿野郎、ダイアモンドを知らねエのか」

「宝石屋で鑑定させて、偽物だったら、手前たちの首を折っちまうぞッ」

上機嫌でそういいながらバスロープ〔原文ママ〕を肩に引っかけて、ドンドン引きあげて行った。（『世界の選手たち』、80〜81頁）

ズビスコには人並みの感慨は「一向にないようだった」ではなくて「一向にないようであったそうだ」、国技館ではないから「座布団の雨は降らなかった」ではなくて「降らなかったろうが」とところどころの描写はやや伝聞的になっているが、チャンピオンベルトを腰に巻いたズビスコが

「はげ頭を光らせ得意満面、相好を崩してつっ立ち」「さん然と輝く、ダイアモンド帯を不思議そうにながめていたが、片目つぶってウインクしながら、アスレテイック・コミツションの委員に奇問を浴びせた」「上機嫌でそういいながらバスローブを肩に引っかけて、ドンドン引きあげていった」というくだりは、じっさいに現場にいなければ描くことはできない場面——つまり、かぎカッコにおさめられているべらんめえ口調のやりとりを含め、この場面全体が田鶴浜さんによるノベライズ——ではあるけれど、この物語のひじょうに重要なシーンであることもまたまちがいない。

「ガラス玉じゃねエだろうな」「馬鹿野郎、ダイアモンドを知らねエのか」「宝石屋で鑑定させて、偽物だったら、手前たちの首を折っちまうぞッ」というやりとりは、ひじょうにユーモラスで、まるでモノクロ映画のワンシーンを思わせる。アスレティック・コミッションの委員に——そういう人物が試合終了後、リング上に立っていたとして——チャンピオンからの質問に「馬鹿野郎、ダイアモンドを知らねエのか」と答えさせているところはまるで落語か講談のようなおもむきがある。「手前たち」のところは「テメーたち」と読むのだろう。

ストーリーの後半には「ヅビスコがいっているように当節の職業レスリングは見世物以外の何ものでもありはしないからだ」「試合に悪役と立役の役割りができたりに至っては、面白いかも知れないが沙汰の限りである」という部分には、田鶴浜さんによる当節——ここでは1930年代以降——のアメリカのプロレスに対する批判的な視点が示されている。

〝悪役と立役〟の〝立役〟とは、もともとは歌舞伎の役柄のことで、座っている地方《じかた》・囃子方《はやしかた》に対して、立って舞う立方《たちかた》＝俳優全体の意味であったが、のちに老役《ふけやく》・敵役《かたきやく》・道外方《どうけがた》以外の〝男の善人の役〟を指すようになったもの。すでに日本語になっているカタカナ語でいえば、ヒールとベビーフェースであることはいうまでもない。田鶴浜さんはヒールとベビーフェースの役割を「面白いかもしれないが沙汰の限りである」と断じている。いまとなっては古風な表現だが、〝沙汰の限り〟とは道理のほか、言語道断という意味だ。

ラストシーンのズビスコと〝天才的興行師〟ルー・ダーローの「あるホテルのロビー」でのべらんめえ口調の会話も、もちろん、田鶴浜さんがそこに同席していたわけではないけれど、かなり長いやりとりがかぎカッコの会話になっている。ダーローは「当節は、がんばりとクソ力だけじゃダメだ。芝居心が第一」と語り、ズビスコは「今の選手権なんざア、軽業のインチキじゃツねエか」とやり返している。

田鶴浜さんが知るところのプロレスは、田鶴浜さんがこの本を出版した1949年（昭和24年）の時点で——日本で力道山のプロレスがはじまる以前——すでに「見世物以外の何ものでもありはしない」「試合に悪役と立役の役割りができたりに至っては、面白いかもしれないが沙汰の限り」の「興行政策上、選手権が猫の目のように変わったところであえて不思議ではない」「芝居心が第一」なジャンルになっていたのだろう。

田鶴浜さんは最後に「その一生を力技格闘三昧に過したスタニスラス・ヅビスコ老よ益々健在なれ」という〝大黒柱〟と呼ばれた大レスラー、ズビスコへの愛にあふれたメッセージでこの物語を結んでいる。

まず、ストーリーの冒頭にジャーナリストとしての歴史的事件の記述があって、そのあとに自由な発想でノベライズされた情景描写がつづき、また史実の記述に戻り、最後にスポーツ・ライターとしての分析と解説がある。この『快力三昧』という作品に田鶴浜ナラティブ＝プロレス文学の原型を発見することができる。日本における活字プロレスの歴史は、ここからはじまっているのである。

一章

力道山Ⅰ　プロレス入り

力道山と坂田との遭遇

〝プロレスの父〟力道山がプロレスと出逢ったのは、日系プロレスラーのハロルド坂田との遭遇がきっかけだったといわれている。もちろん、その場にじっさいに立ち会ったジャーナリストはいないが、田鶴浜弘さん、鈴木庄一さん、櫻井康雄さんはその運命のワンシーンを——力道山のコメントをかぎカッコにおさめ——それぞれのナラティブとして記している。ここではそれぞれのオリジナルの原稿が執筆されたと思われる順番にそって3者の記述を紹介していく。田鶴浜さんは少なくとも5回、この力道山と坂田の遭遇の場面についてつづっている。

田鶴浜ナラティブ

日本におけるプロレスが大きく開花するのは昭和二十五年、関脇で相撲を廃業した力道山のプロレス進出にはじまるのだ。昭和二十六年十月、在日の米国社会事業団体トリイ・シュライナー・クラブの招きで、プロ・ボクシング元世界チャンピオンのジョー・ルイスと元プロレス世界チャンピオンのバビイ・ブランズ〔原文ママ〕以下ハロルド・坂田ら一流レスラーが駐留米軍慰問に来日したとき力道山、遠藤幸吉らがブランズの指導を受け、早速、両国メモリアル・ホール（現在の日大講堂）、後楽園その他での公開試合に出場したのである。力道山はアンドレ・アドレエとバビイ・ブランズとそれぞれ十分一本勝負の二試合を行ない引き分け、初のマット登場は大成功と師匠役のブランズが折り紙をつけた。遠藤もバビイ・ブランズと闘かった。そのころ、レフリー志願の九州山も熱心にプロレスを研究した先覚者の一人だった。

そもそも、力道山のプロレス転向——というきっかけをつくったのは、バビイ・ブランズら一行として来日したハワイ出身の日系プロレスラーのハロルド・坂田で、そのハロルド・坂田との出合いが、また思いがけない偶然であったのが面白い。

「あの野郎、この銀座あたりじゃァ、めったに見られねェ強さうな野郎だ。ワシのケンカ相手には不足はなさそうだ——」

昭和二十六年十月のある晩だった——マゲを切ってから一年目、あり余るエネルギーと満たされぬヒロイックな覇気をモテあましていた力道山が銀座裏のキャバレーで今宵の喧嘩相手と目をつけたのが、そのとき派手にふるまっていた来日中の日系プロレスラー、ハロルド・坂田であった。だが、ケンカの出鼻をウマくはずしたのは、力道山と一緒に飲んでいた、日頃から仲のいいボハネキというアメリカ人の友人で彼が有名なハロルド・坂田をよく知っていたからである。ファイトの腰を折られていっしょに飲んでみると、お互いに気っぷのいい奴だと思った。

「ワシは、いっぺんで、あいつが好きになって、しかも西洋相撲の横綱（バビイ・ブランズのこと）を紹介してもらう気になっちまったんだ」

力道山は、後年、坂田との初出逢いを懐かしんで、そんなふうに筆者に話してくれた。

（『日本プロレス30年史』、24〜25頁）

第二次世界大戦後の世界三大レスラーは——といったら、私は〝鉄人〟ルー・テーズ、力道山、アルゼンチン・ロッカの三人をあげる（詳細は別項）が、その力道山が世界のマットを制覇し、プロレスの処女地だった日本を、世界第一流のプロレス市場にまで開発したのが、何とたった十五年足らず。
思えば奇蹟のような足跡を残した力道山とはおそろしくボルテージの高いプロレス王だった。（中略）
昭和二十五年関脇を最後に大相撲を廃業し、第二の人生を踏み出した翌昭和二十六年十月、銀座裏のキャバレーで来日中の日系プロ・レスラー、ハロルド・坂田と出会ったのが輝かしい運命の発端だった。
ありあ余るエネルギーと満たされぬヒロイックな覇気をもて余していた彼が、強そうな逞しいあの野郎は俺のいい喧嘩相手だ、と目をつけたのが、そこに来あわせ派手にふるまっていた坂田だったから目が高い。

だが喧嘩にならなかった。というのは一緒に飲んでいた仲間のアメリカ人が有名な坂田をよく知っていたので力道山はファイトの腰を折られ、一緒に飲むと気っぷのいい奴だった。「ワシは一ぺんであいつが好きになったよ」後年、力道山はそういって笑った。

そんな出会いが縁になって力道山は坂田と、それから元世界チャンピオン、バビー・ブランズのすすめで、プロレスのトレーニングをはじめ、十月二十八日にはもうメモリアル・ホールで、ブランズと初試合（10分1本勝負）を行ない引分けたのである。（『プロレス血風録』、57〜58頁）

〝あの野郎、この銀座あたりじゃあ、滅多に見られねえ強そうな野郎だ――このワシの喧嘩相手に不足はなさそうだ――〟

昭和二十六年十月だった――大相撲の関脇でマゲを切って一年、あり余るエネルギーと満たされぬヒロイックな覇気をもて余していた力道山が、銀座裏のキャバレーで目をつけたのが、そのとき派手にふるまっていた来日中のプロレスラー、ハロルド・坂田であった。

だが、喧嘩にならなかったというのは、力道山といっしょに飲んでいたアメリカ人が、有名なハロルド・坂田のことをよく知っていたから、ファイトの腰を折られ、いっしょに飲み出すと、お互いに気っ風のいい奴だと思った。

〝ワシはいっぺんで、あいつが好きになった——しかもだ、これが西洋相撲の横綱にファイトをもやす花道につながったんだ〟

後年、力道山は感慨深そうに坂田との出会いを懐かしんでこう言った。

〝リキを見たとき、世界一のペップ野郎だと思った——こいつは間違いなしマットのヒーローになれる——と思ったね、あとでわかったが、生《い》きのいいペップだけじゃあない、その後のトレーニングぶりを見てると、大変なガッツ——こいつも世界一——だから鬼に金棒ね——ミーは目が高かったよ〟

ハロルド・坂田の、後年の自慢である。（『血闘と友情の記録』、17〜18頁）

「……この野郎、銀座あたりじゃあ、滅多に見かけねえ強そうな野郎だ——ワシの喧嘩相手に不足はなさそうだぞ——」

昭和二十六年十月のある晩であった——大相撲の関脇でマゲを切ってから一年、あり余るエネルギーと満たされぬヒロイックな覇気を、もて余していた力道山が、憂さ晴らしの銀座のキャバレーで、ガンをつけたのが、派手にふるまっていた来日中のプロレスラー、ハロルド・坂田。

このときのハロルド・坂田は在日の米国社会事業団トリイ・シュライナー・クラブが在日米軍慰問へ招へいしたプロボクシング元世界チャンピオンのジョー・ルイスと元プ

ロレス世界チャンピオンのボビー・ブランズがひきいる一流プロレスラー一行中の一人であった。

だが、喧嘩の出鼻をうまく外されちまう。それというのは、力道山と一緒に飲んでいたのが、日ごろから仲のいいアメリカの友人キャプテン・ボハネキで、彼は有名なハロルド・坂田をよく知っていたからである。当時のことを後年、力道山はこういっていた。

「あのときのボハネキは、さしずめ名レフェリーの役回りだったよ――プロフェッショナル同士は、ノー・ギャラじゃファイトしないものだ――とね。ファイトの腰を折られてから、一緒に飲み出すと、お互いきっぷのいい奴だと思ったね。いって見れば、気が合ってしまって、しかもだ、あのとき西洋相撲の横綱のボビー・ブランズを紹介してもらう気になっちまったんだ」

「リキをひと目見たとき、イキのいいベップ〔原文ママ〕野郎だと思ったね――こいつは間違いなしにマットのヒーローになれるかもしれない――とね。水交社にボビー・ブランズを訪ねて来て、早速トレーニングさせると、そのトレーニングぶりだが、これがまた向こう気と見かけだおしじゃあなくて大変なガッツだ。鬼に金棒という日本の諺みたいよ。ブランズさんは、すぐに試合に出てもらうといった――ミーは目が高かったよ」

ハロルド・坂田、後年の自慢であった。

ハロルド・坂田のいう通り、ブランズを訪ねて水交社を訪ねた力道山は、非常な情熱をこめてプロレスのトレーニングに打ち込み始める。(『格闘技スーパー・スター』、66〜68頁)

力道山がプロレスラーになったキッカケが、銀座のキャバレーでのハプニングだったというのは意外と知られていない。

力士をやめてからの力道山は、新田建設（株）社長だった故新田新作氏にひろわれ、進駐軍立川基地建設工事の資材部長として基地で働いていた。そこでＧＩたちがやっていたのがレスリングなのだ。

ある晩、日頃から仲のいい立川基地の友人ボハネキ（米人）と銀座のキャバレーに飲みに行った時のこと。そこに、やけに派手で、目ざわりなヤツがいた。

「あの野郎、この銀座あたりじゃァめったに見かけねェ野郎だな、ヨシ、喧嘩相手に不足はなさそうだッ」

闘志マンマンの力道山を、ボハネキが止めた。その男こそ、来日中の有名プロレスラー、ハロルド坂田だったのである。彼はまた、ボハネキの知り合いでもあった。

ケンカの出鼻をくじかれた力道山と坂田は、どういうわけかお互いのキップに惚《ほ》れこんでしまった。

「ワシは、いっぺんで坂田が好きになって、西洋相撲の横綱（バビイ・ブランズのこと）を紹介してもらうことになっちまった」

力道山は、あとになって、坂田との出逢いを懐かしんで私にこういったものだ。

それがキッカケで、力道山は、ブランズの手ほどきを受け、早速、両国メモリアル・

ホール（現日大講堂）での公開試合に登場したのである。

ブランズと15分間1本勝負の初マットで、みごと引分け。力道山のエネルギーはいっきにプロレスに向けてなだれこんだ。（『プロレス面白ゼミナール』、33〜34頁）

田鶴浜さんは、力道山とハロルド坂田の銀座の酒場での出逢いを映画のワンシーンのように描いている。坂田のコメントにある〝ペップ野郎〟〝生きのいいペップ〟はアメリカ英語のペップpep——元気、気力、（人を）元気づける、活気づける、応援するといった意味——のスラング的用法なのだろう。力道山のプロレスの師匠であるボビー・ブランズのカタカナ表記は記事によって〝バビイ〟あるいは〝ボビー〟となっている。

力道山のかぎカッコ内の発言が「あの野郎」であったり「この野郎」であったり、坂田のかぎカッコ内の発言も「鬼に金棒ね」だったり「鬼に金棒という日本の諺みたいよ」だったりで、そのディテールは本によって微妙に変化してはいるが、力道山が坂田を「いっぺんで好きになってしまった」こと、「西洋相撲の横綱を紹介してもらうことになっちまった」というくだりは終始一貫している。つまり、田鶴浜ナラティブによれば、力道山はこのときに初めて〝西洋相撲〟なるものに興味を持ったことになっている。

ゴースト・ライターの正体

ところが、庄一ナラティブによれば、力道山は、ハロルド坂田と出逢うまえになんらかの形ですでにプロレスの関係者と接触していて、ボビー・ブランズ一行の初興行がおこなわれた昭和26年9月30日、メモリアルホールのリングサイド最前列で初もののプロレスを観戦している。

やや蛇足になるが、庄一さんの著書『鈴木庄一の日本プロレス史・上』の13頁にはひじょうにミステリアスな写真が載っている。写真のキャプションはこうだ。

〝日本で初公開のプロレスを観戦する力道山。頭には大相撲の名残のチョンマゲが。左は元読売巨人軍の藤本投手（26年9月30日、メモリアルホールで）〟

頁の左上にレイアウトされているモノクロの写真に写っている力道山の頭には、たしかにマゲがある。しかし、力道山が日本橋浜町の自宅でみずからの手でマゲを切ったとされているのはこの1年まえ——その日時にも昭和25年8月25日深夜と同年9月10日深夜のふたつの説がある——だから、メモリアルホールのリングサイド席に座ってプロレスの試合を観戦している力道山の頭にマゲがあるはずはない。そうなると、この写真はエアブラシかなにかで紙焼きの上から〝修整〟がほどこされたものなのだろうか。そうだとしたら、いったいだれがなんの目的でそこにはないはずのマゲを力道山の頭の上にのっけたのだろうか。

庄一ナラティブは、力道山がプロレスを志すきっかけとなったとされるハロルド坂田との遭遇シーンにはそれほどのスペースを割いていない。庄一さんの記述をそのまま引用する。

庄一ナラティブ

広島、長崎への原爆投下が、日本にプロレスの種をまいた――。戦後六年、サンフランシスコで対日講和条約、日米安保条約が締結された昭和二十六年九月、ボビー・ブランズ、日系人のハロルド坂田ら七人の外人レスラーがアメリカから飛来した。

これら外人レスラーの来日は、ＧＨＱ（連合軍総司令部）のウィリアム・マーカット少佐を会長とする在日トリイ・オアシス・シュライナース・クラブの招へいで、進駐軍慰問と日本の身体不自由児の救済基金募集の慈善興行を目的としたが、それだけが目的のすべてではなかった。米国のプロレスの日本進出で、日本をそのマーケットに置く計画だった。（中略）

九月十六日に日本上陸をしたブランズ一行の初興行は、九月三十日、東京・両国のメモリアルホールで行われた。同所は、大相撲の元両国国技館の焼け跡を復旧したばかりだった。メーンエベントはアンドレ・アドレー対レイン・ホール。広い館内に観客はパラパラで進駐軍関係者が大多数だった。初もののプロレスに日本人の関心がわかなかった。ブランズはその不入りに頭をかかえた。リングサイドの最前列にプロ野球巨人軍の藤本英雄投手と並んで大相撲を廃業した元関脇の力道山の顔があった。

私は縁あって、この興行の日本側関係者に入る。ブランズは私に「日本人にはプロレスラーになるのにすばらしい素質をもった者がいる。それは、日本の国技の相撲、柔道といった格闘技の経験者がいるからだ。私は日本人をスカウトしてプロレスラーにしたい。そして、きっと世界チャンピオンを作ってみせる」といった。このブランズのプロモーターとしての才覚が大相撲出身の力道山とプロ柔道出身の遠藤幸吉を練習に引き込んだ。（中略）

昭和二十六年九月三十日東京・両国のメモリアルホール（旧両国国技館・現日大講堂）の初のプロレス興行のあと十月の半ば、力道山、遠藤、それに木村、山口とハワイで別れ、帰国したプロ柔道の坂部の三人が東京・芝のシュライナース・クラブ（旧海軍水交社）の庭に建てられたバラックのトレーニング場で顔を合わせた。いずれも初対面、それぞれが別のルートからプロレスの誘いに応じ、コーチを受ける。

だが坂部は一日来ただけで、翌日は来なかった。なぜか？　私は後年ハワイで、のちに坂部の上に立つハワイ柔道協会会長のラバーメン樋上から「木村、山口らを中心に、彼らの渡米をあっせんした松尾国三さんを通じてプロレスの日本上陸を図ったが、ブランズら一行に先を越された」という計画を聞いた。ブランズらはＧＨＱと結んでの上陸だった。坂部はその調査をしたのではないか、と私はみている。

力道山の飛び入りは、巷説いろいろある。力道山は二十五年九月場所（当時は春と秋の年二場所）の番付け発表の前夜、九月十日に東京・日本橋浜町の自宅で、自分の手で菜切り包丁でマゲを切って廃業し、その場所は関脇の地位で全休した。五月場所は８勝７

敗と関脇で勝ち越していた。大関を目前にした人気力士の力道山が、自らマゲを切って廃業した真相はいろいろと取りざたされた。

今だから明かしてもよかろう。

私は力道山自伝『空手チョップ世界を行く』（三十七年、ベースボールマガジン社刊）をゴーストライターとして書いた。その折、その真意をただした。それに対し力道山は、「深い理由については触れたくない。しかし言っておきたいのは、私が裏切られたことと、協会の冷たい仕打ちに対して憤慨したことは事実だ。あえて廃業の動機を知りたいなら、その責任は協会にあると言いたい」と言った。

番付面の不満があり、協会の親方にも、ものいいを付けた。肺臓ジストマにかかって死ぬか生きるかの境にあった時に、なんの保証もしてくれなかった。当時、力士（関脇）と親方の二枚鑑札の玉の海（元大相撲解説者）の二所ノ関部屋は、派閥抗争があった。かつては親方と結んだ（力士にスカウトされる）力道山も、金銭問題から気まずくなったことも事実だった。親しい力士会会長の横綱・東富士を初め、有力者の異例の土俵復帰の働きかけも日の目をみなかった。

当時の力道山は、東富士を通じて知り合った明治座（新田新作社長）の明治建設（原文ママ＝新田建設）の資材部長（力道山は「土方の親方」と言った）の職にあって、進駐軍の工事関係の仕事をしていた。夜は力士時代から親しい米人ジョージ・ボハネキと銀座を飲み歩き、クラブ「銀馬車」で、ブランズらと初来日した日系のハロルド坂田と、ケン力もどきの出会いをした。そこで、坂田の「プロレスをやってみろよ！」の誘いに、力道山はシュライナース・クラブに出向いた。（『鈴木庄一の日本プロレス史・上』、12〜19頁）

庄一さんが「今だから明かしてもよかろう」と前置きし、ゴーストライターをつとめたことを明かしている力道山の自伝『空手チョップ世界を行く』にはハロルド坂田との出会いの場面が以下のように描かれている。1962年（昭和37年）に初版が刊行された本で、その後、いくつかの出版社から再版され、現在でも〝信頼性〟の高い自伝とされている本だ。第2章にあたる「プロレス修業」というチャプターに「ハロルド坂田との出会い」としてかぎカッコつきでくわしく描かれているエピソードは、力道山自身が〝11年まえ〟のある夜のできごとを回想しているという設定になっている。〝力道山光浩著〟の自伝ではあるが、これもまた庄一さんが執筆した庄一ナラティブである。

おもてむきは新田建設の資材部長という肩書きを与えられていた私であるが、その実は土方〔原文ママ〕の親方で、私はその仕事に泥まみれになり〝日本一の土方〟と自負するほど働いたつもりだ。

このことは新田さんも認めてくれた。

しかし夜になると飲んで歩くのが仕事で、泥酔しきってあばれまくるのが日課であった。酒により頭を狂わして〔原文ママ〕うさを晴らすだけだった。銀馬車やフロリダであばれたり、MPを投げとばして追いまわされたりもした。

その銀馬車で思わぬことが起こった。二十六年の九月の末のことだった。私は米軍の軍属のボハネキという米人と仲よくなり、ボハネキに銀馬車に連れていかれた。この〝ボー〟とニックネームされる米人は、めっぽうケンカ早く、そんなことが私と手が合ったのだろう。二階でふたりで目茶飲みし、てっとり早くいえばケンカの相手を物色していた。

その私の目に、一人の大きな男…日本人じゃなくて二世と見られるたくましい男の姿がはいった。ボーと「あいつをのばしちゃおうか」とよからぬたくらみをめぐらした。ところがその男が立ち上がって、こっちのテーブルに歩いてきた。「ケンカを売りにきたか…」本能的に私はコブシをにぎって身構えた。

その男の口から、

「ユーはレスラーか。大きな身体だな。強そうじゃないか」

というたどたどしい日本語が出た。

「なにをいってやがるんだ。のばしちゃうぞ」

とカッとした私をボーが押えた。ボーがこの男と英語で話すが、私にはなにをいっているのかてんでわからない。どうやらケンカをする相手ではなさそうだ。

ボーの話によると「この男はハロルド坂田という日系米人のプロ・レスラーで、お前のようにでかい日本人には、はじめてお目にかかった。もと相撲取りということだが、いまは土方をしているそうじゃないか。それならプロ・レスラーになれ。プロ・レスラーは金のかせげる商売だ」というのだ。

私はたいして興味はなかったが坂田と名乗るこの男が〝おれたちの練習をしているところにきてみろ。そして練習をやってみろ〟というので「なにをなまいきなことをいいやがる。殺し合いならこっちが上だ」と、坂田が指定するシュライナース・クラブ（旧水交社）に出かけることを約束した。これがプロ・レスラーになるきっかけになろうとは思いもよらなかった。

シュライナース・クラブの道場を訪れる前、私はハロルド坂田が泊まっているプライベート・ルームで二人のりっぱな身体をした日本人と会った。

一人は遠藤幸吉（四段）、もう一人は坂部利行君（六段）だった。たがいに初対面の名乗りをあげたが、聞けば二人はプロ・レスリングに弟子入りしようと、坂田に相談のためやってきたという。プロ柔道が解散したあと、遠藤は横浜で働くかたわら柔道の教師をし、坂部は木村政彦（七段）、山口利夫（六段）らとともにハワイに柔道をもって遠征し、プロ・レスリングを実際に見て知識をもっていたし、坂田とは知り合いの間柄で、遠藤を誘っての弟子入りということだった。「まあいっしょにやってみよう」ということで、プロ・レスリングの門をたたくことになる。

二人の気持ちはどうであったか知らないが、私は「外人どもに目にもの見せてやる。日本の相撲のすごいことをお前たちは知るまい」と心中ひそかに期するところがあった。道場破りぐらいの気持ちだった。

ハロルド坂田に、ボビー・ブランズ、ドクター・レーン・ホール、アンドレ・アドレー、ケーシー・ベーカー、オビラ・アセリンら五人のプロ・レスラーという男たちを紹介された。

一行のリーダー格の元ワールド・チャンピオンと称するブランズは、落ち着いた風格のある男で、私に
「リキドーザン、君のことは坂田から聞いた。りっぱな身体じゃないか。私が今回来日した一つの目的は、日本人からプロ・レスラーになるりっぱな身体の持ち主をスカウトすることにある。君なら大丈夫やれるだろう。私たちの練習を見てごらん」

といった。

そして私たち三人は、シュライナース・クラブの中庭にこしらえた掘っ立て小屋の即製の道場に案内された。木の床にロープをはりめぐらしたお粗末な練習場だった。

私は彼らの練習を見ているうちに、これぐらいのことなら私だってやれるさ、あいつぐらいなら、投げとばせるぞ…なんて思った。

ブランズが目くばせしたので、私ははだかになってブランズに組みついた。腕を引っぱればスルリとぬけられる。押し倒そうとしてもテコでも動きそうにない。しかたなく小手投げで投げをうったが、しゃくなことに受け身をとられてピョンと突っ立つ。

私の呼吸ははずみ、全身汗びっしょりになりくたくたになった。「こりゃ、大変なもんだな」と思ったとき、ロープの外から坂田がニヤリと笑った。道場破りの私の夢は、

――はかなく消えた。(『力道山 空手チョップ世界を行く』、24～27頁)

力道山と坂田、〝実録小説〟の描き方

力道山の突然の〝マゲ切り事件〟による大相撲廃業から結果的には実現しなかった角界復帰プランの一部始終、そしてハロルド坂田との運命的な出逢いとプロレス転向に至るまでの1年ほどのストーリーは、櫻井さん(ペンネームは原康史)の著作『劇録 力道山』第1巻にもひじょうにくわしく書かれている。ただし、櫻井さんが東京スポーツ新聞社に入社したのは1961年(昭和36年)で、まだ20代の若手記者だった櫻井さんがじっさいに現場で力道山を取材したのは力道山が急逝する1963年(昭和38年)12月までの3年弱という短い期間だった。

『劇録 力道山』のなかでは、櫻井さん自身が東スポの第一線の記者として活躍しはじめる以前――力道山の大相撲時代から「第3回ワールド大リーグ戦」がおこなわれる昭和36年までの10数年間――のエピソードに関しては〝後年、力道山は筆者の取材にこたえて……〟という形でフォローアップするか、または〝後に力道山は自伝の中で、その時のことをこう書いている〟という扱い方で『空手チョップ世界を行く』の内容を引用している。同書の第1巻から第4巻には合計約70カ所

もの『空手チョップ世界を行く』からの直接の引用が確認できる。つまり、櫻井ナラティブと庄一ナラティブが微妙にオーバーラップしているのである。

櫻井さんが原康史のペンネームで執筆した著作の数かずは基本的には〝実録小説〟であり、試合におけるレスラーたちの動きや事件現場の様子、登場人物たちの会話やその情景描写などはかなり大胆にノベライズされていると考えていい。櫻井さん自身がその場にはいないであろうシーンでも、その場にいる登場人物たちのコメントがきっちりとかぎカッコにおさめられている。田鶴浜さん、庄一さんよりもかなり若い櫻井さんが書いた原稿のほうが田鶴浜さん、庄一さんのそれよりも明らかにフィクションの色合いが濃いのは東スポというメディアの性格と深く関係しているのだろう。櫻井さんがつづった力道山とハロルド坂田の遭遇シーンはこうだ。

櫻井ナラティブ

昭和26年（1951年）の9月下旬である。力道山は友人のアメリカ軍軍属ミスター・ボー（J・ボハネキ）と連れ立って田村町（現在の港区西新橋）のキャバレー『銀馬車』へ飲みに行った。相撲へのカムバック断念の直後（後に筆者が力道山に聞いたところでは9月30日）である。力道山は、その前にも酒が入っており、服装が乱れていた。入り口のドアボーイにそれを注意され口論になった。とにかく中へ入って酒を飲みはじめた、が力道山は荒れていた。

向かい側の席にいた物凄く体格のいい二世風の男が力道山をじっと見つめていた。力道山が大声でボーイを呼び怒鳴りつけるとその二世風の男が、連れのアメリカ人に何か言った。その言葉の中に「クレージー」という言葉があった。力道山が立ち上がった。「ファック ユー」と力道山がその男に向かって怒鳴ると男がニヤリと笑って立ち上がった。薄いシャツの下の大胸筋が恐ろしいほどに盛り上がり、二の腕はまるで〝ポパイ〟だった。

力道山は血相を変えた。力道山の連れのボーが、あわててその男と力道山の間に割って入り、早口の英語でやりとりを始めた。

力道山はその間も身構えてじーっと、その男をにらみつけていた。男はハワイ出身の日系二世で「プロフェッショナルレスラーのハロルド・サカタ」と名乗った。

「ワッツ…プロ…レス」(プロレスって何だ)と力道山がボーに聞くと、その男は「アメリカのスモー、ネ」とたどたどしい日本語で答えた。〝こいつはアメリカの相撲取りか。それにしても凄え体をしている〟と力道山は思った。

ハロルド坂田(本名=坂田俊春)(原文ママ=敏行の誤り)はハワイ生まれの日系二世(両親は熊本県出身)で1948年(昭和23年)ロンドンオリンピック重量挙げのアメリカ代表で銀メダリスト、その後プロレス入りして〝ハワイの英雄〟として売り出し中のプロレスラーである。

合流して酒を飲みはじめると坂田と力道山は打ち解けた。

「ユーは見事な肉体をしている。プロレスラーになったら金が儲る肉体だ。あした我々の練習を見にこい。水交社へ遊びにこい」と坂田は力道山に言った。

〝面白え行ってみるか〟。翌日（10月1日）力道山はミスター・ボーと一緒に現在の東京タワーの下にあった芝の水交社に出かけていった。そこで力道山は六人の大男達と出会う。力道山の生涯の運命を決める「プロレス」との劇的な出合いだった。（中略）

力道山が訪ねて行くと、水交社の玄関まで出てきたハロルド坂田は「オオ…リキ」と十年来の知己のようにオーバーなジェスチャーで歓迎した。プロレスラー達は水交社に宿泊しており、坂田は「ミーの部屋へ行こう」と力道山とボーをプライベートルームに連れていった。

部屋には先客があった。坂田は「ミスター・エンドー、ミスター・サカベ」と力道山に紹介した。柔道の遠藤幸吉（四段）と坂部康行（六段）であった。力道山と後にプロレスのパートナーとなる遠藤の初の出会いである。

遠藤も坂部も、この前年（昭和25年4月）に芝スポーツセンターで旗揚げして12月に解散したプロ柔道の出身であった。木村政彦（七段）、山口利夫（六段）など当時、講道館柔道の強豪を揃えて華々しく旗揚げしたプロ柔道だったが、興行不振を続け旗揚げ四か月後には〝大スター〟の木村と山口、坂部が離脱してハワイへ遠征、木村らは〝柔道対プロレス〟の試合をハワイで行い坂部はその時にハロルド坂田と知り合い、帰国して後輩の遠藤幸吉（当時横浜で柔道教師をしていた）を誘って水交社に坂田を訪ねてきたのだった。

坂田は力道山、遠藤、坂部の三人を水交社の中庭に連れて行った。庭にマットを敷いてプロレスラー達が練習していた。坂田がリーダーのボビー・ブランズに三人を紹介するとブランズは「よくきた、さあ裸になれ」と言った。理由《わけ》もわからぬままに力道山もシャツとズボンを脱がされ「これを着けろ」と坂田が差し出したショートタイツをはかされた。

ブランズはパンパンと力道山や遠藤の裸の背中を叩き「OK、使えるだろう」と言った。力道山は何がなんだかわからぬままに遠藤とレスリングの練習をする羽目になった。

「あれは坂田のペテンだった…な」後年、力道山が当時を回想し苦笑しながら筆者に言ったことがある。

前日（9月30日）「遊びにこい」といわれて力道山は坂田達が宿泊している水交社へ出かけたのだが、この時点では〝プロレスラーになる気〟はまったくなかった。

華やかなアメリカ文化への興味。そして物凄い肉体を持つ坂田が職業としている西洋相撲（プロレスリング）への好奇心、「ちょっと見物するつもりで出かけた」（力道山の回想）のだ。

しばらく見ているうちに力道山の目は異様に光ってきた。力道山は〝天性の格闘技者〟である。初めて見たプロレスに、いつの間にか引き込まれ〝オレだってこれぐらいのことはやれる…こいつらぐらいならぶん投げてやる〟と興奮してきたのである。（『劇録力道山』第1巻、57〜61頁）

〝運命的な出会い〟は伝説か

田鶴浜ナラティブ、庄一ナラティブ、櫻井ナラティブに共通していることは、力道山とハロルド坂田が銀座のキャバレー『銀馬車』で運命的な出逢いを果たしたという点である。昭和26年9月の時点では田鶴浜さんは46歳、庄一さんは28歳、櫻井さんはまだ14歳の少年だったが、ストーリー展開とそのディテールは力道山の死後——1990年代になってから——実録小説スタイルで再現された櫻井ナラティブがいちばんていねいに描いている。

かぎカッコにおさめられた力道山自身のコメントについては、田鶴浜ナラティブでは「あの野郎、この銀座あたりじゃァ、めったに見られねェ強そうな野郎だ。ワシのケンカ相手には不足はなさそうだ——」、力道山の自伝（庄一ナラティブ）では「その男の口から、〝ユーはレスラーか。大きな身体だな。強そうじゃないか〟というたどたどしい日本語が出た。〝なにをいってやがるんだ。のばしちゃうぞ〟とカッとした私をボーが押えた」となっていて、庄一ナラティブだけが「ブランズらと初来日した日系のハロルド坂田と、ケンカもどきの出会いをした」とさらりとまとめているのに対し、櫻井ナラティブでは「〝ファック ユー〟と力道山がその男に向かって怒鳴ると男はニヤリと笑って立ち上がった。薄いシャツの下の大胸筋が恐ろしいほどに盛り上がり、二の腕はまるで〝ポパイ〟だった。力道山は血相を変えた。（中略）〝ワッツ…プロ…レス〟（プロレスって何だ）と力道山がボーに聞くと、その男は〝アメリカのスモー、ネ〟とたどたどしい日本語で答えた」という展開になっている。もちろん、力道山が坂田に向かって「ファック ユー」と怒鳴ったかどうかはさだかではない。

力道山の友人とされるアメリカ人軍属のボハネキ——ニックネームはミスター・ボー、文献によってはキャプテン・ボハネキ——という人物のフルネームは、庄一ナラティブではジョージ・ボハネキ、櫻井ナラティブではジェームス・ボハネキで、どちらの記述が正確であるかはいまだに判然としない。田鶴浜ナラティブでは「ケンカの出鼻をウマくはずしたのは、力道山と一緒に飲んでいた、日頃から仲のいいボハネキというアメリカ人の友人で彼は有名なハロルド・坂田をよく知っていた」とあり、ボハネキがハロルド坂田と顔見知りだったことになっている。

力道山とボハネキの関係は、庄一ナラティブでは「力士時代から親しい米人ジョージ・ボハネキ」、力道山の自伝では——ゴーストライターの庄一さんがやや記述を変え——「私は米軍の軍属のボハネキという米人と仲よくなり」、櫻井ナラティブでは「仲の良かったミスター・ボーことジェームス・ボハネキというアメリカ軍軍属」という表現になっている。また、文献によってはボハネギーと表記しているものもある。

力道山がハロルド坂田の誘いに応じてシュライナース・クラブに出向いた日時については、庄一ナラティブでは「十月の半ば」、櫻井ナラティブでは『銀馬車』でのワンシーンを「後に筆者が力道山に聞いたところでは9月30日」としたうえで、シュライナース・クラブでの初めてのトレーニングは「翌日（10月1日）力道山はミスター・ボーと一緒に現在の東京タワーの下にあった芝の水交社に出かけていった」。力道山がシュライナース・クラブに到着した場面では「玄関まで出てきたハロルド坂田は……」「〝ミーの部屋へ行こう〟と力道山とボーをプライベートルームに連れていった」とあり、櫻井ナラティブでは力道山とボビー・ブランズがシュライナース・クラブの仮設道場で初対面したシーンにボハネキが同席していたことになっているが、庄一ナラティブにはそういった記述はない。

力道山がメモリアルホールでプロレスを初観戦したのが9月30日（ブランズ一行の初興行）で、その夜のうちに友人のボハネキとともに銀座の『銀馬車』でハロルド坂田と〝偶然〟に運命的な出逢いを果たし、翌日にはもうプロレスラーになるためのトレーニングを開始したというストーリーはあまりにもすべてがドラマチック、あるいはスムーズにいきすぎているような感じがする。

近年の研究では「同年七月二一日の『毎日新聞』には〝エキシビションには昨年引退した力道山が名乗りをあげている〟と一行の来日の二カ月近くも前から力道山のプロレス入りの意欲が伝えられている」（『力道山 人生は体当たり、ぶつかるだけだ』、18頁）と、ボビー・ブランズ一行が来日する二カ月まえからすでに力道山がプロレス転向に心を動かしていたことを裏づける新聞記事が発見されている。庄一ナラティブに「明治建設の資材部長の職にあって、進駐軍の工事関係の仕事をしていた」とあるように、相撲をやめたあとの力道山が昭和26年の時点で進駐軍の工事関係者とひじょうに近い距離にいたことはまぎれもない事実で、また、そうでなければ同年9月30日のブランズ一行の進駐軍慰問興行の初日をリングサイド最前列――主催者に近い立場でなければ座ることのできない場所――から観戦するというシチュエーションは考えにくい。

力道山とハロルド坂田がある夜、酒場で遭遇したことは事実かもしれないが、その〝運命的な出逢い〟がきっかけで力道山がプロレス転向を決意したというストーリーは、やはり事後的に生成された〝伝説〟なのではないだろうか。そして、そのストーリーがドラマチックなものであるがゆえに、その後に世に出た数多くの力道山関連の書籍、出版物のほとんどで田鶴浜ナラティブ、櫻井ナラティブが再加工され、再生産されてきた。韓国で2004年12月に公開され、日本では2006年3月から全国上映された映画『力道山』（ソン・ヘソン監督）でも力道山（ソル・ギョング）と坂田（武藤敬司）の酒場での遭遇シーンから道場での練習シーンが時間をかけ、グラフィックに描かれていた。

シュライナース・クラブの仮道場でのトレーニングがはじまった日、力道山は遠藤、坂部というふたりの柔道家と初めて会ったとされている。庄一ナラティブでは「坂部は一日来ただけで、翌日は来なかった」とあり、櫻井ナラティブでも「後に力道山のパートナーとなる遠藤幸吉も毎日、練習にきていたが、坂部康行は一回きただけで二度と現れなかった」とある。

プロ柔道出身の坂部という人物については、庄一ナラティブでは〝坂部保幸〟、力道山の自伝では〝坂部利行〟、櫻井ナラティブでは〝坂部康行〟とその氏名の表記がバラバラになっていて、現在でも国際柔道協会（プロ柔道）に関する文献や資料、とくにネット上の情報では――庄一ナラティブと櫻井ナラティブがひじょうに長いあいだ、メディアの情報ソースとしてコピー・アンド・ペイストされてきた結果として――〝保幸〟表記と〝康行〟表記とが混在している。櫻井さんは坂部のその後についてこう記している。

櫻井ナラティブ

昭和46年（1971年）の夏、筆者はホノルルの本願寺ハワイ別院の柔道場で、柔道を教えている坂部六段に会ったことがある。

「あの時…坂田にこないかと誘われて遠藤と二人で水交社に行ったんだが、力道山もきていたな。ワシはハワイでプロレスを知っていたんで条件を聞いたんだが、あまりいい条件じゃなかったし、奴に利用されるのが嫌だったんでやめた。遠藤はやる気になっていたが…」と坂部六段はその時話してくれた。（『劇録力道山』第1巻、64頁）

力道山のデビュー戦

力道山のプロレスラーとしてのデビュー戦は1951年（昭和26年）10月28日、両国のメモリアルホールでのボビー・ブランズとのエキシビション・マッチ10分1本勝負だった。のちに力道山のトレードマークとなる黒のロングタイツはこの時点ではまだ身につけていない。力道山はシュライナース・クラブでの2週間ほどのトレーニング後、初めてプロレスのリングに上がった。GHQ主催の進駐軍慰問興行で、新聞にもそれほど大きくは報じられなかった力道山のデビューの日時と場所、対戦相手については田鶴浜さん、庄一さん、櫻井さんの記述は基本的には一致していて、この3者のナラティブから派生しているところのその後のプロレス関連の文献もこのデータを踏襲している。田鶴浜さんと庄一さんは現場でこの試合を観ているが、当時まだ15歳の櫻井さんはそこにはいないし、試合の映像はもちろん存在しない。田鶴浜ナラティブ、庄一ナラティブ、櫻井ナラティブを順番に紹介する。

田鶴浜ナラティブ

ボビー・ブランズに、トレーニングをつけてもらう、というより単に〝手ほどき〟にすぎない――それも、たった一週足らず、水交社に通っただけで、十月十八日〔原文ママ＝28日の誤り〕夜、両国メモリアル・ホール（今の日大講堂）で日本人のファンにも公開されたプロレス試合のマットに初登場する。

そのときの新田新作氏とのやりとりが面白かった。

「おやじさん、プロレス――っていう西洋相撲は、早い話がワシが得意な喧嘩みてえなもんですぜ。下に組み敷かれたり、ネをあげた奴が負けなんでさあ――ワシは絶対に負けっこない」

「何だと。舌を噛みそうな、そのえたいの知れねえ西洋相撲なんざあ、バカバカしいやね。レッキとした大相撲の関脇までつとめたお前が万に一つ、ミソをつけて見ろっ、いい恥さらしの笑いものにならあ。つまんねえ迷いなんか起こすんじゃねえ」

このときの公開試合は力道山の他、プロ柔道の遠藤幸吉も出場、メモリアル・ホールの他、後楽園でも行なわれ、力道山はアンドレ・アドレエ、オビラ・アセリン、ボビー・ブランズらと10分間一本勝負の三試合を、いずれも引き分けている。

ブランズとの試合だが、筆者はハッキリ覚えている。

力道山は先手をとって、相撲の張り手でしゃにむに突っ張って出た。

センダンは双葉より――で、後年の〃カラ手チョップ〃の素地を見せたが、決め手にはならない。

余裕たっぷりのブランズは、存分に攻めさせておいて、彼の碧眼がキラッと輝いた一瞬、グルリとゴー・ビハインドすると、バックをとってグラウンド・レスリングに持ち込んだ。

たちまち得意のアーム・ロックで張り手の利き腕を締めあげた。

10分のタイム・アップ間際が印象的だった。

ブランズの痛烈きわまる〃股裂き〃で力道山は、まさにギブ・アップしかないというナロー・エスケープの苦戦だが、これを耐え切ってゴングに救われた。

大豪ブランズと引き分けである――その頑張りは、あとでブランズが舌を巻いて絶賛したほどのものであった。

力道山が初めてプロレスの手ほどきを受けた西洋相撲の横綱がボビー・ブランズだったことは、今から考えると実にいい相手にめぐまれた。（中略）

筆者は、あるスポーツ新聞社の企画で、力道山が初マットに、予想外の善戦をしたその翌日、ボビー・ブランズ相手に築地の料亭『治作』で〝紅毛碧眼の横綱と語る〟という対談をした。

「私も世界中を転戦している間に、ずい分各国のローカル・レスリングの連中に手ほどきをしたが、たった一週間足らずで私にあれほど善戦した男は初めて。ことによると、未来の世界チャンピオンの大器をスカウトしたのかもしれない。力道山に巡りあったのは、今度の来日で思いもかけない最大な収穫だとよろこんでいる」

当時のブランズは、ハワイが本拠地だったがNWA会長のサム・マソニックの信頼が厚く、『レーティングス』では、フランク・セクストン、ドン・イーグル、バディ・ロジャース、アントニオ・ロッカ、ボビー・ブランズと上位にシードされるかたわら、そろそろマッチ・メークにも腕をふるいはじめていたのだから、その後の力道山にはたのもしい先輩であった。（『格闘技スーパー・スター』、69〜75頁）

庄一ナラティブ

昭和二十六年十月二十八日、メモリアルホールの四度目の慈善興行で、力道山はプロレスの初マットを踏んだ。プロレスのABCを教えられ、わずか十二日間のトレーニングをしただけでの出発だった。胸を借りたのは来日プロレス団のリーダーのブランズで、10分1本勝負のエキシビション・マッチ。丹前のような即席のガウンを着て、黒いファイトシューズを初めてはいた。後年トレードマークとなる長い黒いタイツはまだ付けていない。

首投げ、小手投げ、そして覚えたばかりのボデースラム、ハンマー投げ、真似ごとのトーホールドを出す。力士時代に勇名をとどろかせた張り手（のちに横綱となる千代の山を張り倒したこともあった）をやたらと繰り出す。思えば、それが空手チョップの発端か——。10分間を持ちこたえて、やっと引き分けにこぎ付けた。締め切った控室ではミエも外聞もなく、大の字にノビた。靴の紐をほどいたのは10分も経過していたか。後年、常に意気揚々と試合後の気炎をマスコミに吐いた力道山の、あのさっそうたる姿はカケラもなかった。私がいつだったか、いっぱい機嫌の力道山に、

「リキさんも初めて試合をしたあとはノビて、みられなかった」と言ったら、

「あの時のこと見ている人は、あなたくらいのものじゃないか。二度と人前で言ってくれるなよ」と頼まれたことがあった。（『鈴木庄一の日本プロレス史・上』、19〜20頁）

櫻井ナラティブ

時間切れ引き分け「死ぬかと思った」10分間

後に〝日本のプロレスの父〟といわれた大レスラー、力道山光浩のプロレスデビュー戦である。半分エキシビションマッチのような試合であったが、力道山は死に物狂いでブランズにぶつかって行った。

フライングメイヤー（首投げ）、アームホイップ（小手投げ）、ボディースラム（抱え投げ）と覚えたてのプロレス技を連発、マットに沈んだブランズの左足首にしがみついてトーホールド（足首固め）、早鐘を打つような心臓の音を力道山は感じていた。

ブランズはトーホールドにきた力道山が体を回転させる瞬間、右足で思い切り強く力道山の右足を蹴り飛ばした。吹っとんだ力道山はカーッとなって立ち上がったブランズにバシーンと張り手一発！　これは強烈だった。ロープにダウンするブランズ、今度は力道山が張ってくる手の平の下をくぐって首を巻きこみ、そのままグラウンド（寝技）に引っぱりこんでネックロック（首固め）に攻めこむ。力道山の首を激痛が稲妻のように貫く。瞬間カーンとタイムアップのゴングが鳴った。10分、時間切れ引き分けである。

レフェリーがやっと立っている力道山と余裕たっぷりのブランズの手を同時に上げて「ドロー」（引き分け）と宣告した。

観客は80パーセントが進駐軍将兵とその家族、関係者で、日本人は報道関係者を含めて数えるほどしかいなかったが、リングサイドの三列目に新田新作氏と元出羽海部屋の力士の九州山（本名＝大坪義雄）が座っていた。

「たったの10分、というのが疲れたのなんのって……あんなに苦しかったことはないね。相撲は立った瞬間で勝負が決まるが、プロレスはそうはいかない。ほんとに初めてマットに上がってブランズと10分1本勝負をやった時は、心臓が破裂して死ぬかと思ったね。5分で息が上がった……どうやって控室に戻ったかおぼえていない。戻って床の上に大の字にのびて、しばらく起きられなかった」と後に力道山は筆者にデビュー戦の思い出を語った。（『劇録力道山』第1巻、67〜68頁）

力道山対ボビー・ブランズのエキシビション・マッチ（10分1本勝負）の試合結果は、時間切れのドローだった。田鶴浜ナラティブは「10分のタイム・アップ間際が印象的だった」と前置きしてから「ブランズの痛烈きわまる〝股裂き〟で力道山は、まさにギブ・アップしかないというナロー・エスケープの苦戦だが、これを耐え切ってゴングに救われた」と記している。

庄一ナラティブは、試合終了直前の攻防には触れず「10分間を持ちこたえて、やっと引き分けにこぎ付けた。締め切った控室ではミエも外聞もなく、大の字にノビた」としているのに対し、櫻井ナラティブだけが「――力道山はカーッとなって立ち上がったブランズにバシーンと張り手一発！

これは強烈だった。ロープにダウンするブランズ、今度は力道山が張ってくる手の平の下をくぐって首を巻きこみ、そのままグラウンド（寝技）に引っぱりこんでネックロック（首固め）に攻めこむ。力道山の首を激痛が稲妻のように貫く。瞬間カーンとタイムアップのゴングが鳴った」という映像的な描き方になっている。

つまり、じっさいにメモリアルホールでこの試合を目撃した田鶴浜さんが「ブランズの痛烈きわまる〝股裂き〟」を食らった力道山が「これを耐え切ってゴングに救われ」時間切れになったと記述しているのに対し、その場にはおそらくいなかったであろう櫻井さんは、グラウンドの体勢でブランズにネックロックをかけられた力道山の首を「激痛が稲妻のように」貫き、「瞬間カーンとタイムアップのゴングが鳴った」としている。どちらの描写がより正確なものであったかは、じつはそれほど大きな問題ではない。重要なことは、田鶴浜ナラティブと櫻井ナラティブのどちらも活字（書籍のなかの記述）として後世に残されたという点である。より現実的なアプローチで考えるとすれば、現在ならば——たとえばアマゾンで本を検索したりすれば——田鶴浜さんの著作よりも櫻井さんの作品のほうがすぐに見つかる。つまり、田鶴浜ナラティブよりも櫻井ナラティブのほうがより多くの読者の目にとまることになるのかもしれない。

〝庄一ナラティブ〟とはいったいなにか

この1951年（昭和26年）の〝ボビー・ブランズ一行〟の進駐軍慰安慈善興行が開催されたときのいきさつについては、後年、庄一さんがひじょうに興味ぶかい記事を執筆している。それを紹介するまえに、庄一さんと庄一ナラティブのなんたるかについてふれておいたほうがいいだろう。

とにかく、庄一さんは原稿を量産したライターだった。パソコンどころかワープロさえなかった時代の新聞記者だから、原稿はすべて手書きだった。新聞の記事も書いていたし、雑誌の記事も書いていた。クレジットが入るものも入らないものも含めてプロレス団体の会場売り用パンフレットの原稿もたくさん書いていた。

いつもカバンのなかに原稿用紙の束を何束も入れていて、それを原稿を書くためだけではなく、取材用のノートとして使ったり、だれかの電話番号を書きとめておいたり、ちょっとした走り書きをしておくメモ帳としても使っていた。

おそらく、庄一さんは自分が書いた原稿、または活字になった自分の記事をきっちりと保存して、いまでいうところの〝記事アーカイブ〟のようなものをつくっていたのだろう。歴史的な事件がじっさいに起きてからかなり時間が経過したのちに過去をふり返るという形で執筆した記事でも、それぞれのできごとの日時、場所、登場人物、コメントなどの5W1H（いつWhen　どこでWhere　だれがWho　なにをWhat　なぜWhy　どうしたHow）とそのディテールに事後的な修正・修整を加えることがほとんどなかった。

だから、記述そのものの資料的な価値が高い。読み物としておもしろいか、おもしろくないかは、読む側の好みにもよるだろうが、基本的に庄一ナラティブには田鶴浜ナラティブにあるユーモアのテイスト、櫻井ナラティブにあるような大胆にノベライズされた描写はあまりみられない。これはジャーナリストとしての姿勢というよりも、庄一さんの性格的なものなのかもしれない。

庄一さんは、背は低くて、オールドファッションな黒縁のメガネをかけていて、いつもスーツを着てネクタイをしていた。いわゆるふだん着で歩いているところは、ぼくはいちども見たことがなかった。眼光の鋭い人で、顔もこわくて、近い寄りがたいムードをつねに漂わせていた。週刊プロレスのなかでは、ぼくはたぶん庄一さんにはわりと気に入られていたほうで――というか、庄一さんとフツーに楽しくおしゃべりをするのは編集部ではぼくだけで――いつでも庄一さんのほうから話しかけてきてくれた。

話すことはもちろんプロレスのことだけで、ぼくにはアメリカのプロレスのこと、庄一さんが親しかったアメリカ人レスラーのこと、庄一さんがかつて〝渡米〟したときにアメリカで経験したことなどをいろいろと話してくれた。

おしゃべりをするといっても、あまりにもキャリアがちがうし、トシだって親子ほど離れているからあたりまえのことではあるけれど、それは語り合うという感じではなくて、庄一さんが一方的にしゃべりつづけ、ぼくがひたすら聞くというスタイルだった。ひょっとしたら、庄一さんは〝聞いてもらいたがり屋さん〟だったのかもしれない。

誤解をおそれずにいってしまえば、庄一さんのレクチャーは「オレがあのとき――した」「オレが――をやった」「オレが――だった」のオンパレードで、ぼくはぼくで庄一さんの「オレがオレが」を聞くのが楽しくて、いつも直立不動で〝長老〟のおはなしに耳を傾けていた。それがウザかったら、庄一さんとの会話は成立しない。「力道山がオレにこう言った」「馬場くんがオレにこう言った」「猪木がオレにこう言った」といったコメントの数かずはぼくにとってはものすごく刺激的で、新人時代のぼくは、庄一さんとおしゃべりをしたあと、いつもちょっとトクしたような感覚をおぼえた。

庄一さんの「オレがオレが」はそのまま庄一ナラティブにもストレートに表れている。庄一さんが書いた記事には「私が」という表現がよく出てくる。また、記事のなかに「ある消息通によれば――」「ある事情通によれば――」「――とある関係者は指摘する」とある場合は、それはだいたい庄一さん自身のことだった。署名入りではない記事には「プロレス評論家の鈴木庄一氏はこう語る」「――はこう語った」という形で、記事のなかに自分を登場させることもよくあった。署名入りではない記事だとしても、「空前絶後」とか「未曾有」とか「圧巻」とか、庄一さんが好んで使う単語がちりばめてあったり、ひとつの段落の終わりのセンテンスの最後が「――であろう」「といえよう」「となろう」という独特の文体でむすばれていたりすると、それはまずまちがいなく庄一ナラティブだった。

庄一さんは何度かぼくに「オレはあんたのことは認めてるんだ」といってくれた。庄一さん的には、きっとそれは最高のほめ言葉だったのだろう。

単行本になっている庄一さんの代表作は『鈴木庄一の日本プロレス史』上下2巻（1983年＝昭和58年に『日刊スポーツ新聞』大阪版と九州版に連載された「プロレス三国志」「プロレス三国志・続」に補筆、再執筆を加えたもの）だが、書籍化されていない庄一ナラティブは、新聞記者時代に書いた記事までを含めれば、誇張ではなく、じっさいにはその100倍くらいの量の活字になっているだろう。

まず、専門誌では『プロレス&ボクシング』（ベースボール・マガジン社）1964年（昭和39年）6月号からはじまり、『プロレス』（同）1983年（昭和58年）8月号まで19年3カ月間つづいた「プロレス時評」という長寿連載があるが、これはいちども単行本になっていない。連載回数にすると230回ほど――ぼくもその全部に目を通したわけではない――になるこの「プロレス時評」は、タイトルのとおり、その月ごとのプロレス界全体の動きを伝える論説記事だったが、1話あたりの原稿の分量は400字ヅメの原稿用紙にすると10枚以上だから、単純に計算して2300枚以上の原稿になる。

「プロレス時評」以外にも原稿はまだまだいくらでもあって、連載ものでは、『プロレス』1975年（昭和50年）1月号から1979年（昭和54年）6月号まで掲載された「日本プロレス史」全55回、『デラックス・プロレス』1978年（昭和53年）10月号から1980年（昭和55年）4月号まで掲載されたインタビュー記事「チャンピオン・ストーリー」全14回、『デラックス・プロレス』1980年5月号から1982年（昭和57年）10月号まで掲載された「プロレス博物館　秘蔵パンフレットから見た日本プロレス史」全27回、『プロレス』1980年10月号から1982年5月号まで掲載された「プロレス・タイムカプセル　秘蔵外国パンフレットから見るプロレスリング戦いの軌跡」全19回、『デラックス・プロレス』1983年（昭和58年）1月号から1985年（昭和60年）7月号まで掲載された「プレイバック　日本プロレス史」全30回など、ひじょうに資料的価値の高い膨大な量の庄一ナラティブがまったく書籍化されていない。

ボビー・ブランズ一行の興行

『デラックス・プロレス』80年5月号（98頁）に掲載された「秘蔵パンフレットから見た日本プロレス史」第1回には以下のようなことが書いてある。57歳の庄一さんが、29年まえにおこなわれた〝ボビー・ブランズ一行〟の日本初の本格的なプロレス興行と、縁があってその興行の日本側の運営にかかわることになってしまった庄一さん自身（当時28歳）についてつづっている、というシチュエーションである。

庄一ナラティブ

筆者の人生針路きめた日本初のプロレス取材

今、私は二十九年前のもうすっかり茶色に変色した一冊の小冊子を前にしている。二十六年九月三十日東京・両国のメモリアルホール（旧両国国技館＝現日大講堂）で行われた在日トリイ・オアシス・シュライナース・クラブ主催のプロレスリングの試合プログラムだ。

全三十二ページ（もっともそのうち十九ページは広告だが）は大半が英語で、わずかながらレスラーの紹介が日本語に訳されて掲載されている。この小冊子は日本におけるプロレスの草分け的文献、最初の試合パンフレットであることは疑いない。

私は感無量だ。何故なら、アメリカ人レスラーだけではあるが、日本で初公開のこのプロレス興行（身体不自由児の慈善と進駐軍将兵の慰問興行）に、当時、日刊スポーツ新聞社の記者をしていた私は参画、またこの小冊子の編集に、雲を掴むような気持で首を突っ込んでいたからであり、そしてそれがそのまま今日、プロレス・ジャーナリズムにつながるきっかけとなったからだ。

戦後六年。敗戦国・日本はまだ荒廃していた。この興行の準備本部は東京・飯倉のシュライナース・クラブ（旧海軍水交社）に置かれた。そこには一般日本人の出入りは出来ないが、私は大手を振って出入りを許され、ひどい食糧難の時代ではあったが、レスラーと同じステーキを食べ、バーボンウイスキーを飲んだ。治外法権のそこに行くことは、他のだれもにも〔原文ママ〕出来ない私の楽しみだった。

プロレス市場開拓をと狙うブランズ日本上陸

ノースウエスタン大学出身のインテリ、ボビー・ブランズをリーダーとし、ハワイ出身の日系二世のハロルド坂田（ロンドン・オリンピック重量挙ライトヘビー級銀メダリスト）を含む六人の一行は、九月十九日〔原文ママ＝9月16日の誤り〕に来日した（のちにジノ・バグノンが追って参加）。そしてシュライナース・クラブの敷地内に掘っ立て小屋のトレーニング場を急造し、そこでトレーニングをした。

前年、プロ柔道を解散し、アメリカでプロレス試合をする木村政彦、山口利夫の試合フィルムを日本で上映（松竹系）する際に、判らないままにナレーションを書かされた私ではあったが、生のプロレスのトレーニングを見るのは、それが初めてであった。レスラーと親しくなった。

九月三十日のメモリアルホールは閑散としていた。千人そこそこの入りではなかったか。ほとんど進駐軍将兵と、その家族だった。宣伝がいきとどいてなかったことにもよろうが、初ものに日本人の客はマバラだった。のちにプロレスに飛び入りする力道山がリングサイドの前列で見ていた。

試合カードは三組。ブランズはオビラ・アセリンと引き分け、坂田はケーシー・ベーカーに勝ち、アンドレ・アドレーとドクター・レーン・ホールはノーコンテスト（無効試合）になったと記憶する。ノーコンテストは、背広姿のレスラーが乱入して試合をメチャメチャにしたのを覚えている。

〝スポーツの奇型児〟と書いた駆け出しの時代

その時のことを書いた記事を読み返すと自分でも噴飯物だ。何しろプロレスを〝スポーツの奇型児〟〔原文ママ〕と書いたのだから…。でも雑穀入りのお茶漬けを食べる私には、血のしたたるステーキのボリュームをたっぷりと感じた。

初公開のこの興行が終わったあとのミーティングで、ブランズは「日本人の中からプロレスラーのなり手をつのろう！」と言った。

ブランズはその前年、アメリカに渡った元横綱の前田山〔高砂親方＝故人〕大の海〔現花籠親方〕藤田山〔のちにプロレスラー＝故人〕らと知り合い、大相撲への知識もあり、また渡米した木村、山口を見て柔道も知っていた。のちに来日し長くレフェリーをした沖識名とは友人であった。

そうしたことから、「日本には相撲、柔道の土壌がある。プロレスラーは育てられる」と言った。そして銀座のナイトクラブ・花馬車〔原文ママ＝銀馬車の誤り〕でケンカ寸前までになって知り合った坂田の手引きで、力道山がシュライナース・クラブのトレーニング場に姿を見せる。プロ柔道を解散し所在のなかった遠藤幸吉も加わる。

ブランズは「プロレスは金をごっそり稼げるビジネスだ。世界チャンピオンになれば莫大な財産を手中に出来る」と言って指にはめたベラ棒〔原文ママ〕に大きなダイヤモンドの指輪を報道陣にかざし、「これはプロレスで稼いだもの」と付け加えた。

ブランズという男、表面は温厚な紳士であったが、ただ者ではなかった。日本上陸は日本をプロレスの一大市場とする計画を持っていたからだ。

これはのちに私がハワイに行った時に、戦前プロレスラーとして名を上げたラバーメン・ヒガミこと樋上蔦雄老〔当時ハワイ柔道協会会長〕から直接聞いたことだが、実はこのブランズ一行の日本上陸前に、ハワイに渡った木村、山口らと共に日本に逆上陸を計画していたのをブランズらに先を越された、ということだ。ブランズの着目に驚いた。

練習3週間でデビュー
相撲の手だけの力道山

九月三十日のあと横浜のフライヤージム、メモリアルホールで二度興行をする。そして十月二十八日の東京で三度目のメモリアルホールの興行に力道山がデビューする。相手はブランズで10分一本勝負。リングアナウンサーのモーリス・リプトンは英語で二人を紹介した。力道山はドテラのような着物風のガウンで登場した（のちに聞いたところでは、やはり丹前だった）。元関脇の力道山も、当時、世界チャンピオンを自称のブランズには赤子のようだった。

力道山はのちにトレードマークとなる長い黒タイツもはいていないし、空手チョップもない。力士時代の上突っ張りに張り手、ぶちかましでいくだけ。投げても、足を取っても、腕を取ってもぎこちない。ブランズは力道山をいいようにいなして、10分間を引き分けた。

控室に戻った力道山はコンクリートの床の上に大の字にノビた。胸が割れ鐘ように〔原文ママ〕息付いていたのを、私は見ている。その時のことをのちに力道山に話すと「いやなことを覚えていやがるな。忘れてくれ！」と不機嫌になったのを覚えている。

ともあれブランズは「わずか三週間ほどのトレーニングであれだけやったのだから、見どころはある」と力道山をほめた。

〝褐色の爆撃機〟と称され一世を風靡《ふうび》したプロボクシングの前世界ヘビー級チャンピオンのジョー・ルイスが来日し、ブランズらと日本各地を帯同巡業するのは、そのあとのことだ。

そして翌二七年二月三日、力道山は本格的なプロレスの修業のためハワイに渡った。その契約は当時、GHQ司法局のフランク・スコリーノス氏の橋渡しでブランズと結んだ。ホノルルでブランズが世話をした沖識名をマンツーマンの専任コーチとし、本格的にプロレス修業に取り組む。

そして一カ月後には、シビックオーデトリアムでキラーカール・デービスと組みブランズ、ラッキー・シモノビッチ組を2－1で破ってハワイ・タッグ・チャンピオンを手中にする。力道山がプロレスラーになって最初に獲得したタイトルだった。初試合の相手がブランズで、初めてタイトルを奪った相手もブランズだった。

当時の外人レスラーで消息聞くは坂田ひとり

ブランズが初来日して十数年後、アメリカで会ったブランズが私に「どうだ。私が初めて日本に行った時に言った〝日本人からきっと世界チャンピオンが生まれるだろう〟

の予言は、間違いではなかったろう」と言って胸を張った。そして「日本はもうプロレス大国になったな」とも言った。ブランズは今、カンサス地区でマッチメーカーをしているという。二十九年前の古い小冊子のページをめくって見よう。あの時の六人、あとのバグノンを加えた外人レスラーで今なおリングに上がっているのは風の便りに聞く坂田（トシ・トーゴー）だけ。力道山も他界し、遠藤もリングから消えた。だが、日本に強い根を張った。（『デラックス・プロレス』1980年5月号、98〜99頁）

力道山とプロレスの出逢いは、ほんとうにハロルド坂田との酒場での遭遇がきっかけだったかもしれないし、力道山と坂田の〝ケンカ〟はまったくのフィクションかもしれない。あるいは後年のほかのいくつかの文献が指し示すように、GHQ関連の東京都内での建築事業を請け負っていたとされる新田建設のラインから、ボビー・ブランズ一行が日本にやって来る何カ月もまえに力道山のプロレス転向案はすでにある程度のアウトラインができあがっていたのかもしれない。

序章でもくわしく紹介したとおり、田鶴浜さんはブランズ一行によるGHQ慰問興行がおこなわれていなかったとしても、あるいは力道山というスーパースターが出現していなかったとしても、アメリカのスポーツ・カルチャーとしてのプロレスというジャンルに興味を持ち、プロレスについての記事を新聞、雑誌などに執筆していただろうし、じっさいそうだった。本章でふれたいくつかの田鶴浜ナラティブから判断する限り、田鶴浜さん自身はブランズ一行の興行の運営そのものにはどうやらタッチしていない。

庄一さんは「私は感無量だ……。日本で初公開のこのプロレス興行に、当時、日刊スポーツ新聞社の記者をしていた私は参画……、雲を掴むような気持で首を突っ込んでいた……」と記しているとおり、ブランズ一行の興行に参画し、興行用のパンフレット=小冊子の執筆、編集にかかわった。そして、庄一さんはそのときのメモ書きや英文の資料、庄一さん自身が編集を手がけた日本最古のプロレスの興行プログラムなどを大切に保存し、それをさらに活字にして後世に——少なくともぼくたちの世代に——残してくれた。ぼくは、黒縁のメガネの向こうから鋭く光る庄一さんの眼光をいまでもよく思い出すのだ。

二章

力道山Ⅱ　昭和29年、巌流島の決闘

田鶴浜ナラティブによる力道山-木村戦

〝力道山プロレス〟が本格的にスタートしたのは1954年（昭和29年）である。この年の2月には力道山&木村政彦対シャープ兄弟の歴史的な一戦、12月には力道山対木村の〝昭和巌流島の決闘〟がおこなわれた。力道山がプロレスラーとしてデビューしたのが1951年（昭和26年）10月で、現役選手のまま死去したのが1963年（昭和38年）12月だから、そのキャリアは12年2カ月ということになるが、そのなかで歴史的な事件としてはいちばん重要と思われるふたつのできごとはすでに昭和29年に起きている。

とくに力道山-木村戦は、その闘いが実現に至るまでのいきさつと試合結果、日本のプロレス史におけるこの試合の意味や意義、あるいは〝真相〟を描いた雑誌記事、単行本は現在までにたくさん世に出ているが、それらはあくまでも事後的にプロデュース=加工され、活字化=再生産された二次的、三次的なナラティブである。じっさいにこの歴史的事件に関わった人たち、このふたつの試合を現場で観たり、取材したりした人たちのほとんどは、もちろんもうこの世にはいない。

昭和29年当時に現場で取材にあたっていたジャーナリストによるファーストハンドの記述ということになると、やはり田鶴浜弘さん、鈴木庄一さんのふたりが書いた記事がいちばん信頼できる情報だろう。力道山-木村戦については、小島貞二さんも、遠い過去をふり返るというスタイルで1963年（昭和38年）と1983年（昭和58年）に2本の記事を書いている。この章では田鶴浜ナラティブ、庄一ナラティブ、小島ナラティブをできるだけオリジナルの記事が書かれた時系列にそって引用していく。

田鶴浜ナラティブ

力道山・木村の血闘
日本選手権の制定

昭和二十九年十一月二十日、力道山は、シャープ兄弟組を迎え、日本中を沸かせたときのタッグ・チームのコンビだった木村政彦（国際プロレス団）から、突然、全日本チャンピオンを賭けての挑戦を受け、これを受諾する。二十六日には、木村が上京し試合ルールなどの打ち合わせが行なわれた結果、ルールは、61分三本勝負の国際ルールによること（木村は真剣勝負だから45分一本勝負と主張したが、力道山のプロレスの選手権である以上、国際ルールであるべきだと云う主張が通った）。

試合は、同年十二月二十二日、蔵前国技館で、ファイト・マネーは百五十万円（当時）を勝者七敗者三とすることが決定。二十七日に正式調印が行なわれた。次いで三十日には、大阪の山口利夫（全日本プロレス）が力道山－木村戦の勝者への挑戦を発表した。こうなると、日本一を決定する日本チャンピオン戦は、もはや、力道山のひきいる日本プロレス協会だけのものではないから、この一連の動きによって、日本プロレス・コミッショナーの制定が必要となり、ただちに日本プロレスリング・コミッショナー〔原文ママ〕設立準備委員会が発足することになった。

ところで、この日本一の決定戦は、いろいろな挿話を交えて三十年後の今日なお語り伝えられるほどの殺気立ったムードに包まれたが、ここでは単に、血闘ムードはこうして醸成されたという成り行きのアウト・ラインだけにとどめておく。

シュナーベル、ニューマンを迎えての力道山の国際試合興行第二弾シリーズが、全日本（大阪）、国際（熊本）のフランチャイズの地方にまで踏み込んで大成功を収め、プロレス興行と力道山の株を更に一層高めたわけだが、その反面では社会的にアレルギー反応も生じたようである。さらに一方では〝プロレス八百長論議〟が持ち上ったり、また、そのアレルギー反応が、ファイトを燃やしている木村政彦を、エキセントリックにケシかけたにちがいない。連日、マスコミは、プロレスの実力日本一は、木村か、力道山か〝柔道勝つか、相撲勝つか〟と煽りにあおり、勢の赴くところは「対シャープ戦で、損な役廻りは、いつも自分だったが、ショーでない実力の真剣勝負なら絶対に力道山に負けない」と、新聞紙上で、木村に語らせたりするから、これを読んだ力道山は頭に来た——その果てが、この実力日本一決定戦を〝プロレス巌流島の決闘〟などという大見出しで、決闘ムードのボルテージを沸騰点にまで高めてしまったのである。

日本で初のプロレスリング・コミッショナーとして酒井忠正初代コミッショナーが決まったのは試合が行なわれる前日（十二月二十一日）のことであった。

まさに命がけの力道山・木村戦

十二月二十二日、超満員の蔵前国技館は異常なまでの殺気。定刻前、一万三千人の定員を超え、入場できないファンの大群が、国技館周辺を取り巻き、群衆整理に警視庁の機動隊が出動する物々しさの中で試合が行なわれた。15分過ぎ、木村が力道山の下腹部を蹴ったことから殺気立ち、力道山は〝空手チョップ〟〝張り手〟の連打に加えて、木村の顔面を蹴りとばして倒す。木村の顔面は血まみれとなり、ロープ際《ぎわ》に背を向けてダウンし、意識を失い、リング内は凄惨をきわめた。

ただちにコミッション・ドクターがリングに上がり、血だるまの木村の容体をみて、「二本目以降の試合続行不能」の診断を下したので、登喜レフリーは、15分49秒、レフリー・ストップを宣し栄光あるチャンピオン・ベルトは力道山のものとなったが、その幕切れは勝った力道山も「急所を蹴られたとき、ワシは殺される——と思ったから、あとは夢中だった」と後年語っているほど、すさまじいものであった。従って、この試合は、スポーツの領域をこえて、まるで喧嘩か、リング上の決闘――という後味の悪さをのこし、翌日の新聞では、こぞってキビしい批判が加えられた。

今にして思うと、力道山の〝プロレス八百長説〟に対する激しい怒りの爆発であり、また、この一戦は、両雄とも、単なるマット上の日本選手権争奪にとどまらず、日本のプロレス界という巨大なものの支配者の運命まで賭かっているという自覚もあったろう。そのうえ、プロレス試合の管理方式が一歩間違えばファイトを、死闘にまでエスカレートさせやすいことを物語っているのだ。

大豪、木村政彦を倒し〝プロレス実力日本一〟になった力道山が、更に名実共に日本チャンピオンの座を確立させるための、残る挑戦者山口利夫との対戦までの間に、力道山の本拠である日本プロレス協会は、大相撲を廃業した、三役間違いないと定評のあった有望力士の怪力・豊登を迎え、十二月十二日、横須賀の地方試合からプロレスのマットを踏ませることに成功。さらに同年秋場所で土俵から引退した横綱・東富士のプロレス入りが取り沙汰され、着々とその勢力を伸ばして行くのだ。

ところで、大阪の山口利夫（全日本プロレス協会）の力道山に対する日本選手権の挑戦試合は、昭和三十年一月二十六日、大阪府立体育館〔原文ママ＝大阪府立体育会館〕で行なわれ、一本目は43分59秒力道山が逆エビで先制、二本目は山口のリング・アウト、2－0で力道山は、あっさり初防衛に成功する。プロレス日本選手権という実力による力道山の王座確立は、以後の日本プロレス史の明暗をハッキリさせるが、何んといっても、日本プロレス史の明暗をわけたのは力道山－木村政彦戦で、この試合こそ運命を賭けた対決である点、近代世界プロレス史におけるフランク・ゴッチとジョージ・ハッケンシュミット戦と同じ意義があるのだ。それはともかくとして、力道山対木村政彦戦は、当分の間、世論を沸かせその世論に応じて生まれたのが、日本最初のプロレス専門誌で、筆者が主宰した「月刊ファイト」であった。

創刊号は、試合直前の昭和二十九年十二月も押しつまった頃で、日本テレビ正力松太郎会長のおはからいで、当時、街頭受像機の管理の担当責任者だった日本テレビ業務局事業部普及係の大森茂主任（現中京テレビ放送取締役）にお願いして、日本テレビ街頭受像機設置の場所に委託しての販売がねらい。したがって当初は僅か二二頁のパンフレットみたいなものであり、同時に、日本テレビの案内スポット代理店業務取扱いも兼ねる——という立ち上り方であったのが、日ならずして鉄道弘済会の駅売店で、羽が生えて飛ぶような売れ行き。たちまち、全国書店販売誌に発展した。（後略）

力道山対木村戦の特集記事抜粋（月刊ファイト第二号から）

［座談会の要点筆記から］（前略）あの選手権試合の場合でも、はじめのうちは無事だった力道山が、最初に木村をマットぎわで抱き上げたとき場外に猛烈なボディ・スラムをくらわせれば、果たし合い的な結末はもっと早くついていたかも知れない。

あの体勢では、それが可能だったが、もしやっていたら、それは、もっと重大な結果を招いていたかも知れなかった。

だが、力道山はロープ外に木村をおろした。二度目にも、マット中央で、脳天逆落とし（パイル・ドライブ）したとき同様な機会があった。更に三度目には猛烈なヘッド・ロック……と、ともかくその辺まではスポーツ的な限界にふみ止まっていた。

その良識をフッ飛ばしたのは、木村が、力道山の股間の急所を蹴った瞬間からだ——と力道山がインタビューで語ったと座談会出席者の話（中略）。ここで誰もが疑問を抱いたことは、木村の態度がチグハグな点についてである。

真剣勝負を挑んだ当の本人でありながら、試合直前に力道山と二人きりで取り引きのための会見を求め、そのため試合開始がおくれたという。その申入れは結局、決裂に終り、あとで事情を力道山が暴露するなどという結果になった。

マットに上ってからの木村の試合ぶりも、ふに落ちない。たとえば、いざとなれば〝カラ手チョップ〟をくうくらいは覚悟していたはずなのに、自分のほうからも〝当て身〟に出なかったことや、打たれ始めてからは、相手に打たれるのに一番有効な距離をわざわざ保つかのように後退したのもおかしい。普通だと、力道山の胸を突いて〝空手チョップ〟のリーチ圏内よりも深く懐に入り込み危険をさける努力をする。それをなぜ、しなかったか——武術家である木村が、そのくらいの策戦ができないはずはない。（中略）

木村の本心は、また他の一説では、試合前の木村の申し入れを力道山が承知したものと独り決めし、信じ切っていたというか安心していたに違いない。だからマット上の取り口に如上のまずい点ができたんだろうというのだが、もしそうだとすると、なぜ、力道山を逆上させた股間の急所蹴りをやったのか、これまた解らなくなってしまう。

今度の木村の立場というものは、周囲の手前もあって、自縄自縛の形になったのだと見る説もある。（中略）あの晩のスリリングな幕切れが、飛んでもない次のような劇中劇を生んだ裏話も出た。

試合が終って選手控室には、各社の運動部記者放送関係者がインタビューに殺到し、血闘の刺戟の他に、新聞は締切り時間切迫の焦燥も加わり、誰も興奮していた。力道山を取り巻いたインタビューは申込順にやってると、これも放送時間にアナをあかすまいとする某アナウンサーがマイクを持ち込み、順番を無視して割り込んだからたまらない、もともと血の気の多い腕に覚えのある連中だから腕力沙汰となった。

ビックリしたのは力道山はじめ豊登らのプロレスラーで、豊登が怪力を揮って割って入り、猛り立つスポーツライターを一人ずつ、居合わせたプロレスラーも総出で抱きとめて漸く納めたという一幕もあった。（『日本プロレス30年史』、42〜45頁）

ここに紹介した田鶴浜ナラティブは、『日本プロレス30年史』（発行・日本テレビ放送網株式会社）という田鶴浜さんの1984年（昭和59年）の著作からの引用である。ハードカバーのぶ厚い本で、田鶴浜さんが78歳のときの作品だ。これより9年まえの1975年（昭和50年）、『日本プロレス二十年史』というタイトルでこの本のオリジナル版が刊行されていて、『日本プロレス30年史』は

装丁と本文のレイアウトなどをリニューアルし、写真も新しいものを大幅に増やした増補改訂版ということになるが、田鶴浜さん執筆による本文頁の内容はほとんどオリジナルのままになっている。

巻末の〝著者略歴〟の項によれば、この本が出版された時点で田鶴浜さんのプロレス・ライターとしてのキャリアは55年。書き下ろしと思われる記述もいくつかあるが、本文の頁は、基本的に田鶴浜さんが長いキャリアのなかで書きためてきた膨大な量の原稿のオムニバス（というかベスト・アルバム）になっている。古い記事のところどころに新たに加筆がほどこされ挿入されているため、どこからどこまでがオリジナルの記述であるのかがやや判別しづらいところがある。

田鶴浜さんは、力道山－木村戦を「近代世界プロレス史におけるフランク・ゴッチとジョージ・ハッケンシュミット戦と同じ意義がある」と位置づけている。田鶴浜さんと田鶴浜さん以降のプロレス・ライターにひとつだけ根本的なちがいがあるとしたら、それは田鶴浜さんが力道山出現以前にすでにプロレスに関する記事を書いていたという点だ。田鶴浜さんの次に古いプロレス・ライターは庄一さんだが、その庄一さんがプロレスに関わったのは昭和26年の〝ボビー・ブランズ一行〟の来訪のときだから、キャリアとしては力道山と同時デビューといっていい。力道山よりも、木村政彦よりも先にプロレスの〝洗礼〟を受けた田鶴浜さんは――これはぼくの勝手な解釈かもしれないが――どうやらほかのジャーナリストよりも力道山現象をクールに客観視している。

田鶴浜さんが編集・発行人だった日本初のプロレス専門誌『月刊ファイト』が力道山－木村戦のタイミングに合わせて創刊されたというエピソードはたいへん興味ぶかい。つまり、力道山プロレスの本格的なスタートが昭和29年であったように、活字プロレスの本格的なスタートもまた昭和29

年だったということである。その『月刊ファイト』の、いまでいうならば販売促進プロジェクトが、日本テレビの街頭テレビ——テレビの普及——との連携プレーだったという点もおもしろい。『月刊ファイト』につづくプロレス専門誌として、『週刊プロレス』のルーツにあたる『プロレス』（当初は『ベースボール・マガジン』の別冊）が創刊されたのは、この翌年の昭和30年だった。

田鶴浜さんはプロレス・ライターのパイオニアであっただけでなく、日本のプロレス・マスコミそのもののパイオニアだった。力道山プロレスの国際試合の後援が毎日新聞社であったことはよく知られているが、その『毎日新聞』のスピンオフとして登場したのが毎日新聞社系のスポニチこと『スポーツ・ニッポン新聞』で、スポニチのプロレス報道を追いかけるようにして『日刊スポーツ新聞』『報知新聞』『東京中日新聞』もプロレス関連の記事を大きく扱うようになった。そして、『東京スポーツ新聞』をはじめ『デイリースポーツ』『毎夕新聞』『内外スポーツ』『大阪新夕刊』『観光新聞』『レジャーニュース』といった〝夕刊プロレス紙〟が次つぎと誕生していった。

小島ナラティブによる力道山－木村戦

力道山－木村戦に関する文献の引用をつづける。プロレス専門のライターというわけではないが、評論家の小島貞二さんもこの一戦について書いている。問題の試合から9年後、力道山が死去するちょうど1カ月ほどまえ、過去を検証するスタイルで1963年（昭和38年）11月ごろに執筆したと思われる記事だ。まるで実録小説のような重厚なタッチで描かれた読み物で、これだけをひとつの独立した作品として読むことができる。小島さんは当時、『プロレス＆ボクシング』に「連載読物 マット縦横 あの熱戦 この熱戦」というコラムを不定期で連載していた。

小島ナラティブ

力道山・木村決戦篇

あのシャープ兄弟を迎え討ったとき、力道山とタッグを組んだ木村が、わずか十ヵ月後にどうして、その力道山と戦うようになったのか。なぜ憎しみをぶつけ合うようになったのか……そのあたりから始めなければならないのだが、その真相めいたものは私（筆者）はよく知らない。原因は木村の側にあると思うが、その木村の胸中を直接打診したことがないからである。

関係者の話を綜合すると、シャープ兄弟戦のとき、力道山より木村がポイントをうばわれる試合が多かった。これを木村は、「力道山がいい役を取って、自分はその引き立て役にまわされた」と解釈したことに始まるようだ。（あるいは違うかもしれない）

しかし、タッグを組む場合、かならず敵は穴をねらってくる。力道山・遠藤の場合、力道山・豊登、力道山・吉村の場合などをみてもわかるように、かならず力道山でない方が痛めつけられる。力道山・木村の場合、小さい木村がねらわれるのは当然であったろう。シャープ兄弟の場合も、大きい弟（マイク）よりやや細い兄（ベン）の方を日本側がマークしたのに似ている。二人とも完全無欠のタッグ・チームなんてあるわけはない。もし、木村がこんなちっぽけなことを問題にして、力道山に挑戦状を叩きつけたとしたら、木村の悲劇はすでにそのときに始まっていたとみるべきだ。問題はきっとほかにもいろいろあっただろう。あれからほぼ十年を経過したいまさら、あえて追及する問題でもあるまい。

ともかく、シャープ兄弟が、日本中に「プロレス・ブーム」をまき起こして、帰国して行ったのは昭和二十九年（一九五四年）の三月十日だった。

その帰国を待っていたかのように、まず山口利夫が、四月のはじめ大阪で、「全日本プロ・レスリング協会」を旗上げした。会長は興行関係で知られた松山庄次郎氏、難波のさかり場のどまん中に事務所がもうけられた。

選手連は山口利夫六段を中心に、力士出身の清美川（もと伊勢ケ浜部屋で幕内）と長沢日一（もと出羽海部屋で幕下）、それに近畿大学ＯＢで学生横綱を張った吉村道明、アマ相撲から山崎次郎、柔道畑から市川登四段、出口一三段などの名前がズラリならんでいた。（のち、長沢、吉村、出口は力道山門下に転じ、現在に至る。出口はさきほどテレビ・タレントに転向したミスター珍の前名である）

それに呼応するかのように、八月の声をきくと同時に、木村政彦七段が、故郷熊本市を本拠に「国際プロレス団」を起こした。木村と終始行動を共にしていた立ノ海（もと立浪部屋の幕下力士）がプレ・マネとなり、柔道六段の戸田武雄、四段の大坪清隆も参加した。（大坪はのち力道山門下となり、現在に至る）

ともかく、力道山の「日本プロ・レスリング協会」に対し、山口は「全日本」木村は「国際」と張り合ったところにも、並々ならぬ対抗意識がうかがわれたのである。

十一月二日、ちょうど試合で岐阜に来ていた木村は、

「力道山のレスリングはゼェスチュアの多いレスリングだ。ワシは、実力日本一のレスラーを決めるため、ぜひ力道山とやりたい」

と、知人の記者にもらしたところから、騒ぎの火がともった。これを伝えきいた力道山は、

「木村がその気なら、いつでもやろう！」

と受けて立った。

二人の調印式は、二十七日午後、松竹大船撮影所内の会議室で、永田貞夫（日本プロ・レスリング協会常務理事）立ち合いのもとに行なわれた。力道山はちょうど映画「鉄腕巨人」に出演中であったからである。十二月二十二日、会場は東京の蔵前国技館。ルールは六十一分三本勝負。

ときまった。

木村は「自分は力道山に負けるとは思わない。一度真剣勝負をしたいと思っていた。念願を果すため、体力的な消耗を克服して精魂を傾け闘う決心だ。きょうすぐ帰郷して

トレーニングを始める」と語り、力道山は「アメリカでは挑戦されたことはあるが日本ではじめてのことだからおどろいた。プロレスはとかくの批判があるが、この試合は共に負けられない真剣なものになろう。私は木村君には絶対負けない」と語った。

さて、世紀の一戦は、さまざまな下馬評の中に幕をあけた。このさわぎの中に、大阪から山口利夫もとび込んだ。

「力道山と木村の勝者にワシが挑戦する！」

という声明である。力道山・木村調印より三日後の十一月三十日のことだった。スポーツ新聞が、この絶好の話題を、派手に書きたてたことは言うまでもない。

〝柔道の鬼〟木村政彦

力道山は、映画の撮影を早めに切りあげて、すぐ浪花町のジムにこもって、トレーニングに明け暮れた。木村と同じプロ柔道出身の遠藤幸吉六段を相手に、寝わざを中心に作戦を練った。

「柔道の鬼」木村は、体力的な不利をカバーするため、早い勝負で、それも寝わざで来るだろう……というのが力道山のねらいのようだった。木村の恩師である牛島辰熊八段を、わざわざジムにまねいて、約一時間にわたって寝わざのコーチをうけたこともある。日増しにピッチはあがっていった。

一方、木村も郷里熊本にこもって、大坪、立ノ海、戸田の三人を相手に毎日二時間から三時間にわたる猛練習を続けた。相撲出身の立ノ海が仮想力道山となったことはいうまでもない。

こちらは力道山ジムのようなめぐまれた設備はない。木村が少年時代から通い続けた振武館（熊本市取手町）のタタミが、臨時のマットになったわけだ。トレーニング・パンツ一枚で、熊本城まで三・五キロの山坂道をかけ足する姿も見うけられた。体調もほとんど完全に仕上がっていた。

迫る宿命の果し合い。

相撲対柔道の一大決戦。

日本一かけた真剣勝負。

竜虎相うつ巌流島。

新聞の見出しは、ますます派手になり、ファンの興味をかき立てた。

チャンピオン・ベルトには二つの彫像が用意された。

どちらが勝っても文句のないようにという配慮である。前売り券はとぶように売れ、ラジオ、テレビの中継争奪戦も入れみだれた〔原文ママ〕。

試合二日前の一二月二十日には、木村が東京にのり込んできた。その翌日二一日には、初代コミッショナーとして酒井忠正氏が就任した。

師走の日本中の関心は、まるでこの一戦に集中されたかの感があった。

さて、力道山に挑戦した木村七段とは、どういう戦歴の持ち主だったのか。ご存知の方は、ここをとばしていただいてもいい。

大正六年九月十日、熊本に生まれた。力道山は大正一三年十一月十四日生まれだから、木村の方が七つの年長だ。

少年時代から文字どおり柔道の鬼だった。名門鎮西中学に入って柔道を学び、四年生ですでに四段という信じられないほどの強さとなった。

のちに力道山に挑戦する山口利夫も強かった。

三島商業の五年生のとき四段になっている。木村のスピード昇段とほぼ同じである。

木村は昭和十年拓大に入って五段、この年早くも全日本選手権試合に優勝、十九才の若さで日本一をかちとっている。

それ以来、木村の前に敵はなかった。木村の出場するところ、かならず優勝がついてまわった。全日本選手権専門青年の部で、連続十年優勝という放れわざ〔原文ママ〕もやってのけた。相撲の双葉山、レスリングの風間、将棋の木村……とならぶ不敗の王者だったのである。

木村の柔道は、誰に対しても呵責ないまでに投げつけ、叩きつける非情な強さに特徴があった。陰影をもつポーカー・フェイスは、戦う人、見る人に不気味な印象を与え「柔道衣を着た机竜之介」の異称さえあったほどだ。

七段昇進は昭和二十三年。あまりの強さに六段をとび越えての昇段であった。すべてことごとく、彼は柔道家の型破りであった。二十四年の全日本選手権大会（戦後二回目）

に、東京の石川隆彦七段と延長戦のあげく雌雄決せず、遂にタイトルを二分した。結局、昭和十年以来二十四年まで、木村は負けることを知らなかったのである。

二十五年の春、柔道界に突如、大旋風がまき起こった。牛島八段（木村の恩師）がプロ柔道（正式名称は国際柔道協会）を旗上げしたのである。参加するもの木村七段、山口利夫六段、坂部康行六段、渡辺利一郎六段……など、七段一名、六段七名、五段四名、三、四段まで加えて総勢二十二名という顔ぶれだったから、講道館は仰天動地〔原文ママ〕の大騒ぎとなった。この中に、遠藤幸吉、宮島富男、大坪清隆、月影四郎（高木靖晴）など、のちにプロレス界で活躍する人たちもまじっていた。つまり「柔道の鬼」木村を金看板とする、プロ柔道大一座だったのである。

しかし昭和二十五年という世相は、プロ柔道を育てるには冷めたかった。わずか数カ月で、この集団は解散し、いまさら講道館に帰れない選手たちは、それぞれ新しい自活の道をもとめるより仕方なくなった。

木村、山口、坂部らは、柔道衣をかかえてハワイに渡り、半分プロ・レスラーとして、各地を転戦した。ちょうど、そのころ力道山は角界にあいそをつかし、自らマゲを切ったのである。

だから厳密にいうならば、プロ・レスラーとしての第一歩は、木村の方が力道山より約一年半ばかり早いということになる。

こういうことも、木村が力道山に「実力で来い！」と挑戦状を叩きつけた遠因になっているのではあるまいか。

力道山・木村戦

私（筆者）は、その試合を、リングサイドからつぶさに見た。

十二月二十二日の夜の国技館は、もう六時の前座試合開始前のときから、収拾のつかないほど混乱におちいっていた。

力道山ジムの若手同士の三試合がきれいにすんで、芳の里（日本）市川（全日本）の対抗戦が始まったあたり、もう満場は殺気立った。駿河海（日本）と大坪（国際）、戸田（国際）とトルコ（日本）、遠藤（日本）と立ノ海（国際）あたり、そのまま、そのあとの力道山―木村戦を思わす、真剣勝負のムードをたたえて進んだ。

力道山と木村が、東西の花道から、歓呼の声をあびて、マットにあらわれたとき、もう大時計は九時を十二分ばかり回っていた。力道山はこの日のために新調したのであろう、富士山に力道山と染めぬいた派手なガウン。木村は反対に、いつも見馴れたもので、色あせていた。

酒井コミッショナーが、松井翠声の司会で登場して「この試合を選手権試合と認定する」旨をマイクに向かって堂々と声明した。

われっかえる〔原文ママ〕中に、阿久津直義アナウンサーが、美声いっぱいに「二一二ポンド（一九六キロ）〔原文ママ〕、木村政彦、二四五ポンド（一一〇キロ）力道山」と紹介した。

　息づまる緊張の中、ゴングとともに、両者はパッととび出した。さまざまな下馬評と風評の中、土俵の鬼だった力道山と、柔道の鬼だった木村がいまプロレスという新しい闘技ルールの中で、日本一を競うのだ。こんなことは、講談や小説の中の空想ではゆるされても、現実となって日本人の目にさらされたことはなかった。史上初めてのことなのだ。テレビを通じ、ラジオを通じ、日本中がみんな見ている、きいている。

　力道山はおなじみの黒タイツに黒シューズ。木村はグリーンのパンツ一枚。はだし。

　緒戦は立ちわざからはじまった。力道山が木村を腕取りから投げる。こんどは木村が、腰投げでかえす。両者ともすぐはね起きる。力道のヘッド・ロックも、すぐはずれる。木村が白い歯を見せて、ニタッと笑う。真剣勝負という緊迫感からはほど遠い。

　十分すぎ、戦線がやや乱れてきた。

　木村の一本背負いが見事きまる。力道山も木村を軽々と肩にかついで、飛行機投げでリング下に叩き落とす。飛燕《ひえん》のように木村はかえる。

　木村はやがて、腕をからみ逆を取ろうとする。力道山は体を一転させて逃げる。力道山に七分、木村に三分という展開で試合は運ぶ。力道山の空手など、むろん一発もでない。ゼェスチュアだけはしばしば見せた。

　やがて十五分の声をきいたとき、均衡はにわかに乱れた。

　ロープ……国技館の西方を背にしたロープに押し込まれた木村が、右足をあげて、いきなり力道山の下腹部を蹴った。蹴ったというより、短い足をいっぱいにのばしたといったふうに見えた。腹のあたりを足で蹴ることによって、力道山の接近をふせぐ位の意志だったようだ。ところが、この足のさきが……ツマさきが力道山の急所に当った。

大きくとび下がった力道山の表情に、怒りが光った。

力道山は、やにわに空手をひっこぬいた。一つ、二つ、三つ、四つ……物凄いばかりの空手が、木村の首に、胸に叩きこまれた。

ぐらっとくずれる木村……そいつを、力道山は靴の甲（これは反則ではない）で、下からキックまたキック……。

満場は、息をのみ、手に汗にぎって、それを見つめていた。ある者は、木村の反撃を期待したに違いない。

だが、……木村は、打ちのめされるまんま、相手のなすがまま、あまりの猛攻になすすべなく、キックと空手を浴びるにまかせて、そのままロープとコーナーの谷間に、ヘナヘナとくずれうずくまった。血が、点々と、マットの白さをよごしていた。口の中がザックリ切れているようだ。

レフェリーのハロルド登喜は、冷静に、ゆっくりと、カウントを数え始めた。

「……セブン、エイト、ナイン、テン」

木村は遂に、起つことを放棄した。

木村から提訴状

試合は、もちろん力道山の勝利に帰した。

六十一分三本勝負の、一本目は一五分四十九秒、力道山のノックアウト勝ち。あとはレフェリー・ストップで、木村の放棄試合〔原文ママ〕となったわけだ。

こうしてこの試合は何とも救いのない、残酷な結末を遂げたが、やるせないあと味は、その後まで尾を引いた。

試合翌日、敗れた木村は、フンマンやる方ないといった表情で、次の提訴状を酒井コミッショナーに出した。

「なぐり合いして勝負がきまった。これに対しコミッショナーはどういう見解をとるかお伺いしたい。試合中相手方に反則があったように思われるかどうか。コブシでなぐったこと。ツマ先とヒザで蹴ったことが考えられる。また今後のプロ・レスリングのあり方について、どういう具合にもってゆくべきか。日本選手権をどういう解釈のもとに行なうか。再び挑戦するとしたらどうなるか」（以上要略）

国際プロレス団の代表立ノ海の名前で提出されたようだ。

これに対し、コミッショナーから、それを表面立ってとりあげる談話はなかった。

実力において、年令において、やはり木村は力道山の敵ではないことがこの試合においてはっきりわかった。その後、木村は二度と力道山に挑戦することなく、天下を取ることもなく終わった。のち、柔道新聞の工藤雷介氏（コミッション事務局長）の仲裁で、力道山と木村は和解の握手をした。三十年二月十日のことだった。
いま木村七段は、プロレスをやめ、柔道にかえり、母校拓大で、後進の指導に尊い汗を流している。（『プロレス&ボクシング』1964年1月号、60〜64頁）

いまから52年まえの専門誌に掲載された読み物であるが、後半の試合リポートの部分は戦慄をおぼえるほど克明に描かれていて、ショッキングであり、また新鮮な驚きがある。記事の前半部分にある木村の柔道時代の戦歴、プロ柔道の発足とそのあっけない崩壊を紹介したくだりも、この試合がおこなわれるに至った背景を知るうえでたいへん読みごたえがある。ぼくたちの世代――そして、ぼくより若い世代のプロレスファン――は、この力道山－木村戦がいったいどんなものであったかをまだ完全には理解できていない。

小島さんは「土俵の鬼だった力道山と、柔道の鬼だった木村がいまプロレスという新しい闘技ルールの中で、日本一を競うのだ。こんなことは、講談や小説の中の空想ではゆるされても、現実となって日本人の目にさらされたことはなかった。史上初めてのことなのだ。テレビを通じ、ラジオを通じ、日本中がみんな見ている、きいている」と書いている。力道山と木村の闘いは、まさにそういう〝世紀の一戦〟だったのだろう。

小島さんは「私（筆者）は、その試合を、リングサイドからつぶさに見た」。この記事を執筆した時点で、試合からは9年という時間が経過しているが、やはり自分の目で見た光景は鮮明に頭のなかに焼きつけられていたのだろう。この原稿は1963年（昭和38年）10月ごろ、小島さんが44

歳のとき、1954年（昭和29年）12月——小島さんは当時35歳——に目撃した試合をゆっくりとふり返る形で執筆されている。もちろん、この時代にはすぐに手にとって観られるビデオもDVDもない。あるのは小島さん自身の記憶だけだ。

小島ナラティブは、われわれにひじょうにスリリングな論点を示している。序盤戦の攻防に関する記述である。

「力道山が木村を腕取りから投げる。こんどは木村が、腰投げでかえす。両者ともすぐはね起きる」とある。力道山の〝腕取りから投げ〟とは、プロレス技の基本であるダブル・リストロックからのテイクダウンで、木村の〝腰投げ〟もプロレス技のヒップトスだ。そのすぐあとに「木村が白い歯を見せて、ニタッと笑う。真剣勝負という緊迫感からはほど遠い」なる描写があり、小島さんは木村の「白い歯を見せて、ニタッと笑う」という動きに違和感をおぼえ、真剣勝負の緊迫感とは異質ななにかを感じとっている。

「やがて十五分の声をきいたとき、均衡はにわかに乱れた」という記述からはじまる15分経過後の〝問題のシーン〟は、リングサイド席から一部始終を観ていた小島さんの記述では「国技館の西方を背にしたロープに押し込まれた木村が、右足をあげて、いきなり力道山の下腹部を蹴った」「蹴ったというより、短い足をいっぱいにのばしたといったふうに見えた」「腹のあたりを足で蹴ることによって、力道山の接近をふせぐ位の意志だったようだ」となっている。つまり、小島さんの目には、力道山を激怒させた直接の原因ということになっている木村の〝伝説の急所蹴り〟がそれほど強烈なもの、あるいは殺気だった場面には映らなかったということだ。ここはひじょうに重要なポイントだろう。

現在、比較的かんたんにアクセスできる力道山－木村戦の映像は、そのほとんどがフルレングスではなくダイジェスト版――3本勝負の1本目の15分49秒をさらに編集したもの――で、もちろん、カラーではなくモノクロだ。木村が力道山の急所を蹴ったとされるシーンについては、残念ながら映像ではっきりと確認することはむずかしい。

力道山のコスチュームがトレードマークの黒のロングタイツに黒のリングシューズであったことはモノクロの映像でもわかるが、小島さんはリングサイドからこの試合を「つぶさに」観た者の証言として「木村はグリーンのパンツ一枚」と記している。しかし、別の文献では、木村のショートタイツは紫色だったとしている。木村が着用していたタイツの色というごく単純なことさえはっきりしないのだから、この試合についてわれわれが知らないこと、わかっていないことはまだまだたくさんある。

発掘された幻の木村発言

庄一ナラティブを引用するまえに、昭和29年11月1日付の『朝日新聞』に掲載された記事――力道山－木村戦が実現するきっかけとなったとされる歴史的なアイテム――の全文を紹介しておく。

この記事は、ひじょうに長いあいだ、マニアのあいだで発掘作業がつづけられてきたもので、昭和のプロレス史における大きな史実であるにもかかわらず、全国版ではなく地方版（大阪版）のみに掲載されたちいさな囲み記事であったため、なかなか実物が発見されなかったいわくつきのスクラップである。

日本選手権かけ力道山に挑戦
プロ・レスラー　木村選手声明

［岐阜発］三日から岐阜市民センターで行われるプロレスリングの国際試合に出場のため三十一日朝熊本から来岐したプロ・レスラー木村政彦選手（三六）は同日午後二時半朝日新聞岐阜支局で力道山との間に全日本選手権を争いたいと声明した。同選手は拓殖大出身で柔道七段、全日本柔道選手権を十二年間にわたって保持した日本柔道界の第一人者である。同選手は力道山の主宰する日本プロ・レス協会に対抗して国際プロレスリング団を結成、熊本に本部、京都、岐阜に支部を置いてプロ・レスリングの普及に努めることとなった。今度の挑戦は柔道畑と相撲畑出身のプロ・レスリングの決戦で事実上プロ・レスの王者が決るわけ。木村選手の挑戦に力道山が応ずれば来春一月早々東京、大阪名古屋で三試合を行う予定。

木村選手談　力道山はゼスチュアの大きい選手で実力はなく、私と問題にならない。今度挑戦したのは力道山のショー的レスリングに対し私の真剣勝負で、プロ・レスに対する社会の批判を受けるつもりで挑戦した。試合は六十一分、三本勝負であるが二十分以内に力道山をフォールする自信がある。（『朝日新聞』大阪版、昭和29年11月1日付）

これが問題の『朝日新聞』の記事だが、木村の発言は「力道山はゼスチュアの大きい選手で実力はなく、私と問題にならない」で、その後、長年にわたり活字プロレスでナラティブ化されたコメントとはややニュアンスが異なる。「プロ・レスに対する社会の批判」とは、すでにこの時点で〝プロレス八百長説〟が顕在化していたことを指しているのだろう。それが木村自身の発言であったのか、『朝日新聞』の記者が取材でそういう情報を入手したのかは判然としないが、記事は「木村選手の挑戦に力道山が応ずれば」と前置きしたうえで「来春一月早々東京、大阪名古屋で三試合を行

日本選手権かけ
力道山に挑戦
プロ・レスラー　木村選手声明

【岐阜発】三日から岐阜市民センターで行われるプロレスリングの国際試合に出場のため三十一日朝熊本から来岐したプロ・レスラー木村政彦選手(三七)は同日午後二時半朝日新聞岐阜支局で力道山との間に全日本選手権を争いたいと声明した。同選手は拓殖大出身で柔道七段、全日本柔道選手権を十二年間にわたって保持した日本柔道界の第一人者である。同選手は力道山の主宰する日本プロ・レス協会に対抗して国際プロレスリング団を結成、熊本に本部、京都、岐阜に支部を置いてプロ・レスリングの普及に努めることとなった。今度の挑戦は柔道畑と相撲畑出身のプロ・レスリングの決戦で事実上プロ・レスの王者が決るわけ。木村選手の挑戦に力道山が応ずれば来春一月早々東京、大阪名古屋で三試合を行う予定。

木村選手談　力道山はゼスチュアの大きい選手で実力はなく、私と問題にならない。今度挑戦したのは力道山のショー的レスリングに対し私の真剣勝負で、プロ・レスに対する社会の批判を受けるつもりで挑戦した。試合は六十一分、三本勝負であるが二十分以内に力道山をフォールする自信がある。

『朝日新聞』大阪版、1954年11月1日付

う予定」と、すでにそれが〝予定〟されているかのような書き方になっている。ここは大きなミステリーだ。

木村はこの記事のなかでは「シャープ兄弟との一戦において力道山の引き立て役にされた」ことには言及していない。これまで定説として流布されてきた情報には——少なくともこの記事の内容については——誤りがあるということになるのかもしれない。

庄一ナラティブによる力道山－木村戦

庄一さんも、力道山－木村戦について書いた記事、読み物のなかでこの『朝日新聞』の記事についてふれている。力道山－木村戦に関する庄一ナラティブにはいくつかのバージョンがあるが、ここではそのなかの2点を紹介する。内容的にやや重複する部分もあるので、プロレス・マスコミが報じた史実としてカバーしておかなければならない部分をおもに引用していく。

庄一ナラティブ

国技館のマットを血に染めた両雄並び立てぬ力道山と木村

昭和二十九年十二月二十二日蔵前国技館の白いマットを紅に染めた力道山対木村政彦の日本選手権を賭けた死闘は、日本のプロレスリングの歴史を大きく書き変える出来事だった。

創生期のプロレスリングにあっては、開拓者の二人は戦わなければならない宿命を持っていたというべきかもしれない。

力道山の下風に立たされて先達の面目失す木村憤満国際戦主催の毎日に対抗〝背後に朝日〟の噂巡業先での〝日本一を決めたい〟談話が発端

この両者対決の発端は木村によって投じられた。十一月一日付の朝日新聞紙上に木村が国際プロレスリング団の巡業先の岐阜で語った「力道山のレスリングはジェスチャーの多いショーだ。ショーではないレスリングで力道山とプロレスラーの実力日本一を決したい」という内容の記事が掲載された。しかも、木村は「シャープ兄弟が来日したとき力道山とタッグを組んだが、あのとき私は、力道山の引き立て役に回され、私だけがシャープ兄弟に負けた。真剣勝負なら、私は力道山に負けない」といった発言をしている。

この年の二月から三月にかけて全国各地で開催された世界タッグ・チャンピオンのシャープ兄弟を招いての初の本格的国際試合のタイトルマッチ、ノンタイトルマッチを合わせた数度の対戦で、フォールを奪ったのは力道山で、フォールを奪われたのは木村になっている。木村としては割り切れぬものがあったろう。

それに「不世出の柔道家」といわれる木村は、プロレスラーとしても力道山よりは先達のプライドもある。木村は力道山がハンス・シュナーブル、ルー・ニューマンを招いて行なった八月から九月にかけての二度目の国際試合には、袂を分って参加していない。

新聞紙上に掲載された木村発言は、血の気の多い力道山をカッカとさせた。シャープ兄弟を招いた最初の興行、シュナーブル、ニューマンを呼んだ二度目の興行は、いずれも毎日新聞が後援して大成功を収めた。そのため対抗する朝日新聞が木村を挑発させた……、とか、記事を書いた記者が木村を誘導してセンセーショナルなものにでっち上げた……、とか、事情通はいろいろの憶測をする。だが両者は対戦の実現へと動く。二人とも戦う男だったからである。

力道山側の日本プロレスリング協会の永田貞雄常務理事は、木村の本拠地の熊本に飛び対戦の話し合いに入る。しかし開催の日時、ファイトマネーで折り合わない。力道山はアメリカ遠征を控え、松竹で映画に撮入している。折しも十一月十日には人気に便乗し、ミルドレッド・バーグ、メイ・ヤング、グローリア・バラチーニら六人の女子外人レスラーが来日し、十九、二十、二十一日の三日間、蔵前国技館で本格的な女子のプロレスリングを披露し、満員の盛況でプロレスリングの人気に拍車をかける。

十一月二十六日、木村は上京し東京・千代田区神田橋の千代田ホテルで記者会見、正式に挑戦を申し入れ力道山が承諾した。試合ルールは二十七日、両者で話し合う予定。試合は純粋のスポーツとして争いたい。四十五分一本勝負となろうと発表。

二十七日、木村が映画撮影中の力道山を松竹大船撮影所に訪ずれ正式契約を結ぶ。対戦日、場所は木村側が十二月二十八日に東京開催を申し入れたが、年末ということから繰り上げ十二月二十二日、蔵前国技館と決定する。一説によると、木村側は東京、大阪で二度の開催を希望したともいわれる。

山口の日本選手権の提唱で
コミッショナーの制定急ぐ
スタミナ考えて45分一本勝負主張した木村
東京と大阪で二度対決の希望も容れられず

試合はファイトマネーではなくプライズファイト（賞金試合）に決められた。百五十万円を勝者七分（百五万円）敗者三分（四十五万円）の配分。実力日本一を争う真剣勝負にふさわしい取得方法。当時の金額としては無論、破格のものである。

試合時間は木村の四十五分一本勝負は却下され、力道山の「国際ルールによる六十一分三本勝負」の主張が通る。スタミナで自信のない木村は短い時間の四十五分一本勝負を申し入れたが、スタミナに自信のある若い力道山が六十一分三本勝負を押し通した……。と取りざたされた。

木村は「実力日本一を決定するにふさわしいフェアプレーで、悔いを残さない試合にしたい」と語る。力道山は「木村君に挑戦されびっくりした。プロレスリングは八百長だ、ショーだといわれているが、プロレスリングのショーと真剣勝負は紙一重。とにかく挑戦された以上は全力を尽して戦う」とはっきりいい切った。木村が挑戦、力道山が受諾——。日本へビー級チャンピオンをかける両者の対決が実現に到達する。

この報道がマスコミを賑わすと間髪を入れず山口利夫が、三十日、大阪南区難波の全日本プロレスリング協会で「力道山-木村の試合を日本選手権試合と認めることはできない。しかし力道山-木村の勝者が早急に私の挑戦を受諾すれば、これを日本選手権試合と認める」との声明を発表する。

三者均等に戦ってこそ日本選手権と称すべきで、私を無視したやり方は黙っていられない——、が山口の主張だった。

力道山の日本プロレスリング協会、木村の国際プロレスリング団、山口の全日本プロレスリング協会の三団体が存在する事実、そして山口は木村とともにプロレスラーとして力道山よりも先進、それを無視されてはたまらない……、と乗り遅れるの〔原文ママ〕

配慮によるものだった。

木村は「不肖木村は、運よく力道山選手に勝利を得たときには喜んで挑戦をお受けします」の手紙を山口に送る。力道山側は使者を立てて山口の同意を得た。

ここに力道山、木村、山口の三者による日本へビー級チャンピオン決定戦にと形を変える。そしてこのチャンピオン決定戦、実力日本一の決戦を前にコミッショナー制定に動く。

設立準備委員会が設立され、力道山－木村の対戦の前日、十二月三十一日〔原文ママ＝21日の誤り〕に酒井忠正氏（横綱審議委員会委員長）が三団体代表の協議により日本プロレスリング・コミッショナーに推戴される。当初力道山の日本プロレスリング協会が推す酒井コミッショナーに、木村、山口側は異存があった模様だが同意に達した。コミッショナーの実現は日本選手権を権威あるものとする。

力道山－木村戦のレフェリーは、いろいろと取りざたされた。さきの国際試合に登場した沖識名、すでにレフェリーとして経験を持つ九州山（元小結）が挙げられたが、沖は力道山をコーチしたこと、九州山は力道山と同じ相撲出身で日本プロレスリング協会の所属ということが問題とされ、第三者の立場の山口の起用も一部ではいわれた。最後はハワイの日系二世ハロルド登喜の起用となる。

一部マスコミに力道山－木村戦は「三ヵ月後のリターンマッチが契約されている」と報じられたが定かではない。それは先に木村側が力道山に、両者の対戦を東京、大阪の二ヵ所での開催を希望したことから出たのかもしれない。入場料はリングサイドの最高二千円、最低の一般席三百円。前売りは羽根がはえたように売れた。

下腹部急襲にカラ手の反撃
首を狙われ血へド吐く木村
力道山に七分の利といった山口の予言的中
超満員の観客蒼白となる試合開始15分過ぎ

力道山が強いか、木村が強いか——。木村の〝真剣勝負〟での挑戦申し入れは満天下の話題を沸騰させた。相撲が勝つか、柔道が勝つか——。当時まだプロレスリングが相撲とも柔道とも異質の格闘技であることを理解しない人々は、その面でも興味を抱いた。マスコミは「昭和巌流島の決闘」とあおる。木村が佐々木小次郎で力道山が宮本武蔵か。

両者と、そして力道山の日本プロレスリング協会と、木村の国際プロレスリング団の全員が燃える。木村は立ノ海、大坪清隆、戸田武雄の三選手を郷里熊本の知人宅に下宿させ、少年時代に毎日通い続けた柔道道場・振武館でけいこに励み、熊本城の周辺をロードワークする。

「力道山は相撲の出身なので、技の面でも七、八分は相撲の手でやってくると考える。科学的戦法を研究しているので勝つ自信がある」

十一月二十日、上京して千代田ホテルに入った木村は昂然といい放った。

力道山は東京・日本橋浪花町のジムで門下生と激しいトレーニングに入る。決戦を前にするある日木村を育てた「鬼牛島」といわれる牛島辰熊八段がジムを訪ずれ、柔道着になって力道山に寝技を一時間も教えた。牛島氏は右足親指のなま爪をはがした。牛島氏は力道山一門の遠藤幸吉、宮島富男にとっても柔道の師であったが、この行動はどう解釈すべきか。

力道山は「木村君に対して特別なことはやっていない。いつものとおりの練習だ。試合についても木村君だから真剣にやるというのではない。これまでと同じだ。試合中、相手をけがさせようとすれば、いくらでもチャンスはある。しかしスポーツである以上は、そんなことはしない。今度の試合はうっかりすると殺されてしまうかもしれない」となみなみならぬ闘志をほとばしらす。

柔道の木村を知り、プロレスラーとしても一緒に海外を歩き、またさきのシャープ兄弟との国際試合では力道山とタッグを組んだことがあり力道山―木村戦の勝者と対戦を決めている山口は、両者の力を分析し次のように語った。

「木村の寝技は柔道着があって初めて充分に効果が発揮できるもの。柔道着を着た場合と裸の場合では、いくら七段でも三段位の実力しか出せないのではないか。木村がこのハンディをいかに克服するかがカギとなろう。木村は逆を取るか、寝技に相手を持ち込んでフォールを奪うことを狙おう。もっとも相撲出身の力道山は裸で有利とも見られるが、褌がないため相撲の投げは使えない。しかし体力と腕力を利した空手打ちを持つことは強味。これは決まれば木村は脳震盪を起こしてふたたびマットに立ち上がれないだろう。力道山に七分の利があるとみる」

決戦の日はきた。師走のあわただしさの中、蔵前国技館には長蛇の列ができる。館内は文字通り立錐の余地もない超満員となった。

卓詒約が金子武雄を、阿部修は宮島富男を、渡辺貞三が田中米太郎をそれぞれ体固めで破る。いずれも同門同士の対戦。四試合目の芳ノ里（日本）と市川登（国際）の対戦から館内の空気がガラリと変わる。

芳ノ里が張り手を連発、市川が必死で組みつき投げる。殺気が流れる。芳ノ里は市川を体固め、駿河海（日本）と大坪清隆（国際）は引き分け、ユセフ・トルコ（日本）と戸田武雄（国際）も引き分け。遠藤幸吉（日本）は立ノ海（国際）を体固めする。木村の国際プロレスリング団は一人も勝てない。力道山の日本プロレスリング協会の気勢は、いや応なしに上がる。

力道山は富士山に「力道山」と染め抜いた派手なガウン、それに比べ木村のガウンの地味なこと。

木村はファイトシューズははかず素足。リングに登場する直前まで、控室で力道山と木村は二人だけで話し合った。そのため試合開始が遅れている。そこで何が話し合われたかは、二人以外に知る者はいない。こみ入ったことがあったことだけは、まぎれもない。

木村が一本背負いで力道山を投げると、力道山は二丁投げを応酬する。10分を過ぎるまでは、ほとんどスタンドの攻防を展開した。15分を過ぎたとき、木村が力道山の下腹部を蹴り上げた？

途端に力道山の空手チョップはうなり、張り手が木村に飛んだ。木村がロープによろめく。力道山は足の甲で木村のあごを蹴る。右手の手刀が木村の首を見舞う。

木村はうつ伏せに倒れ、血へどを吐く。レフェリー登喜のカウントは10を数えた。木村は立てない。

コミッション・ドクターはリングに上がり、血だるまの木村の容態をみて「試合続行不可能」と診断する。レフェリー・ストップ、15分49秒で力道山が2－0で木村を破って、初代日本ヘビー級チャンピオンの座につく。

勝負を決めたのは1分そこそこの力道山の急襲だった。いみじくも山口の予想が現実となる。力道山が木村を打ちのめし、木村はふたたび立ち上れなかった。超満員の観客はそのすさまじさに声もなく蒼白になった。

引き分けの約束があって？
寝わざを使わなかった木村
試合の推移と勝者の言葉で立った妙な憶測
一月半後にコミッショナー斡旋で両者握手

勝った力道山は、木村側のコーナーに歩み寄り牛島氏に握手を求めたが、牛島氏は拒否した。勝者と敗者の厳しい現実。

宿舎に戻った木村は「初めからこのくらいのことは覚悟していた。牛島先生のいわれるとおり、これが勝負の世界だ。今さら弁解も何もしない。まさしく私の負けだ」といった。その言葉は非情の世界に生きる勝負師のそれであったが、潔よかった。

勝てば官軍、力道山はほえる。

「木村君の首を締めたとき、木村が〝離してくれ〟と頼み、その後、木村が〝引き分けに持っていこう〟と耳打ちした」さらに試合契約の前夜「今度の試合は引き分けにしよう。この次の試合には勝たせるから」と木村が申し入れたなど。それに対し木村は「そんなことをいうわけがない」とポツリ、寂しい言葉を吐いただけだった。

私はその後もなんどか木村さんと、人を避けての酒席を持ったが、そんなことをいう木村さんではないことを信じて、一度もそれに触れたことはないし、木村さんもあの試合のことに関しては口を開かない。木村さんは男である。

もっとも、この試合の推移に関しては、いろいろの推測・憶測は立てられる。裸足になって寝技で勝負をしようとしたはずの木村がどうして寝技を不利とする力道山を寝技で攻めなかったのか……。逆を取ろうとすれば、いくらでもチャンスはあったのに……。

力道山にしても、木村を抱え上げたときリング下に投げ落とすとか、そのままマットに頭を叩きつけることもできたろうに……。そして二人だけの取り引きを力道山が勝手に破った……。かんぐればきりはない。だが、もうそれは時効になっている。

木村側の国際プロレスリング団の立ノ海代表は、酒井コミッショナーに審議書を提出する。力道山の攻撃に拳、爪先を使った反則があったという提訴であったが、これはうやむやのうちに消える。

木村は寂しく熊本に去る。永田貞雄氏が宿舎に木村を訪ずれ清酒を贈り、労をねぎらったと聞く、戦いのあとははかなく味気ない。

そして力道山－木村の血の戦いは、プロレスリングに警鐘《けいしょう》を打ち鳴らす。スポーツのジャンルを越したケンカ、リング上の決闘はプロレスリングにあってはならないということだ。勝った力道山にもゴウゴウの批判が起こる。それは創生期の踏まねばならなかった一つの課程〔原文ママ〕だったのか、そして過渡期の一つの現象であったのか。

年が明けた三十年二月十日、力道山が東富士とのアメリカ行きを前にして、工藤雷介氏（柔道新聞主幹＝のちに日本プロレスリング・コミッション事務局長）の斡旋で木村が上京、一ヵ月半ぶりに日本橋港町のセカンド明治で両者が再会。いっさいのわだかまりを水に流して握手、胸を開き心いくまで痛飲したことはスポーツマンとしてさわやかだった。
凄惨を極めた力道山－木村の対決が、この二人の語らいによって最後を締めくくったのは、せめてもの救いといっては誇張に過ぎようか。（『プロレス』1975年6月号、134～137頁）

この庄一ナラティブは、『プロレス』に1975年1月号から1979年5月号まで全55回にわたり連載された「日本プロレス史」の第6話である。75年（昭和50年）6月の記事だから、力道山－木村戦からは21年が経過していて、庄一さんは〝52歳の目〟で庄一さん自身が31歳のときに目撃した「凄惨を極めた」試合とその前後のできごとを総括している。

小島さんは〝柔道衣〟で庄一さんは〝柔道着〟、小島さんは〝寝わざ〟で庄一さんは〝寝技〟、小島さんは〝ゼェスチュア〟で庄一さんは〝ジェスチャー〟または〝ゼスチャー〟と漢字とカナの表記にそれぞれ独特のスタイルがある。文体も、タッチもずいぶんちがう。でも、ふたりとも――じっさいにその場にいた者の実体験として――力道山と木村の闘いの深層に踏みこんでいる。1919年（大正8年）生まれの小島さんは、1923年（大正12年）生まれの庄一さんよりも4歳年上だが、かなりおおまかに分類すれば、ふたりとも力道山、木村とだいたい同じ世代といっていい。

純粋なプロレス・ライターである庄一さんは、木村が〝45分1本勝負〟を提案したが力道山が〝61分3本勝負〟を主張して木村案を受け入れなかったことについてくわしく分析していて、この試合から1カ月後に力道山の日本選手権に挑戦することになる山口利夫（全日本プロレス協会）に力道山―木村戦の予想を語らせ、そのかなり長いコメントをかぎカッコにおさめている。

力道山のコメントも、庄一ナラティブとしていくつか収録している。

「プロレスリングは八百長だ、ショーだといわれているが、プロレスリングのショーと真剣勝負は紙一重。とにかく挑戦された以上は全力を尽して戦う」

「木村君に対して特別なことはやっていない。いつものとおりの練習だ。試合についても木村君だから真剣にやるというのではない。これまでと同じだ。試合中、相手をけがさせようとすれば、いくらでもチャンスはある。しかしスポーツである以上は、そんなことはしない。今度の試合はうっかりすると殺されてしまうかもしれない」

おそらく、これらのコメントはテープに録音した力道山の肉声を文章におこしたものというよりは、庄一さんがそのつどメモにとっておいた力道山の談話をまとめたものだろう。力道山のコメントではあるが、これらもまた庄一ナラティブとカテゴライズすることができる。

木村の柔道時代の師匠・牛島辰熊と力道山のミステリアスな接触については、小島ナラティブは「木村の恩師である牛島辰熊八段を、わざわざジムにまねいて、約一時間にわたって寝わざのコーチをうけたこともある」となっているのに対し、庄一ナラティブは「決戦を前にするある日木村を育てた『鬼牛島』といわれる牛島辰熊八段がジムを訪ずれ、柔道着になって力道山に寝技を一時間も教えた。牛島氏は右足親指のなま爪をはがした。（中略）この行動はどう解釈すべきか」とこのエピソードにはなにか複雑な背景があったであろうことを示唆している。

小島ナラティブには力道山が「わざわざジムにまねいて――」とあり、庄一ナラティブには「牛島辰熊八段がジムを訪ずれ」とあるから、そのいきさつについてはほぼ正反対のニュアンスで描かれている。力道山が牛島辰熊をジムに招いたとしても、牛島辰熊がみずからの意思で力道山のジムにやって来たとしても、木村の師匠である牛島が〝世紀の一戦〟をまえに敵側の力道山と接触し、しかも柔道家・木村の手の内を明かすような行動――約1時間にわたる寝技のレクチャー――をとっているのはひじょうに不可解ではある。

〝問題のシーン〟とされる木村の急所蹴りのシーンについては、小島ナラティブが提示した疑問と同様に、庄一ナラティブも「木村が力道山の下腹部を蹴り上げた？」とクエスチョンマークをつけている。庄一さんの目にも、試合開始から15分過ぎの木村の急所蹴りはそれほど強烈な一撃、あるいは常軌を逸した行動にはみえなかったのである。

ノックアウト・シーンについては、小島さんが「木村は遂に、起つことを放棄した」としているのに対し、庄一さんは「レフェリー登喜のカウントは10を数えた。木村は立てない」とだけ記し、「勝負を決めたのは1分そこそこの力道山の急襲だった。（中略）超満員の観客はそのすさまじさに声もなく蒼白となった」とむすんでいる。

庄一さんが力道山に対して特別な感情を抱いていたことはまちがいないが、それと同時に、どうやら木村に対しても友情のような感覚を持っていたようだ。

「私はその後もなんどか木村さんと、人を避けての酒席を持ったが、そんなことをいう木村さんではないことを信じて、一度もそれに触れたことはないし、木村さんもあの試合のことに関しては口を開かない。木村さんは男である」

庄一さんのいう〝そんなこと〟とは、力道山のコメントにある「木村の首を締めたとき、木村が〝離してくれ〟と頼み、その後、木村が〝引き分けに持っていこう〟と耳打ちした」とする木村の発言、「今度の試合は引き分けにしよう。この次の試合には勝たせるから」と木村が力道山に申し入れたとされることを指している。庄一さんは、力道山のコメントを「勝てば官軍、力道山はほえる」といったん前置きしてから「それに対し木村は『そんなことをいうわけがない』とポツリ、寂しい言葉を吐いただけだった」というやや叙情的な文体で木村をかばっている。

『ビッグレスラー』誌の木村インタビュー

力道山－木村戦から29年後の1983年（昭和58年）、プロレス専門誌『ビッグレスラー』（立風書房）に「今だから明かす！　30年前の真相／木村政彦」という記事が掲載され、プロレスファン、関係者を驚かせた。『ビッグレスラー』は82年（昭和57年）1月に創刊された月刊誌で、おもにビギナー層の読者をターゲットとした『プロレス』『ゴング』の後発誌。力道山－木村戦を取り上げた記事は、同誌の創刊2年めの〝目玉企画〟だった。

木村のインタビューは、「G馬場とは旧知の間柄である」というフリーライターの山下剛という人物との対談という形で収録されている。木村が力道山との闘いについて語った雑誌のインタビューでは『ナンバー』（文藝春秋）に掲載された記事があまりにも有名だが、じっさいにそれが世に出たタイミングでは、この『ビッグレスラー』の〝特別企画〟のほうが2カ月ほど早い。まず、『ビッグレスラー』1983年3月号（昭和57年1月27日発売号）の問題の記事から引用していく。

ルールを破った力《リキ》を殺《け》そうと思った
でも、私には、奴の寿命が分っていたんだ

（前略）——ところでプロレスに入られたきっかけは？

木村　戦後のある時期、牛島先生が主宰しておられたプロ柔道に所属し、後に私と一緒にレスラーになった山口利男〔原文ママ＝利夫〕6段とともに、日本各地で試合していました。が、当時の風潮として、「武道家が武術を興行化することなど、けしからん」といったような批判が強くて、興行的にはあまり成功しなかったんです。

——維新後、撃創会を作り、剣道をプロ化しようと思った榊原鍵吉の例に似てますね。

木村　その通りです。結局、榊原鍵吉も失敗しましてね。プロ柔道も、同じで「サムライが……」といったような風当りだけが強くて、お客さんの入りが極端に少なかったんです。

——日本人の間に、プロスポーツがまだ十分に定着、理解されていなかったという面もあったでしょうね。

木村　そうとも言えますね。そんなこんなで、給料も少ないし、迷っていた頃に、ハワイの松尾興業から、現地の柔道界と、プロ柔道のルールで試合しないかという話が舞い込んできたんです。これは、まだ一度も外部に話したことはないんですが、当時、うちの家内が肺結核を患い結核で病院に入院していたんです。戦後間もない頃ですから、まだパスや、ストレプトマイシンなどといった抗生物質が日本には出回っていない頃で、結核による死亡率が最も高い時期でした。

しかし、ハワイには、こういった特効薬が幾らでもあり、現地で買えば日本に送ることもできるという話でした。松尾興業との契約は3ヵ月で一試合のファイトマネーは10万円。今の貨幣価値に換算すれば100万円以上にはなりました。そこで私は、妻のためプロに徹しようと割り切ったんです。

――先生の柔道家としての過去が偉大なものだっただけに、講道館を始めとしたアマ柔道界のリアクションが激しかったのではないですか。

木村 それは反発を買いましたね。「木村って男はわからん奴だ。柔道を仇で返した」なんて言われましたが、家内のことはあくまでも個人的なことなので、一言も弁解しませんでした。

――それで奥様は？

木村 ハワイで薬をまとめ買いし、どんどん送ったもんですから、家内だけでなく、同室の人まで直りました〔原文ママ〕。

――それにしても悪評を背に日本を発たれたわけですね。

木村　つらかったことはつらかったですけど、先にも言ったように、プロ入りを決心した瞬間から私なりのプロ哲学は完成していましたから。（中略）

――それまではプロレスの経験は？

木村　勿論ありません。話に聞いたことはあっても、実際に見たことがない。そこで、一応見ようということになって、アールカルシック〔原文ママ＝アル・カラシックまたはアル・キャラシック〕に連れられて観戦に行った。試合が終ったあとで、彼が、「どうだ真剣勝負だっただろう」と、いうもんで、「いやあれは八百長だった」と、正直に答えたら、「どこが八百長だ」と、ムキになるんです。そこで、関節の取り方、首の締め方などいちいち例をとりながら説明してやると、今度は「せっかく来たんだからやってみないか」としきりに誘うんだなあ。「ＯＫ」を出したら、どこかのチャンピオンだという白人の大男を連れてきて、アマレス式の試合をやれっていうわけです。アマレス式なら、多少はやったことがあるんで、本気になってやったら、30分に3本のフォールを取ってしまった。驚きましたね。彼は、「柔道にもそんな技があったのか」って。

すっかり気に入られてしまい、契約しようということになったんですが、それにしても私のファイトではショーにならない。そこで、特訓を4日間ほど受けることになったんだが、これがむづかしい〔原文ママ〕んだなあ。元元、私は柔道家だから、相手に手をかける時など、固く握ってしまう。そうすると、プロモーターが中に割ってきて、「ダメダメ」と言いながら、自分で私の手を握り「タマゴが割れない程度に軽く握れ」と、握り加減までいちいち指導するんだ。後に力道山の専売特許のように言われる空手チョップも、実はこういった練習の過程で生まれてきたんだ。

そのうち、妙な話だがプロモーターが、私の顔もいかんと言い出したんだ。彼は鏡の前で、怒った顔、笑った顔など、4つほどの表情を自分で作ると、その通りにマスターしろと言うんだ。言われた通りに一生懸命に練習し、どうやらサマになり始めた頃、「次の試合に入れたから」と、言い渡された。（中略）

——数年前、猪木対アリの真剣勝負が随分と話題になりましたが、先生ご自身の体験は。

木村　第1回目は、昭和26年にブラジルでやりましたね。ハワイから帰国後、しばらく静養しながら相手を探していたところに、ブラジルのサンパウロ新聞（邦楽紙）から、柔道と、レスリングの両方の試合をやらないかといってきたんです。

この時は、私と山口とそれにMという柔道家の3人で出かけました。当時のブラジルはまだ、邦人の間で勝ち組と負け組が争っている頃で、主催者のサンパウロ新聞社社長から邦人に第2次世界大戦の結果を聞かれても、あいまいに答えてくれと、頼まれるなど騒然としていました。

私の対戦相手は名前も顔も覚えていないほど弱かったですけど、Mの相手は強かったですね。サンパウロ市内で大きな柔道場を経営しているブラジル人で、Mがいくら投げてもけろっとして起き上がり、最後は寝技にもつれ込んで、お互いに首の締め合いになった末、Mの方が先に落ちてしまったんです。

その相手が私に挑戦状を叩きつけてきたんです。勿論、受けて立ったんですけで〔原文ママ〕、当日は試合前から会場が殺気立っていましたね。リングに上ろうとする私めがけて生タマゴが四方八方から飛んでくるんです。それは悲愴感に溢れた試合になりましたね。しかし、この日は大統領も観戦に来ておられたし、私としては、満員の観客に対して、日本柔道の全てを見せるつもりで、あらん限りの技を使って相手を投げ飛ばすんですが、Mの時と同様にけろっとした表情で起き上ってくる。そこで頃合いを見はからって、極め手の寝技に持ち込もうと思っていた矢先、相手も寝技できたんで、これはチャンスとばかりに逆に押え込んで、関節技にいったんです。ところが限界ぎりぎりの所まで逆手にとっても、「参った」とはいわない。面倒くさくなって、そのままねじ曲げたら、「ボキ、ボキ、ボキ」っと3回ほど音を立てて、腕が逆に曲がってしまった。複雑骨折してしまったんですよ。相手は救急車に乗せられ病院行きですが、会場はシーンとなってしまい、もうタマゴを投げる者は1人もいませんでしたね。（中略）

――では、29年に日本中を沸した故力道山との一戦は真剣勝負ではなかったんですか。

木村　あれは金儲けを企んだプロモーターが、新聞で煽ったことで、私が挑戦状を出したとか、力道山が出したとかという状況ではなかった。力《りき》も私も、プロモーターも、お互いの私欲を考えてやった一戦だと思っている。当時、私も力道山も豊富な海外遠征の体験から、『プロレスの本領』が何んであるかを知っていた。中に入ったのが、新田新策〔原文ママ＝新作の誤り〕氏と、天中軒雲月（先代？）の親戚の人だったように記憶している。この2人の仲介で、都内の某料亭で、私と力が会って、当日の手筈を整えた。方法として、話し合いにより、いずれかが先に勝ち、2本目は負けた方。3本目は、急所を蹴り合いお互いの負けにするか、そうでなければ、場外乱闘に持ち込み、引き分けにするといった予定だった。

——当時の風説として、先生が力道山の急所を蹴り上げ、これに怒った力道山が空手チョップを連発したという説がもっぱらだったが……

木村 確かにそのような話が真相として語られたが、実はそうではない。試合開始当初は、打合せ通りに、〝なあなあ〟の試合運びだった。私が投げれば力が飛ぶといった具合に、実に旨くいっていた。流石、力道山だと感心しながら試合は流れていった。そのうち、寝技に移り、私が下になり、力が上から攻めるといった試合展開になった。その時、私が、彼の腹に軽く膝打ちを当てた。先にも言ったように、観客の目には強烈に映るが、その実は、タマゴも割れないほど弱いものだ。次に2人が立ち上がり、リング中央で向き合う型になった。見ると、力が手を振り上げている。〈空手チョップにくるな〉と咄嗟に悟った私は、彼が打ち易いように両手を開げた。ところが、彼は、何を思ったのか、チョップを私の頸動脈に強烈に振り下ろした。普通、空手チョップは、胸に当てることになっている。その方が音が派手の上、レスラーにとっては無害だからだ。この一発で、私は完全にグロッキーになってしまい、転倒してしまった。頸動脈は人間にとっては急所である。幼児に叩かれてもそれなりのダメージはある。力は、今度は、ふらふらになった私の目尻をリングシューズで蹴り上げた。たまったものではない。最初の一発で肉が裂け、鮮血がほと走った。

薄れゆく記憶の中で、私は、あることを思っていた。それは自分自身の暗示が当たっていたということだ。私は学生時代から、試合に臨む前は必らず、自分自身に暗示をかけることにしていた。この日、私は、自分自身が負けるということよりは、むしろ力がプロレスを冒瀆し、約束を違反するのではないかと思っていたのだ。それが不幸にも当たったことに慄然としていたのだ。

──復讐戦は考えなかった……。

木村　勿論、考えた。一時は殺《け》してやろうとも思った。しかし、私の暗示の中で、自分の手を血に染めることなく、近い将来に力道山が死ぬと出ていた。果せるかな、私の九州旅行中に彼は凶刃に倒れ非業な死を遂げている。（『ビッグレスラー』1983年3月号、104〜109頁）

この記事のなかで木村が「昭和26年にやりましたね」と語る「サンパウロで大きな柔道場を経営しているブラジル人」とはエリオ・グレイシーのことだ。もっとも、80年代前半の読者＝プロレスファンは、ブラジルのグレイシー一族のことも、グレイシー柔術もブラジリアン柔術もまったく知らないから、このあたりのディテールは30数年後のいまになってようやく意味をもつ記述ということなるのかもしれない。

頭文字の「M」で語られている日本人柔道家は、加藤幸夫のことではないかと思われる。Mといってもコンデ・コマこと前田光世ではない。1878年（明治11年）生まれの前田光世と1917年（大正6年）生まれの木村はまったく世代のちがう柔道家で、前田は木村のブラジル初遠征の10年まえ、1941年にすでにアマゾンで死去している。木村のコメントに出てくる山口利夫、新田新作といった日本プロレス史の登場人物の漢字表記が〝山口利男〟〝新田新策〟と誤字のままになっているのは専門誌の記事としてはいただけない。

『ナンバー』誌の木村インタビュー

1983年（昭和58年）は、力道山の死去からちょうど20年という節目の年だった。テレビ、新聞、雑誌が〝昭和のヒーロー〟力道山の特集を組み、力道山関連の単行本、写真集などが多数出版され、『ザ・力道山』（松竹）というドキュメンタリー映画も公開されて、ちょっとした力道山ブームが起きた。『ビッグレスラー』がプロレスファンを対象とした専門誌であったのに対し、『ナンバー』は、スポーツ・グラフィックとうたってはいるが、メジャーな出版社が発行するメジャーな活字メディアだから、ごくあたりまえのことではあるけれど、そこに載っている記事も写真もプロレス専門誌よりもはるかに多くの人びとの目にふれる。
木村のインタビュー記事が掲載された『ナンバー』70号（昭和58年3月5日発行）は、「プロレス大ブームの原点、力道山の真実」と題したプロレスの特集。表紙は力道山のモノクロのパブリシティー写真で、そのすぐ横には「あれは何だったのだろうか？　日本プロレスの原点、戦後日本の超ヒーロー、しかも伝説と謎に包まれた男。あの時代、あの存在の意味を問う」という〝教科書体〟の5行のコピーが記されていた。83年の「プロレス大ブーム」とはアントニオ猪木のＩＷＧＰであり、初代タイガーマスクであり、長州力対藤波辰爾の〝名勝負数え唄〟であったことはいうまでもない。それまで月刊誌だった『プロレス』が『週刊プロレス』に模様替えしたのもこの年の夏だった。木村のインタビュー記事を引用していく。

――昭和25年ですか、プロになったのは？

木村　最初はプロ柔道ですね。その年にハワイに渡ってプロ柔道の興行をやった。その後、プロモーターの依頼で、プロレスの稽古をした。それからハワイで3カ月間、プロレスの興行をやったんです。

そのとき驚いたのはその盛況さだな。それとお客さんを魅惑させるところのプロレスのショー的な魅力ですね。それには感心しました。（中略）

――それからアメリカに渡ったんですね。

木村　ロスアンジェルス、サンフランシスコ、あの周辺をずっとまわりましたね。

――そのころ力道山は、どうしていたんですか？　アメリカで会いました？

木村　いや会っていない。ぼくより1年ぐらいあとからプロレスを始めたんだな。

――最初、知りあうきっかけはどういうことだったんですか。

木村　きっかけ、ってべつになかったな。まあ、レスラー同士だから、お互いに言葉もかわすわけですよね。最初はべつにたいした嫌悪感も持っていなかったし、話といえばレスリングの話、レスの交流とか、現在のレスの状態に対する打開策、そんなことを話していた。（中略）

それで、ちょうどシャープ兄弟が来たときに、応援してくれないか、というような依頼があったんですね。まあ、交流のためなら応援してやろう、力道山もプロモーター的資格を持っておったし、「じゃ、君の組に入ろう」ということになった。

プロレスというのは、勝ち負けということに関してプロモーターに一任しなければならないわけだね、だから二人で構想を練るんだ。このときは勝つけれども、このときは負けるんだ、というようにね。

――木村さんとしては〝やられ役〟になりましたね。

木村　だいたい〝やられ役〟のほうが多かった。ぼくのほうがはじめ出てって、シャープ兄弟をこてんぱんにやっつけるんですね。そして次は反対にやっつけられるんですよ。すると力道山が出てきて、空手チョップというような段取りですね。（中略）

――それでいよいよ、昭和29年12月22日の、力道山との決戦になるんですけど、当時の新聞は、木村はいつも負け役になっていて面白くない、とかいう不満があって、それで力道山に挑戦した、とか毎日毎日あおりたてましたよね。

木村 それは二人で事前に、いっぺんやってみようか、そして金もうけしようじゃないか、という話を交したことがあります。いつごろからやるか、だいたいの月日と、段取りを決めての話なんです。これはお互いに公表しないで、やるときはパッと新聞に出そうじゃないか、という相談ずくでやったことなんですね。

――決まったときはワーッとあおる……。

木村 そう、そう。

――柔道か相撲か、一騎打ちということだったんでしょう。で、最初の約束は、勝負の結果は引き分けにするつもりだったんですか?

木村 そう、最初は引き分け。次はジャンケンポンで勝った方が勝つ。その次は反対、またその次は引き分けにもっていく、というようなことをずっと継続して、日本国中を回ろうじゃないか、という口約束だったんですね。(中略)

――で、あの試合が終ったあと、力道山が、「木村から八百長の申し入れを受けていた」と暴露して、その証拠だという文書を公表しましたね。

木村 そうじゃない。あれはおたがいに文書を交して、「こういうふうにしよう」と約束したんだ。だけど、だいたいレスリングというのは口約束だからね。どこへ行っても、プロモーターが、お前負けだ、引き分けだ、と言ったらそれを通すんだから。それが通らないレスラーというのは存在できない。だからそういうように文書をとり交すということ自体もおかしいんです。

——文書をとり交そうと言ったのは、力道山のほうから言ってきたわけですか。

木村　そう。おたがいの意思を確かめるためにとり交しましょうか、というんで、いいよおまえのいいようにしてくれ、って。で、その文書をとり交す日、ぼくが書いてもってったら、あれは持ってこなかった、忘れた、というんだね。大丈夫です、決して違反はしません、って言うから、じゃ、そのとおりにやろう、と相手の誠意を認めたわけです。で、ぼくが書いたものは、むこうが持っていってしまった。

——そのとおり、とは?

木村　それはおたがいにレスラーとレスラーの勝負だから、引き分けと決まったら、相手がはじめとったら今度はこっちのほうがとる。そして仲良く勝ったり負けたり、攻撃したりされたりして試合を進めていこうじゃないか、そして最終的にはお客さんを沸かせるような、むこうが空手チョップをぶってきたら倒れ、立ちあがったら今度はこっちのほうが攻撃してこてんぱんにやっつける、こういうような流れで、引き分けの線までもっていこう、時間切れまでね。(中略)

それからあとに続く試合は、この試合が引き分けに終ってから、ジャンケンポンで決めよう、こういうような約束になっていたわけです。

――それで、試合が始まったんですね。

木村 そう。演技はスムーズにいっとったな。それでずいぶんお客さんも喜んだし、ちっともおかしい点はなかった。

――それが途中から流れが急に変わっちゃったわけですね。

木村 相手が手をあげてきたわけです。攻撃してくるから、これは空手チョップだな、と思ってね。それでわたしが両手を開いたわけだ。撃ちやすい状態にしておいたんですね。そしたら本当に撃ってきた。そりゃあ、撃ちやすい、こっちは歩かないで、手をあげているのだから、どこでも撃とうと思えばできる。

知ってるかもしれないけれど、プロレスの空手チョップというのは、まっすぐに手刀を撃つんじゃなくて、撃った瞬間、手を甲の方へ返すのが建前なんだね。ふつうに撃つと、音がしなくて、お客さんもぶったと思わなくて、しかも痛いでしょう。だから手を外側にぶった瞬間返すわけです。そうすると、体に汗もでてるからパーンと音がする。その瞬間、手を戻すから、お客さんはぶったな、と手刀でぶったように感じられるわけです。(中略)

――あとで力道山は、木村は卑劣なやつだ、おれに先に八百長を申し込んでおきながら、試合の途中で、急所を蹴りにきた、先に反則をしかけてきたって、いいましたね。だから汚いやつだから、空手チョップをやったんだ、というようなことを……。

木村 それは口実ですね。そんなことはないです。ただ、おなかのところ、そこを軽く触っただけなんだよね。だいたいレスというのは、本当にぶったようにして、軽くあてるようにするのが、レスラーのうまいところなんだよね。

——下腹部を軽く触っただけというのは、足で蹴るようにしてみせたんですか？

木村 ぼくはひざだと思った。

——ひざ蹴り……。

木村 あとで、あのときの写真を分解してみた人がいて、そんなことはなかった、といっていた。（中略）

——力道山は最初からそういう作戦だったのか、それとも途中でパッと変わっちゃったのか……。

木村 最初からだったと思うね。

——なぜ、そんな裏切るようなことをしたのか……。

木村 その点は、金と名声がかれをそういうふうに左右したんじゃないかな。これに勝てば、将来大きな金がとび込んでくるということが、そのころのプロレスの人気からみればわかっていただろうからね。

——ともかく先にやってしまわなければ大変だという……。

木村 そういう面も多分にあったと思いますね。

こちらがパッと開いたところを、本当に撃ってきた。まあ、それが彼の命の問題にかかってきた。一生のね。あの一発が力道山の命を奪ったんですね。

——どういうことですか？

木村　というのは、それによって栄誉とカネを得たでしょう。

——ワンマンになって、思いのままふるまうようになり、あちこちにつながりができた……。

木村　そうですね、だからぼくはそういうふうに解しているね。もしあの一発がなかったら、彼は現在でも元気で生きていたでしょう。39歳で命を閉じることもなかったと思いますね。（中略）

——そうとうな悔しさだったんですね。（中略）

木村　そうしたら、たまたま東京から熊本へ帰る途中、新聞を見たら、「死んだ」と出ていたから、自分の「暗示」もあたらんではなかった。的中しておったわけだ。殺しとったら殺人罪で刑務所に入ってなきゃならなかったから、こっちとしてはもうかった、ぼくの代理がかれの命を奪ってくれた、そういうような気になりましてね。（中略）

——あの試合のたしか2年後に〝手打式〟があったんじゃないですか？

木村　ありました。むこうのほうで、あの試合についてはずいぶん悔いていた。なんとかこの辺で手を打ってもらえんだろうか、ということで、再三にわたって、わたしのところに来たわけなんですよ。だから、そういうふうに懇願されるなら、仲直りしてもいい、と……。

——それはだれが言ってきたんですか？

木村　永田雅一氏だと思ったね。

——具体的に手打式というのはどんなことをやるんですか。

木村　内容は忘れたけど、おたがいに手を握って、今後のプロレス発展のために貢献しよう、というような意味だった。

——その席で力道山はどんな様子でしたか？

木村　やっぱり傲慢だったな。それで私は、これは、死という形でしか報いはないな、と思ったですね。

——怒りはおさまらない……。

木村　それはしかし、最終的な心の願いはあったわけだ。手打式は表面的なものだけであって、最終的には死というものがある。最終的にはわたしの希望どおりにしようと思った。

ただそのとき、一見したところ少し、心なしか影がうすいような気がした。口では横柄で、行動も横柄だったけれども、内心そういう印象を与えられたな。

——力道山という人は敵が多くて、ずいぶんねらう人も、あのころ多かったようですね。自分でもなにかにおびえていたようなところがあった……。

木村　ああいうふうな気持を改めて、正しいスポーツの道に徹するならば、ねらう人もいなかったろうけれどね。

——あの試合のあとは、木村さんはべつのプロレスの組織を作りましたね。

木村　そう、国際プロレス。

——やはり、天下の一戦に敗れた、ということで、人気は落ちましたか。

木村　人気は落ちたね。（中略）

しかし、私の人生も面白いと思うんです。柔道から転じて、プロレスになって、いろいろ数奇な人生をたどってきたような気がするね。

レスリングをやらないで、ずーっとあのまま柔道をやっていたとして、10年も15年も勝ち続けていたところで、たいした印象には残らなかった、と思いますね。やっぱり勝ったという印象だけであってね。

こういった、いろんな、プロ柔道なり、プロレスなり、いろいろな人生を過ごしたことによって、一生のさまざまな想い出にもなり、人生の価値もあったと思うわけなんですよ。

決してプロレスラーになったからといって後悔はない。

というのは、家内の胸が悪かったんだけれども、プロレスに入ることで治したし、ある程度、生活にも余裕のある状態を得ることもできましたからねえ。（『ナンバー』1983年3月5日発行、26〜31頁）

『ビッグレスラー』の対談も、『ナンバー』のインタビューも、記事の内容は、取材する側の意思・意向とその方向性があらかじめ決められていて、それに木村がうまく誘導され、そのアウトライン

にそって語られ、引き出された証言の数かずといった印象がひじょうに強い。

『ナンバー』のインタビュー記事は、本文部分の最後に「協力　宮澤正幸（日刊スポーツ）」という取材協力者のクレジットが入っているが、記事そのものを執筆したライターのクレジットはみあたらない。本文中の表記が「わたし」「私」「かれ」「彼」「おたがい」「お互い」「いった」「言った」というようにところどころ統一されていない部分があるため、ひょっとしたら一問一答の原稿は複数のライターによる合作の可能性もある。

木村のプロレス観――プロレスに対する価値観――がはっきりと表れているコメントはなんといっても〝ジャンケンポン発言〟だ。木村は力道山との試合がプロデュースされていったプロセスを「最初は引き分け、次はジャンケンポンで勝った方が勝つ。その次は反対、またその次は引き分けにもっていく、というようなことをずっと継続して――」と説明している。〝柔道の鬼〟木村は、ほんとうに力道山との試合の結果をジャンケンポンで決めてもいい程度のものととらえていたのだろうか――？　木村はこの年、NHK熊本のテレビ番組に出演したさいにもこの〝ジャンケンポン発言〟をくり返している。

プロレスの試合の成り立ちについては、木村は「勝ち負けということに関してプロモーターに一任しなければならない」「どこへいっても、プロモーターが、お前負けだ、引き分けだ、と言ったらそれを通すんだから。それが通らないレスラーというのは存在できない」としたうえで、「しかしまあ、こっちも商売だからね、勝とうが負けようが」ときわめてドライに定義づけている。

ところが、試合のゆくえを決めた力道山の猛攻については「それが彼の命の問題にかかってきた。

一生のね。あの一撃が力道山の命を奪ったんですね」「力道山の命がどこまでもつか、もつようであれば、それは自分が手を下して絶たなければいかん」「これは、死という形でしか報いはないな、と思った」と、力道山個人に対する激しい憎しみを口にしている。プロレスの試合の勝ち負けはジャンケンポンで決めてもいいけれど、頸動脈を狙った手刀の一撃は「死という形でしか報いはない」とする木村の感覚は——武道家の自我といってしまえばそれまでのことなのかもしれないが——ちょっと理解しがたいものがある。

本文中、インタビュアーが「あの試合のあとは、木村さんはべつのプロレスの組織を作りましたね」と質問し、木村が「そう、国際プロレス」と答えているくだりがあるが、木村が郷里・熊本に国際プロレス団を設立したのは昭和29年5月、力道山との試合の7カ月まえで、力道山−木村戦がおこなわれた蔵前国技館大会の前座は力道山の日本プロレス協会と木村の国際プロレス団による所属選手同士の団体対抗戦だったから、これは明らかな誤りだ。

「あの試合のたしか2年後に〝手打式〟があったんじゃないですか?」「それはだれが言ってきたんですか?」という質問に対して木村が「永田雅一だと思ったね」と答えている部分については、〝手打式〟がおこなわれたのは試合から2カ月後の昭和30年2月で、これを仲介したのは工藤雷介・日本プロレスコミッショナー事務局局長であったことは有名なエピソードだから、このやりとりは質問と回答のどちらも誤りだ。ややあら探しのようになってしまうが、このあたりは取材する側のリサーチ不足としかいいようがない。

木村は、根本的にはプロレスラーではなくて、どこまでも柔道家だったのだろう。だから、プロレスというジャンルのなんたるかについても、柔道家としての視点からしか語っていないし、またそうすることしかできなかった。このふたつの記事は〝65歳の柔道家〟木村が語った、37歳のときのプロレス体験、力道山体験の回想録であり、それ以上のものでもそれ以下のものでもない。

暴露インタビュー後の庄一・小島ナラティブ

この〝暴露もの〟ともとれるインタビュー記事が活字になったあと、〝60歳の庄一さん〟と〝64歳の小島さん〟が、もういちど力道山－木村戦についてペンをとっている。

庄一さんは「死者・力道山をむち打つ〝木村発言〟のむし返しは、当時を知る私にとっては心外だ」と不快感をあらわにし、小島さんは「このような試合は、二度とあってはいけないのである」と結論づけている。小島さんは1963年（昭和38年）の原稿では木村のショートタイツを「グリーンのパンツ一枚」としているのに対し、それからさらに20年後の1983年（昭和58年）の原稿では「紫のパンツ」と書いているところがひじょうにおもしろい。人間の記憶とは、それくらいあいまいなものなのだろう。以下は80年代バージョンの庄一ナラティブ、小島ナラティブである。

力道山と木村の対決

「力道山のプロレスは私と違ってゼスチャーの多いショーだ。実力で戦う真剣勝負なら絶対負けない」。昭和二十九年十一月一日付けの朝日新聞に載った〝木村談話〟は、血の気の多い若い力道山を燃え立たせた。それを読んだ力道山の顔は、「みるみるうちに真っ赤になり、すごい剣幕になった」と力道山の当時の側近は語る。

この年の二月から三月にかけて世界タッグ選手権者のシャープ兄弟を力道山が招いての初の本格的国際試合は、力道山一門（日本プロレス）だけでは手不足で、柔道出身ですでに米国でプロレスの経験（シャープ兄弟と対戦した）のある木村政彦、山口利夫の協力を仰いだ。だがタイトルマッチ、ノンタイトルマッチを合わせた数度の対戦でフォールを奪ったのは力道山で、フォールを奪われたのは木村だった。

「シャープ兄弟が来た時の帯同興行では、すっかり力道山に巧くやられた。力道山の興行に応援したのだから主役をやらせたが、本当にやれば問題じゃない。ショーでないレスリングで、力道山とプロレスの実力日本一を決めたい」の趣旨の木村の談話を朝日新聞は掲載している。「不世出の柔道家」と称された木村には、プロレスラーとして力道山よりも先人のプライドもある。だがこれはのちに判明するが、記事を書いた記者がたぶんに木村を誘導してセンセーショナルなものにでっちあげたのは事実。一方、今にして思えば米国でプロレスを体験している木村は、ビジネスとしてプロレス流のＰＲとして割り切っての発言であった……ともとれる。そしてそれまで二度の力道山の興行を後援して大成功させた毎日新聞に、対抗する朝日新聞が木村を挑発させた……憶測は尽きない。（中略）

対戦日、時、場所は木村側が十二月二十八日に東京開催を申し入れたが、年末ということから繰り上げ十二月二十二日蔵前国技館と決定する。一説によると誤解を招くもととなる東京、大阪での2回開催説を木村側は希望したといわれる。

実はこの対戦には、それ以前に布石があった。当時、日本プロレス協会の事務局にあり、のちに日本プロレス・コミッション事務局長となる工藤雷介氏（現柔道新聞社主）は力道山の二度の興行を終えた頃からコミッションを作ろうという機運があった。そして日本チャンピオンを作るべきというのが始まりで「衆目の一致するところ王座決定戦は力道山と木村対決だった」と事情を説明する。すでに日本へビー級選手権決定戦の青写真は描かれていた。（中略）

昭和巌流島の決闘

昭和二十九年十二月二十二日、蔵前国技館の力道山－木村政彦の初代日本へビー級選手権決定戦は、白いマットを凄惨な紅に染める文字通りの死闘となる。この両者の対戦を前にもう一人の雄、大阪に本拠を置く全日本プロレスの山口利夫が「力道山－木村を日本選手権と認めることは出来ない。しかし力道山－木村の勝者が私の挑戦を受諾すれば、これを日本選手権と認める」の声明を出す。木村は書面で、力道山は使者を立て山口の同意を得る。三者による最終決定戦となる。

対戦の前日の十二月二十一日、酒井忠正横綱審議委員会委員長が初代プロレス・コミッショナーに推薦される。試合はファイトマネーでなくプライズファイト（賞金試合）。〝ウイナー・テイク・オール〟の勝者全額取得でなくて勝者が7で敗者が3の配分。〝真剣勝負〟にふさわしい方法を人々は歓迎した。当時のマスコミは破格の資金〔原文ママ＝賞金の誤りか〕百五十万円を勝者百五万、敗者四十五万と推定したが、のちに工藤雷介・現柔道新聞社主は「賞金は三百万円で、勝者が7（二百十万円）敗者が3（九十万円）。これは私が立ち会ったから間違いない」と私に述懐した。

試合時間は木村が「真剣勝負である以上1本勝負でやるべきだ。3本勝負はおかしい」と45分1本勝負を主張したが、力道山は「われわれは相撲と柔道で勝負するのではない。あくまでもプロレスで戦うのだ。選手権試合は61分3本勝負と決まっている」と61分3本勝負（当時は60分ではなく、ロスタイムをなくすことから61分とした）を押し通す。スタミナに自信のない木村は45分を、自信のある若い力道山は61分を主張したと取りざたされた。

レフェリーは先の二度の国際試合に登場の沖識名、レフェリーを体験の元小結の九州山が挙げられたが沖は力道山をコーチ、九州山は同じ大相撲の出身から不適格となった。第三者の立場から山口の起用もいわれたが、最後は日系のハロルド登喜（故人）と決まる。一部のマスコミに力道山－木村戦は「三カ月後のリターンマッチが契約されている」と報じられたが、その事実はない。入場料リングサイドの最高は二千円。前売り券は発売二日ですでに売り切れた。

十二月二十日に木村は上京。力道山の東京・浪花町の道場を木村を育てた「鬼牛島」といわれた牛島辰熊七段が訪れ、柔道着になって力道山に寝技を一時間も教えた。牛島氏は右足親指のなま爪をはがす。工藤氏（拓大柔道部で牛島氏の後輩）は「その行動は今もって分からない」という。（中略）

リングに登場する直前まで、控室で力道山と木村は二人だけで話し合う。そのため試合開始は遅れた。そこで何が話し合われたかは、二人以外に知る者はいない。こみいったことがあったのはまぎれもない。

勝負については多くを語り継がれ、書かれている。今年十二月十五日の力道山の二十年忌を前に、この対戦の映画がリバイバル上映された。ヤングファンはどう見たか？10分を過ぎるまでは、ほとんど両者はスタンドの攻防を展開した。フェアなレスリングの戦いだった。だが、仕掛けようと思えば、いずれも好機はあった。柔道出身の木村は素足で戦う。15分を過ぎた時、木村が力道山の下腹部を蹴り上げた？　それが口火で力道山の張り手、蹴りの急襲で木村はＫＯ（カウント10）。コミッション・ドクターがリングに上がり木村の状態を見て「試合続行不可能」と診断する。木村は血へどをはいてリングにうつ伏せのままで動けない。15分49秒、２－０で力道山が勝ってチャンピオン・

ベルトを腰に巻いた。

勝った力道山が木村側のコーナーに歩み寄り、木村を育てた牛島辰熊に握手を求めたが、牛島氏は拒否した。宿舎の神田橋の千代田ホテルに戻った敗者・木村は「初めからこのくらいのことは覚悟していた。今さら弁解はしない。まさしく私の負け」と潔く言った。勝者の力道山は「木村の首を締めた時、〝離してくれ!〟と頼み、その後、木村が〝引き分けにもっていこう〟と耳打ちした」と言い、さらに、試合契約の前夜（十一月二十七日）東京・築地の料理屋「花蝶」で「〝今度の試合は引き分けにしよう。次の試合は勝たせる〟と木村が申し入れた」と思わぬ言葉をはいた。

それに対し、木村は「そんなこと言う訳がない」と寂しくポツリと答えた。〝勝てば官軍、負ければ賊軍〟か。この日、テレビはＮＨＫと民放の日本テレビが実況中継をした。だがテレビの放送エリアは全国的に狭かった。そしてＮＨＫラジオ第二放送が夜八時五分から九時まで実況中継したものの、試合開始が前述の両者の話し合いから遅れて午後九時十分となり、結局は放送時間が間に合わなかった経緯がある。

年が明けた三十年二月十日、工藤雷介コミッション事務局長の仲介で、上京の木村と力道山はわだかまりを水に流した？　だが、最近の「ナンバー70」（三月五日号）誌上で、死者・力道山をむち打つ〝木村発言〟のむし返しは、当時を知る私にとっては心外だ。

（『鈴木庄一の日本プロレス史・上』、65〜72頁）

力道山・木村政彦「巌流島の血闘」

〝巌流島の血闘〟といわれ、今も古いプロレスファンの間の話題となっている、あの昭和二十九年のあと味の悪さは、私の脳裏からいつまでも消えることはない。

力道山・木村戦は、タッグチームのパートナー同士が、その十ヵ月後には仇敵となったところに〝遺恨試合〟のムードが盛り上がり、力道山が大相撲の関脇あがりなら、木村は柔道無敗の七段というところに、〝相撲対柔道〟の対決ムードもからんで、いや応なしに日本中の関心を集めたのであった。

この試合前、いろいろなうわさが専門家の間からもきこえていた。つまり一対一で引き分けに持ち込むという出来合い説、いやセメント（真剣勝負）でゆくという真剣勝負説、それに、打ち合わせは十分煮つまっていないから、ちょっとしたハプニングが、とんでもないことになりそうだという不安説であった。

結局、第三の説が現実となった。しかしそれだけに、あの血の惨劇というもっとも不幸な結末をまねいてしまったのである。

あの試合を、私はリングサイドの記者席から見ていた。異常なムードは、すでに前座試合から始まっていた。最初の試合は芳ノ里（日本）対市川登（全日本）であった。芳ノ里は、そのとき相撲から転向したばかり。力道山から、「思いきって行け、絶対負けるなよ」と、ハッパをかけられて臨んだ。対する市川は、柔拳でスターだった柔道五段。

所属は大阪の山口利夫門下であるが、無人の「国際」（つまり木村陣営）に助っ人として参加していた。相撲対柔道は、ちょっとした〝ミニ力道・木村戦〟を思わせた。十五分一本勝負だ。

芳ノ里は張って張って張りまくった。相撲の張り手をモロに投入したのである。市川もなぐられるのは柔拳時代さんざん体験をしている。これも負けずにパンチで応酬、マット上はパチンパチンという音が、それこそ火花を散らした。

十三分三秒、張り勝った芳ノ里が、ようやくフォールして勝利をものにした。プロレスというより、まさに喧嘩マッチであった。つまり力道山（日本プロレス）対木村（国際プロレス）の団体がらみの激突の縮図を見たようで、何か背筋の寒くなったのを今もはっきり覚えている。

第二試合、駿河海（日本）が大坪清隆（国際）と引き分け、第三試合、ユセフ・トルコ（日本）と戸田武雄（フリー）が引き分け、第四試合、遠藤幸吉（日本）が立ノ海（国際）を破って、そして、力道山対木村のメーンエベントのゴングが鳴ったのは、大時計が九時十二分を回ったときだった。力道山は黒タイツにシューズ、木村は紫のパンツにはだし。ちょうど海水浴場からそのまま駆け込んだ男のように見えた。

右へ右へと回りながら、隙を見てドーッと押し込む力道山。レフェリー（ハロルド登喜）のブレークよりもさきに、互いに両手をあげて分かれる二人、そういう友好ムードから、まず始まった。

力道、腕をからんでの投げ、木村はお返しとばかり、右手をとっての一本背負い。逃げしなボディーシザースを見舞う力道――。

力道、ヘッドロックで攻めるのを、短い首をすくめて木村抜く。三度目、強く絞める。木村、体を波にして脱出、右から思いきっての一本背負い。力道たまらず、なだれ落ちる。

このあたり、攻防は小さいが、互いに手のうちのさぐり合いだ。木村の一本背負いの威力を、力道山はシカと胸にたたみ込んだようだ。

にらみ合ってひと呼吸。力道山はやおら、右手で鼻を軽くつまむ。ファイトをあおり出すときの彼のくせだ。このあとは、きっと何かが起こる――。

グーッとロープに背中をこすりつけると見るや、体当たり一番。小さな木村はふっ飛ぶ。そいつを引き起こしてボディースラム一発。二発目は、投げると見せてひっかつぎ、ロープに運ぶ。投げ落とせば反則になる。木村はロープ最上段をたぐり寄せて自衛。何もなかったように力道は離れる。

つぎの攻撃も力道が仕掛けた。頭突きを二発、三発……。これはかなりきいた様子で、木村の表情がゆがむ。「くそっ!」という怒りの表情をむき出しにして、起き上がりざま、右からの背負い投げ。柔道の試合なら完全に一本というすごい投げだ。

そのまま肩からきめてゆく木村。こんどは苦悶の表情が力道をよぎる。腰からバウンドするが、容易に逃げられない。もし木村がやる気なら、あるいはそのまま肩甲関節をはずすことだって出来たろう。しかしそこはプロレス、木村はほどよいところで力をゆるめて、力道の脱出に力をかす。

考えてみると、ここが最初のヤマ場だった。力道の強攻に、木村が腹をすえかね、ちらっと奥の手を見せたシーンといってよいだろう。ぶつかり合った四つの目は、「あまりガイにするな（ひどいことをするな）」「いや、おあいこだよ」と、語り合ったように見えた。

こんな感情の高まりの中に十四分が過ぎてゆく。

力道がヘッドロックで攻める。強烈な攻めに、木村しばらくもがく。やっとの思いで首をひっこぬくとき、木村の背中にロープがあった。そこへ力道山が、追及するようにダーッと来た。木村の右足が、力道の下腹部をキックした。急所には当ってないと私は見た。

これが問題の〝急所蹴り〟だ。力道山はあとで、「あの野郎。急所をもろに蹴って来た。おれは殺されるかと思った」と語る。木村はあとで、「蹴ろうと思って蹴ったんじゃない。ボディーのキックがあそこへ当たっちまっただけだ」と語る。

木村はたしかに蹴ったが、ねらいはボディーだったろう。ロープを背にした反動で距離感が狂ったことが、あの事態を招いたのだ、と私はそう見た。

木村にすれば「すまん」とあやまればすむことであったが、力道にすれば、「おれは殺される」と受け取った。その隙間が〝プロレス〟を〝血闘〟にかえた。

「野郎ッ」と、ひと声するどく叫んだ力道は、やにわに伝家の宝刀空手チョップをひっこぬいた。来ることは木村も心得ている。空手は力道最大の売りものである。それを二、三発浴びてやるのは、レスラー仲間のマナーである。

蹴ってはいけない急所にキックを当ててしまった。その返礼がチョップで来る。こいつは少し手ごわいかもしれない、しかし受けねばならぬ。そう思った木村は、わざと左肩をそびやかすように、胸をあけて命中を待った。

だが、力道の空手は、木村が計算した以上の力で——おそらく予想した数倍の力で、ちょうど大きなハンマーのようなすごいやつが、肩や胸でなく、左の頸動脈めがけてたたき込まれて来たのである。チョップだけではない。げんこつの一発が、アッパーカットとなって、木村のあごにも当った。

「くそっ！」と思ったときは、もうおそかった。木村のひざの力はガクンとぬけて、ロープに背中からもたれ込んだ。もう一発、尻をついた体勢の上へもう一発、怒りに燃えた三発のメガトンチョップは、鬼の木村の闘志を根こそぎうばった。あとは顔を、胸をキックの前にさらけ出しているにすぎなかった。キックのたびに血がマットにはじきとんだ。

木村サイドのいう軽い急所蹴りが、なぜ力道を「殺される」という怒りに追い込んだのか。それは力道山という人間の性格分析にまで深入りしないと答えが出ない。負けん気の風貌、その猛烈なファイトぶりから、豪快無類のスーパーマンと人は感じるが、内面はむしろ臆病なほどの用心深い性格の男であった。強い相手の猛攻が来たら、「ひょっとすると殺《や》られるんじゃないか」と思う。「ようし、殺られる前に殺らねばならぬ」という防衛本能が、あの人間凶器、空手チョップの乱打となって現れたのだ。

力道山のプロレスは、善玉が悪玉にさんざんやられる。怒りに燃えた善玉が伝家の宝刀をぎらりと抜いて、悪玉をバッタバッタとやっつけるところに、胸のすく痛快さがあった。空手チョップは、決して初めからは使わなかった。

力道山の目にいま木村がその大悪玉と映じたのであった。グッタリと前にくずれ落ちた木村に対し、レフェリーはちょっと戸惑ったものの、やおらカウントを数え始めた。

「……エイト、ナイン、テン」。そしてパッと力道山の右腕をあげた。

すぐドクターが木村をみた。口の中がかなり切れている。歯も何本か折れている。それより、もう立つことすらむずかしい。二本目の開始のゴングが鳴っても、木村はもう向かって行こうとしなかった。二本目も力道山の右手があがる。六十一分三本勝負は、こうしてあっけなく二対〇で力道山の勝利に帰したのであった。

考えてみると、なぜレフェリーはボクシングと同じように、いきなりKOカウントを取ったのか。それより前、なぜ力道山はおどりこんでフォールを取らなかったのか。なぜ木村は、途中で力道山の殺気を感じ、ロープ下に逃げなかったのか。おそらく、レフェリーを含めた三人とも、その瞬間、すっかり冷静を欠いていたのだろうと、私は思った。

遠くで見ていた人には、あまりにも豪快な、そして近くで見ていた人には、あまりにも無残なこの結末が、力道山の二度目の右手があがってついたとき、リング下でもう一つのトラブルが起こりかけていた。これはほとんどの人が気がついていなかったろう。

木村サイドに〝喧嘩空手〟で鳴る大山倍達がいた。大山は拓大で木村の後輩に当たる。同じ格闘技に生きる者として、木村に敬意を表していた。

「そんなバカな判定があるか。これはプロレスじゃない、喧嘩ではないか。喧嘩なら、おれが買ってやる」

と、ぱっとオーバーをぬぎ捨て、上着もぬいだ。いまにも躍り上がらん気配に、立ノ海や大坪があわてて羽交い絞めにして、「よせ、よせ」ととめた。

もし、そのとき、大山が躍り上がり、もし力道山が、「よし、来い」と身構えたとしたら、おそらく別の血がマットの上に散っていただろう。

喧嘩殺法なら大山のほうが専門家だ。まず下から目を突き。相手は本能的に目を覆う。がらあきの金的めがけて蹴りがとぶ。相手は悲鳴をあげて股間をおさえる。そして当然、前にかがみ込む。そのみずおちめがけて、正拳一発をぶち込めばことがすむ。

これがもろにきまれば、力道山の鉄の肉体をもってしても、アバラを折られるか、股間をおさえてのたうち回るか、そんなシーンも十分想像された。もし、力道山が反撃に転じていたら、それこそ「殺られる前に殺ってやる」のチョップが、大山ののど元を真っ二つにしていたかもしれないのだ。

どちらにしても、万余の観衆の、そしてテレビを茶の間で見ている何千万の目を覆わせたに違いない。プロレスの道も、そこで大きく曲がってしまっていたかもしれないのだ。

結局、このきわめてあと味のわるい〝日本一決定戦〟は、その後、力道山も多くを語らず、木村も語らずに時が流れた。力道山は昭和三十八年十二月十二日、三十九歳（実際は四十歳）の若さで帰らぬ人となり、木村は、いま母校拓大の柔道部師範として、柔道の後継者づくりに情熱を燃やしている。

当事者同士が語らなかったことにより、いろいろな揣摩臆測《しまおくそく》が乱れ飛んだが、要するに力道山の性格から考え、この試合を〝天下盗り〟のきっかけにしたかったに違いない。そのきっかけを、木村の下腹部キックに理由づけたたと思える。

一つ、二つのチョップなら、木村のダメージは大したことなくすむ。それが、もし、木村の怒りを買ったなら、「本当に殺られるかもしれない」ほどの猛攻にかわるだろう。

何せ、木村は昭和十年拓大予科に入った年にもう五段。十九歳で全日本選手権を制して以来、戦後の昭和二十四年まで、全く負けることを忘れた〝柔道の鬼〟であった。〝柔道七段の木村〟の前には〝相撲の関脇力道山〟ではまだ影がうすい。

昭和二十九年の師走というその時、〝ゆりかご時代〟のプロレスは、まだ完全に力道山のものではなかった。熊本に木村がいる。大阪に山口利夫（柔道六段）もいる。勝った者が〝家康〟になりえる情況にあったのである。

キックをきっかけに、力道山が勝つための怒濤の鬼と化した。それが、この勝負のすべてではなかったろうか。

レスラーは、往々〝タイトル・マッチ〟をやる場合、相手の裏の裏を考える。つまり、相手が試合途中に豹変した場合、こちらも奥の手を出して勝つという二段戦法である。勝負の世界とはそういうものなのだ。その点、木村には油断もあったといえばいえる。試合後、木村サイドの激怒をおそれた力道山は、それから二、三日、夜の自宅を若手レスラーによってガードした。あまりにも非情な勝利への反省が、そこにあったのだろう。

ともあれ、このような試合は、二度とあってはいけないのである。

昭和五十八年八月に封切られた松竹系の『ザ・力道山』という映画の中に、この一駒も入っていたが、やたらに力道山の〝強さ〟を見せようとするために、ズタズタに切って編集されていた。

一つの試合には流れがあり、起承転結があり、ドラマがあり夢があるものだ。そういうものを無視したものは興味をそぐ。その映画に失望したのは、決して筆者ひとりではないだろう。(『力道山以前の力道山たち』、181〜190頁)

櫻井ナラティブによる力道山－木村戦

ともに大正生まれの庄一さん、小島さんとくらべるとかなり若い1936年（昭和11年）生まれの櫻井康雄さんも、もちろん力道山－木村戦について書いている。櫻井さんの著作『激録力道山』第1巻、第8章のタイトルは「両雄並び立たず木村政彦との決闘」。全46頁にわたり『朝日新聞』紙上での木村による力道山への挑戦宣言からこの試合が実現するまでの経緯、力道山と木村のそれぞれのコメント、関係者の証言、そして試合内容までがくわしく記されている。ただし、昭和29年当時18歳だった櫻井さんがなんらかの方法（テレビ中継、または生観戦）でこの試合をリアルタイムで観たという記述は見あたらない。同著のなかの櫻井ナラティブをごくかんたんにいくつか引用していく。

櫻井ナラティブ

激怒で震えた木村発言「実力なら…」

（前略）この時点での日本プロレスの後援新聞社は毎日新聞社であり、毎日新聞は〝力道山のプロレス〟を詳しく伝えることによって人気を得ていた。

逆に朝日新聞は「あれはスポーツか」という論調でプロレスに対する社会的〝アレルギー反応〟をあおっており、そこに木村政彦が乗せられた？ と筆者は思う。（297～

298頁）

協会通じ〝プロレス日本選手権〟正式決定

（前略）――話はまとまらない。私は十二月渡米する予定があり、木村君も巡業日程が決まっていたので期日の点が問題であり、またファイトマネーの交渉でも難点があった。そんなことから一部では木村は挑戦しながら逃げ腰になっている…とか言われだした。しかし私は木村君はそんな男ではなく私と対戦することを信じきっていた――（力道山自伝『空手チョップ世界を行く』）と力道山は後に書いている。（299〜300頁）

〝プロレス巌流島〟「柔道が勝つか相撲が勝つか」

（前略）「まあ、あの試合（力道、木村戦）についてはいろんな人が伝聞で面白おかしく書いているが、木村も真剣、力道山も真剣だった。お互いのプロレスラーとしての生命を懸けたんだからね。負けた方の人気が落ちるのは目に見えていた。わたしがルールの交渉にあたったんだが、木村側としては1本勝負を主張した。ところが力道山側は選手権試合なら国際ルール、つまり当時のNWA（全米レスリング協会）が決めた選手権試合のルール61分3本勝負を主張して譲らない。まあ、木村の方が挑戦した立場だし、結局61分3本勝負に落ち着いた。ファイトマネーは百五十万円を勝者七、敗者三で分けることになった。引き分けなんて考えていなかった。何がなんでも決着をつけるつもりだっ

た」と工藤雷介氏は筆者に語った（昭和43年、文京区の料亭『天馬』で）。（302頁）

前哨対抗戦、2勝2分で国際プロを圧倒

（前略）「木村は靴をはいていない、これは〝寝ワザでくるな〟と私は直感した」と後に力道山は自伝の中で書いている。（315〜316頁）

テレビとラジオで全国中継…9時19分ゴング

（前略）この一戦をリングサイドで観戦した小島貞二氏（相撲評論家）は次のように書いている。

――力道山と木村が東西の花道から歓呼の声をあびてマットにあらわれた時、もう大時計は九時を十二分ばかり回っていた。力道山はこの日のために新調したのだろう、富士山に力道山と染めぬいた派手なガウン。木村のは反対にいつも見馴れたもので色あせていた――。（316頁）

レフェリーのハロルド登喜が右手を振ってカーンと試合開始のゴングが鳴る。時に午後9時19分。手元にこの〝世紀の大勝負〟を撮影した16ミリフィルムがある。

試合経過は一部始終をその16ミリフィルムから筆者の目で見て忠実に再現する。

（316〜317頁）

反則に激怒、張り手の嵐に木村ノックダウン

力道山の顔面に凄まじい怒りが走った。当時、リングサイドでこの瞬間を目撃した小島貞二氏（相撲評論家）が次のように書いている。

——木村が右足をあげていきなり力道山の下腹部を蹴った。蹴ったというより短い足をいっぱいにのばしたといったふうに見えた。腹のあたりを足で蹴ることによって力道山の接近をふせぐ位《ぐらい》の意志だったようだ。ところがその足のさきが…ツマさきが力道山の急所に当たった。大きくとび下がった力道山の表情に怒りが光った。力道山はやにわに空手をひっこぬいた。一つ、二つ、三つ、四つ…物凄いばかりの空手が木村の首に、胸に叩きこまれた。ぐらっとくずれる木村——。（322頁）

ところが木村が先に反則の爪先蹴りをやってしまった。後に木村は「ただ、おなかのところ、そこを軽くさわっただけなんだよね。…ぼくはひざだと思った」と爪先で力道山の急所を蹴ったことを否定している（昭和58年3月5日発行、文藝春秋刊、ナンバー七十号『私と力道山の真相』）。

だが、筆者の手もとにいまある16ミリフィルムを分析してみると、明らかに木村の蹴りは反則爪先蹴りであり力道山の急所に爪先が当たっている。

小島貞二氏が「力道山の急所にツマさきが…」と書いているのは正しい。（323頁）

木村からの〝引き分け申入れ文書〟の真相は…

（前略）木村の最も新しい発言では文藝春秋から昭和58年（1983年）3月5日発行のナンバー七十号におけるインタビューで「引き分けという約束があった。文書をとり交わそうということになって…その文書をとり交わす日。ぼくが書いてもってったら、あれは持ってこなかった、忘れたというんだね。大丈夫です。決して違反はしませんって言うから、じゃあその通りにやろうと相手の誠意を認めたわけです。ぼくが書いたものはむこうが持っていってしまった」と語り「引き分けの線まで持っていこう。時間切れまでね…という約束になっていた」と語っている。（334頁）

力道山は筆者に、この問題について「あれは、木村が一方的に申し入れてきたものでワシは、その証文（引き分け申し入れ？）を何だこんなものと破いて捨てたよ。むろん、ワシはそんな約束してないし……だから木村が試合中に引き分けと言ったことに腹を立てた」と語ったことがある（昭和37年）。まさに〝藪の中〟だ。（335頁）

武術家なら試合ぶりで気づくべきだった

（前略）この力道山、木村戦を機に発刊された月刊ファイトの第二号（昭和30年1月発売＝田鶴浜弘編集）で取材記者、評論家が座談会という形で、この一戦を論評しているが、その中に注目すべき部分がある。

——木村の試合ぶりも、ふに落ちない。たとえば、いざとなれば空手チョップをくうくらいは覚悟していたはずなのに、自分のほうからも〝当て身〟に出なかったことや、打たれ始めてからは相手に打たれるのに一番有効な距離を、わざわざ保つかのように後退したのもおかしい。

普通だと力道山の胸を突いて空手チョップのリーチ圏内よりも深く懐に入りこみ危険を避けて努力する。それをなぜしなかったのか？　武術家である木村が、そのくらいの策戦ができない筈がない——。(336頁)

櫻井さんは『激録 力道山』第1巻の第8章でいくつかの文献を引用している。櫻井さんが『東京スポーツ新聞』の記者としてデビューしたのは1961年（昭和36年）だから、この力道山－木村戦は——当時18歳だった櫻井さんは——現場では取材していない、また、昭和36年以前の力道山の発言については、じっさいに櫻井さん自身がそのコメントをメモしたものではなく、雑誌や単行本などの媒体ですでに活字になっている〝力道山語録〟を引用したことになるのだろう。

『激録 力道山』全5巻のなかでも、第4巻・第1章のリキ・スポーツパレス完成（昭和36年7月30日）のエピソードのまえまでは「力道山は自伝の中でこう書いている」という形で力道山の自伝『空手チョップ世界を行く』の記述を70カ所ほど引用している。

この『空手チョップ世界を行く』という書籍は著者クレジットはたしかに力道山光浩だが、別項でもくわしく取り上げたように、庄一さんがゴーストライターをつとめた〝タレント本〟で、じっさいには庄一ナラティブとカテゴライズすることができる。つまり、櫻井ナラティブが庄一ナラティブを引用しているのだ。このあたりはナラティブとナラティブのねじれ、出典のねじれということになるのだろう。

力道山―木村戦における試合シーンでは、櫻井さんは「この一戦をリングサイドで観戦した小島貞二氏（相撲評論家）は次のように書いている」として、この章ですでに紹介した小島ナラティブ（『プロレス&ボクシング』1964年1月号の「連載讀物 マット縦横 あの熱戦 この熱戦 力道山・木村決戦篇」）の記述をかなり引用している。

木村のコメントについても、櫻井さんがじっさいに木村を取材したものではなく「木村の最も新しい発言では」として、これも本章で取り上げている『ナンバー』70号（1983年3月5日発行）に掲載の木村のインタビュー記事の内容をそのまま引用している。木村がこの世を去ったのはこの『ナンバー』のインタビューから10年後の1993年（平成5年）4月だから、櫻井さんが『激録力道山』（1994年6月30日＝初版発行）を執筆していた時点で木村政彦の「最も新しい発言」を取材することはおそらく可能であったはずだが、どうやら櫻井さんは最晩年の木村とは接触していない。

また、「力道山、木村戦を機に発刊された月刊ファイト第二号（昭和30年1月発売＝田鶴浜弘編集）で取材記者、評論家が座談会という形で、この一戦を論評している……」という前置きからはじまる引用部分については、おそらく1955年（昭和30年）1月発行の『月刊ファイト』第2号からの直接の引用ではなく、この座談会記事をのちに再録した『日本プロレス30年史』（田鶴浜弘著、44

頁）からの引用ではないかと思われる。かんたんにいえば、引用の引用である。

『激録 力道山』というノンフィクション・ノベル、力道山と力道山が生きた時代を描いた櫻井ナラティブをできるだけ好意的に解釈するならば、櫻井さんは、櫻井さん以前の活字プロレスと櫻井さん自身と櫻井さん以後の活字プロレスのブリッジ＝のりしろの役目を果たしているということなのだろう。

力道山－木村戦は、昭和プロレスのミステリーというだけでなく、日本プロレス史の最大のミステリーのひとつである。力道山と木村は歴史上の人物であり、もうこの世にはいない。1954年（昭和29年）のこの試合に関わった多くの人びと、日本プロレス協会の関係者、力道山のすぐそばにいた選手たちももうほとんど生きていない。力道山－木村戦をじっさいに蔵前国技館で観戦した1万人の観客、この試合をテレビで観戦した数千万人の人びとももうここにはいない。そこで起きたことを活字に残した田鶴浜さん、庄一さん、小島さんもすでに故人だ。

それでも、〝昭和巌流島の決闘〟力道山と木村政彦の闘いはこれからも語り継がれていくだろう。それがある時代の活字からまた別のある時代の活字への引用であっても、そのまた引用の引用であっても、活字からネット上の文字に変換された情報であっても、力道山－木村戦はわれわれに問いかけつづけるのである。プロレスとはいったいどういうものであるのかを。これからも、ずっと、永遠に――。

三章　力道山Ⅲ　インター王座のなぞ

ほんとうに力道山はテーズに勝ったのか？

昭和プロレス史の大きなミステリーのひとつに、インターナショナル王座の出自のなぞがある。正式名称はインターナショナル・ヘビー級選手権。1958年（昭和33年）8月に力道山がアメリカから持ち帰り、その後、ジャイアント馬場－大木金太郎へ継承され、現在は全日本プロレスの三冠ヘビー級王座（インターナショナル・ヘビー級王座、UN＝ユナイテッド・ナショナル・ヘビー級王座、PWF＝パシフィック・レスリング・フェデレーション・ヘビー級王座）のなかのひとつにおさめられている。日本のプロレス界に現存する最古のチャンピオンシップ——厳密には1955年（昭和30年）11月に創設されたアジア・タッグ王座のほうが古いが——である。

力道山とルー・テーズの世界選手権をかけた〝世紀の一戦〟がプロレス・ブームのひとつのクライマックスとして大々的に開催されたのは1957年（昭和32年）10月のことだった。タイトルマッチは東京と大阪で2試合おこなわれ、東京・後楽園球場に3万人の大観衆を動員した第1戦（10月7日）は、両者ともノー・フォールのまま61分時間切れのドローでテーズが王座防衛に成功。大阪・扇町プールでおこなわれた第2戦（10月13日）は、1本めをテーズ、2本めを力道山がそれぞれ取ったあと、決勝の3本めは両者リングアウトとなり、スコアの上では1－1の引き分けでこの試合もまたテーズが王座防衛に成功した。

このとき、日本のマスメディアはテーズをNWA世界ヘビー級王者ではなく、ごくシンプルに〝世界選手権者〟〝世界チャンピオン〟と紹介し、新聞や雑誌の報道でもテレビ中継のコメントでも〝NWA〟というアメリカのプロレス組織の名称（頭文字）はまったく使われなかった。日本のプロレス・マスコミがNWAとNWAが認定する世界ヘビー級王座を〝世界最高峰〟と位置づけ、神格化するようになったのは昭和40年代からだ。日本における〝NWA幻想〟についてはあとの章でくわしく論じる。

インターナショナル王座というタイトルは、昭和33年8月の時点でほんとうに実在していたのだろうか？　ほんとうに実在していたとしたら、どうして昭和33年8月以前にそのタイトルの存在がいちども活字になっていないのだろうか。インターナショナル王座が「ルー・テーズが保持していたもうひとつのチャンピオンシップ」として日本のマスメディアに登場するのは、力道山がロサンゼルスでテーズを倒し、そのインターナショナル王座を獲得した直後からである。

『毎日新聞』が「力道、テーズに勝つ」という大見出しでそのニュースを報じたのは、昭和33年8月29日付の朝刊の紙面だった。記事は「日本プロレス協会への情報によると渡米中の全日本プロレスチャンピオン力道山は二七日夜ロサンゼルスのオリンピック会館で世界チャンピオン、ルー・テーズに挑戦。三本勝負の結果日本人として初めて世界チャンピオンの座についた」と力道山が〝世界チャンピオン〟になったことを伝えている。

この記事のすぐそばには〝ロサンゼルス二八日発UPI〟の外電として「渡米中の日本のプロ・レスラー力道山は二七日、世界ヘビー級王座選手権保持者と称しているルー・テーズと戦い勝利を収めた。同試合はオリンピック競技場で行なわれたが、ノンタイトルマッチでメインイベントでもなかった」というもうひとつの記事が載っていた。

前者は力道山の世界選手権獲得を伝えるニュースで、後者はその試合がタイトルマッチでもメインイベントでもなかったとする外電。つまり、後者が前者の報道内容を否定している。『毎日新聞』は〝日本プロレス協会への情報〟をもとにした記事とUPIによる外電をあくまでも公平に取り扱った。

〝世界選手権者〟テーズと米マット界

ここで当時のアメリカのプロレス界の状況をかんたんにおさらいしておく。テーズは1957年6月14日、つまりテーズ自身が初来日する4カ月まえ、シカゴでエドワード・カーペンティアに敗れNWA世界王座から転落したが、3本勝負の3本めの判定をめぐってアメリカとカナダ（カーペンティアの本拠地モントリオール）のプロモーター間でその〝解釈〟が割れた。カーペンティアは新チャンピオンとしてモントリオールをはじめアメリカ各地で王座防衛活動を開始し、テーズもまたチャンピオンとして全米ツアー活動を継続した。

ミズーリ州セントルイスのNWA本部（サム・マソニック派）とモントリオール（エディ・クイン派）の2地区のあいだで世界王座の管理・運営権をめぐり対立が起きたが、NWA内部でこういった政治的問題が生じるのはじつはめずらしいことではなく、その意味で、NWAは——日本のプロレス・マスコミが報じてきたような——盤石な組織ではなくて、1948年の発足からつねに分裂―再編―分裂をくり返してきた。

アメリカ国内でのタイトルの認定問題が未解決のまま、テーズは〝世界選手権者〟として日本にやって来て、力道山を相手に2度の王座防衛戦をおこない、チャンピオンのままアメリカに帰国したが、それからわずか1カ月後、カナダ・トロントでディック・ハットンに敗れ、あっさりとNWA世界王座を手放した（同年11月14日）。

無冠となったテーズはその後、フリーの立場でヨーロッパ・ツアー——テーズ自身もその自伝『HOOKER』のなかで、このヨーロッパ遠征を〝ロング・ワーキング・バケーション（働きながらの長い休暇）〟と形容している（162頁）——に出て、インターナショナル・ワールド・チャンピオンとしてイギリス、フランス、スペイン、ベルギーなどで王座防衛活動をおこなった。アメリカ国内でNWA世界王座を失っても、ヨーロッパのマーケットとそのオーディエンスにとってはあくまでもテーズが〝世界選手権者〟だった。

これはテーズがワールド・チャンピオン、インターナショナル・チャンピオン、あるいはインターナショナル・ワールド・チャンピオンを勝手に名乗ってタイトルマッチ・ツアーをおこなったということではなくて、テーズというレスラーの肩書、ステータス、商品価値が〝チャンピオン〟だったということだ。このインターナショナル・チャンピオンシップは、もちろんNWAとはまったく無関係だ。

1916年生まれのテーズは、1958年の時点ではすでに42歳。20代と30代のほとんどを〝世界選手権者〟として過ごしてきたテーズは、それがカンザスMWAであっても、ボストンAWAであっても、モントリオールAWAであっても、旧NWA（全米体育協会版＝NWアソシエーション）であっても、カリフォルニア版であっても、それがどこのなんという団体・組織であってもつねにワールド・チャンピオンでありつづけた。

その名称が指し示すとおり、NWAはレスリング・ビジネスのナショナル（国、国民的、国内的）なガバナンスを共通の目的としてアメリカ国内（とカナダ）のプロモーターのヨコのつながりとして存在していた組織だから、インターナショナル（国際、国際的）な活動は想定していなかった。だから、インターナショナル王座という名称のタイトルを認定するという発想はない。また、この時代のアメリカの専門誌に「テーズはワールドとインターナショナルの2本のベルトを保持している」「NWAはワールドとインターナショナルのふたつのチャンピオンシップを認定している」ことを伝える記事が掲載されたことはない。いずれにしても、1958年（昭和33年）8月の時点ではNWA世界ヘビー級選手権者はディック・ハットンで、テーズは同王座は保持していない。

同年春、ヨーロッパ・ツアーからアメリカに戻ってきたテーズは、ロサンゼルス・エリアで放映されていたプロレス番組に出演したさい、このツアーのみやげばなしとして「パリでフィーリックス・マクェットを下しインターナショナル王座を獲得した」と発言していたことがわかっている。アメリカのTVメディアに〝インターナショナル・チャンピオンシップ〟という名称が初めて登場したのはどうやらこのときだった。

ただし、この「インターナショナル王座を獲得した」というコメントは、テーズがNWA契約下のレスラーではなくて、あくまでもフリーの立場にあることをテーズ自身が主張するものであったと考えるほうがすべての面でつじつまが合う。つまり、前年57年（昭和32年）11月にハットンに敗れNWA世界王座を手放した時点で、テーズはNWA世界王座としての契約からもスケジュールからも解放され、自由の身になっていたということだ。

この時代のテーズはホームタウンの中西部セントルイス在住ではなく、カリフォルニアから近いアリゾナ州在住。NWA世界王者時代のように広大なツアー・コースではなく、おもに西海岸エリアで試合をしていたのはそのためだった。

田鶴浜ナラティブによるテーズ‐力道山戦

ここで田鶴浜弘さん、鈴木庄一さん、櫻井康雄さんの3人が執筆した、ロサンゼルスにおけるテーズ‐力道山戦（昭和33年8月27日＝現地時間）に関する記述を検証する。それぞれ原稿を執筆した時期が異なっているが、できるだけ時系列にそって、オリジナルの記事が書かれたと思われる順番で田鶴浜ナラティブを3本、庄一ナラティブを2本、力道山の自伝（これも庄一ナラティブ）、そして櫻井ナラティブを引用していく。

田鶴浜ナラティブ

昭和三十三年七月六日、力道山が八回目の渡米の時の胸中は複雑だった。

力道山は世界王座を今度こそ――と決意していた。そして日本で二度引分けた〝鉄人〟ルー・テーズと決着をつけたかった。テーズが日本を去りぎわに「今度はアメリカで闘かおう」と堅い約束をしたのだが、テーズは日本を去って二か月後、カナダで思いもかけぬディック・ハットンに王座を奪われてしまったのだ。

テーズがハットンとのリーン〔原文ママ＝リターン〕・マッチに成功してくれれば一番いい、それが駄目ならハットンを倒してやる、と決意したのだ。

こうした固い決意をもってロサンゼルスに乗り込んでいった力道山に意外な状況が待

ちうけていた。

テーズからタイトルを奪ったハットンがテーズの挑戦から逃げまわり、そのうえNWAは独禁法違反容疑で目をつけられていたので、ハットンの王座を無効にすることも出来ずにいたのだ。ひとまずホテルに落ち着いた力道山のもとへ、テーズがプロモーターのイートンをともなってやってきてこう語った。

「私は、もうリターン・マッチにしびれを切らした。こうなったら私のもう一つの世界タイトル――インターナショナル・チャンピオンとして行動したい……そういうわけで、リキとのタイトル・マッチをやろうじゃないか」

テーズのインターナショナル・チャンピオンは、ロッカから奪ったものである。それにエド・カーペンティアもハットンの王座に異議をとなえ、自分自身で世界チャンピオンを名乗っていたのだ。

力道山もだんだん事情がわかってくると、テーズを支持してやろうとハラにきめ、即座にいった。

「よくわかったよ。喜んでインターナショナル・チャンピオンに挑戦させてもらう」

かくしてタイトルマッチは八月二十八日夜、ロサンゼルスのオリンピック・オーデトリアムと契約が決まった。

インターナショナル・タイトル挑戦の試合経過は、一本目はルー・テーズのバック・ドロップがまたしても決まって先取。二本目は力道山怒りのカラ手水平打ちを真っ向から喰ったテーズが、血泡を吹きながらモンドリ打って仰向けにブッ倒れ、すかさず力道山が押え1－1。三本目は、テーズのカンガルー・キックで場外に転落した力道山がマッチに這い上がろうとするのを邪魔し、レフリーの反則制止を三回にわたって無視した末にテーズが反則負けを宣せられた。

今まで反則勝ちにタイトル移動を拒否し続けたテーズが、この晩だけは力道山に歩みより祝福の握手をしながらこういった。

「リキおめでとう。王座は確かに君のものだ。反則は反則でも今晩の反則だけはうしろめたい――リキのカラ手を逃げるためにやむを得なかった――ルーも落ち目だといわれたくない。それよりは堂々とあらためてタイトルを取り返しに行くよ」

こうしてインター・タイトルを獲得した力道山は十月二日ドン・レオ・ジョナサンを迎え、初防衛に成功したのだった。(『プロレス血風録』、74～76頁)

この田鶴浜ナラティブのオリジナルの記事は田鶴浜さん主宰の『月刊ファイト』に掲載されたものと思われ、単行本『プロレス血風録』(1968年＝昭和43年)に収録されたこの記述はその再録だ。このストーリーでは、力道山がロサンゼルスに到着したあと、テーズと力道山が現地のホテルで会見したと書かれている。同席したとされるイートンというプロモーターは、ロサンゼルスのキャル・イートンのことだ。

ここで力道山は「よくわかったよ。喜んでインターナショナル・チャンピオンに挑戦させてもらう」とコメントしている――田鶴浜さんが力道山にそうコメントさせている――から、この試合がおこなわれるまえに力道山はこのタイトルマッチがNWA世界ヘビー級選手権試合ではなく、インターナショナル・ヘビー級選手権試合であることをすでに理解、了承していたことになる。田鶴浜ナラティブには、ロサンゼルスでのこのタイトルマッチの試合経過をくわしく描いたバージョンもある。

田鶴浜ナラティブ

宿願果たした力道山

八月二十八日夜のオリンピック・オーデトリアムは、日系ファンが〝RIKIDOZAN〟と大書したプラカードを試合会場に持ち込み、大変な意気込みだった。

プロレスの神様――ルー・テーズが黙々とマットに登ると、日系ファンもまた、この鉄人には深い尊敬の念を持っているからワーッと湧いた。

必殺のカラ手チョップを秘め、脳天逆落しのバック・ドロップに正面から生命がけの覚悟で挑もうという力道山の勇気に、これまた惜しみない拍手。

力道山のたくまないショーマンシップ――いや、身についた体臭かもしれない、黙って立っているだけで悲壮感の漂っている物腰と風貌――その全身から迫力と殺気がほとばしっているかのようだった。

アナウンサーが、天井からスルスルと下がってきたマイクロフォンを通じて、〝インターナショナル・ワールド・チャンピオン――ルー・テーズ〟と紹介すると、リング・サイドの記者席が異様にざわめいた。

だが、興奮が支配している巨大な群衆のかもし出す場内の熱気のボリュームに圧倒されてのリング・サイドの片隅の小さなザワメキなどは誰も気にしない。

記者席の中でさえ、この晩は、日頃プロレスとあまり縁のない邦字新聞の日系記者とか、プロレス・ライター仲間にはなじみのうすい特派員たちが、人気の高い、そして珍しい日本の力道山の神秘で高名な〝カラ手チョップ〟の威力を見るためにつめかけて来ている。

だから、彼等の大半は、ほんの数人のプロレス・ライターたち以外は街の噂話を本気にしている。

〝ルー・テーズは偉い……力道山が日本から来ると聞いて、早速ハットンを半殺しにして病院送り――そして、誰にも文句をいわれない世界一として今夜の挑戦を受けるんだ〟

誰かが、こう言ったのを本物のプロレス・ライターが聞きとがめた。

〝テーズが、いつどこでハットンを負かしたんだ――デタラメも大がいにしろっ〟

記者席が気色ばんで、一悶着の最中に試合が始まった。

ルー・テーズと力道山は、もうお互いの手のうちを知りつくしていた。（中略）

十分頃、バックをとられた力道山は、股下からテーズの足取りに成功したが、テーズは足をとられたまま力道山の腕をとってアベコベにハンマー・ロックに持ち込んでしまう――その取り口は実に鮮やかである。

力道山はハンマーに腕をとられたまま、一方の腕で首投げを試みクルリと一回転、ハンマー・ロックをはずし、四つん這いの形だがテーズは依然として力道山のバックをとってはなさない。

力道山は必死に立ち上がろうと、バックを取っているテーズをヘッド・ロックしながら腰を浮かせたのが不用意だった。

その一瞬、突然力道山のからだが宙に浮くと見れば、テーズの上体は弓のようにそり返り、力道山は後頭部からマットにたたきつけられ、完全に伸びて動かない。

かくして一本目は、うそのようにアッケなくテーズはバック・ドロップで一本とった。

怖るべきルー・テーズの至芸――バック・ドロップは相変わらず冴えていた。

だが幸いなことに、このときの脳天逆落しは、非常に低い位置からだったので、力道山のダメージは意外に浅く、二本目が始まる前に、衝撃から完全に回復することができた。

力道山には高い位置からの〝バック・ドロップ破り〟として〝カワズ掛け〟があるから、これを避けたテーズである。（中略）

二本目の七分ごろ、ルー・テーズは得意のフライング・ボディ・シザース――ロープ際で飛鳥のように身体がおどった。

二人は折り重なってマットに崩れ、テーズの両足は、ねらいたがわず力道山の胴っ腹をまさに締め上げようとした一瞬、力道山は、素早く身体を沈め、その片手がテーズの股にかかった。

それが力道山の活路をひらくきっかけになる。

力道山はタイミングをはずすと、テーズのからだを空に泳がせ、すぐ背後のロープに全身をあずけるや、目にもとまらぬ早わざ、ロープの反動を利用し、テーズの股をすくいあげながら身体を沈めて肩車でたたきつけると、一転して再度全身にロープの反動をつけ、立ち上がったテーズ目がけて肩からモロに強烈なボディ・ブロック。

ルー・テーズの身体は反対側のロープにふっ飛んだ。

ハネ返ってくるところを、そのノド元に必殺のカラ手チョップ水平打ち——ハッシとばかり切りつけたからたまらない。

真っ向からカウンターとなって、テーズはもんどり打って仰向けにぶっ倒れ、したたかに後頭部をマットにたたきつけると大の字にのび、すかさずかぶさるように力道山がおさえてのしかかる。

レフリーがマットをたたいてツー・カウントしたとき、気丈なテーズは血泡を吹きながら必死に立ち上がろうとしたが及ばず、時に二本目の九分二十五秒これで1対1のタイに漕ぎつけた。

ファイナル・ポイントの三本目が始まると間もなく、ルー・テーズの激しい闘志をこめたフライング・ドロップ・キックが爆発した。

単発ではない——つるべ打ちだった。

東京でも、大阪でも、つるべ打ちは見せたことがないから力道山は予期していなかったので不意をつかれる。

かつて、サンフランシスコのカウ・パレスで、レオ・ノメリーニをリングの外にたたき落としたあの手なのだ。

力道山はまともに喰って尻餅をついた。

立ち上がるところをねらいうち——横っ面からアゴにかけてハッシとばかりにテーズの全体重をかけた奴がカウンターになったから、これはきいた。

力道山の視野からオリンピック・オーデトリアムのリングが、グラリッと大きく一回転した——と思ったときはリングの外にころがり落ちている。

ロープ越しにレフリーがのぞき込み、大きなゼスチャーに合わせてカウントしながら、〝……フィフティーン……〟と叫んだとき、力道山はマットの外のエプロンによじ登った。

だが、待ち構えていたテーズがとび出して身構える。

レフリーがテーズを制止しながら、その間に割り込んだ一瞬テーズは、レフリーを突き飛ばし、ロープ越しのカンガルー・キックの強襲がグワッと来て、またしても力道山はマットの外に蹴落とされた。

これは明らかに反則である。

日頃、マット・マナーのいいテーズなのに〝とび蹴り〟の集中攻撃のときに限って、エキサイトして自制がきかなくなるのである。

ノメリーニ戦のときも、ワトソン戦でも、ちょうど今のようだった——いいかげんにしないとまた反則負けで自滅してしまう。

テーズの脳裡にフッとそんな考えがひらめいた。

だが、力道山の手がエプロンにかかるのを見ると、テーズの頭の中で正反対の決意が、トッサにその反省を打ち消してしまう。

〝力道山をいま絶対にマットにもどらしちゃいかん……必ずあの危険きわまるカラ手がノド元に切りつけて来る……それを防ぐには蹴落とすしかないんだ〟とテーズの頭の中に恐怖が走る。

テーズがまたしてもサッと身構えるのを目ざとく見てとったレフリーが、

〝おいっ、ルー……もう反則は許さん、今度乱暴したら失格だぞっ〟と叫びながら、かけよって制止した。

だが、テーズの頭の中には〝何クソッ……カラ手を食っちゃたまらん〟という恐怖だけ。

邪魔なレフリーを突きとばし、押し倒した。

そして、いましもロープをくぐろうとする力道山目がけて、まるで狂人〔原文ママ〕のように猛烈な〝飛び蹴り〟を浴びせた。

怒ったのはレフリーである。

よろけながら立ち上がると万才をするような恰好で両腕を大きく上げ、真っ赤な顔で叫ぶ。

〝テーズは反則失格だっ!!〟

三本目のタイムは九分〇九秒であった。

〝力道山が、ニュー・チャンピオンになった〟満員の観衆で埋まったロサンゼルスのオリンピック・オーデトリアムのマットの中央で、力道山の手が高々と上げられ、リング・サイドは蜂の巣をつついたような大騒ぎ。

ルー・テーズのインターナショナル・ワールド・タイトルに挑んだ力道山が、2対1で勝ったのである。（『血闘と友情の記録』、177～185頁）

まるでリングサイドでこの試合を観戦していたかのようなリポートである。しかし、田鶴浜さんがじっさいにその場所（ロサンゼルスのオリンピック・オーデトリアム）にいたのかというと、どうやらそうではなかった。その証拠に――といってもそれがまた田鶴浜ナラティブのスタイルではあるのだが――同書のその次の章に田鶴浜さん自身が〝私〟として登場している。力道山とテーズの試合が終了した直後と思われる時間に田鶴浜さんは日本にいたのだ。

勝報にわく歓声

八月二十八日（昭和三十三年）の夕方、電話のベルがけたたましく鳴った。

プロレス・センターからだ――と私は直感した。

アメリカと日本では時間の関係で、ちょうど今ごろが二十七日の真夜中のはず――力道山のタイトル・マッチがすんで国際電話がプロレス・センターにはいったに違いない。

この日は、先刻から何度も私は浪花町にあった力道山の本拠であるプロレス・センターに〝ロサンゼルスから、まだ報告は入らない？〟と問い合わせの電話をかけていたからである。

私は胸をおどらせて受話器をとると、やっぱりそうだった。

受話器からはずみ切った声がガンガンひびいてくる。

〝えらいことになったぞっ……リキさんがとうとう世界チャンピオンだ……とにかく知らせておく……〟

〝えっ……やっぱり……おめでとう……〟

私が言い終わらないうちに、先方は忙しいと見えて電話を切った。

こうしちゃいられない――私は、さっそく飛びだして、浪花町のプロレス・センターに車をブッとばす。

かけつける車の中で、私も感慨無量であった。

そのときはまだインターナショナル・チャンピオンだ——などということはもちろん知らない。

アメリカの力道山からは十日ほど前に八月二十七日ロサンゼルスのオリンピック・オーデトリアムで、世界チャンピオンに挑戦するはずと通知があったきりで、その後の成り行きはわからなかった。

だから、私は力道山がN・W・A世界チャンピオンを倒したものとばかり考えていたのだ。

プロレス・センターに着くと、つめかけた報道陣やお祝いのお客たちで引っくり返るような活気である。

〝相手はルー・テーズだ〟と聞かされて、私は多分、テーズはリターン・マッチでハットンから王座を取り返したんだろうと思った。

〝それはよかった……何しろルー・テーズ打倒はリキさん長年の宿願だったから……リキさんの喜びはひとしおに違いない〟

私ばかりではない、ここに集まっただれも力道山が新しいN・W・A世界チャンピオンになったのだ——と思っていた。

〝試合経過はどんなぐあいだったの？〟

さっそく私が質問した。

〝2－1でリキさんが勝ったというだけでくわしい経過はまだ入らない〟

プロレス・センターでは、まだこれ以上のことはわからない——無理もない、時差の関係からすると、地球の裏側のロサンゼルスは、そのときは真夜中のはずで、まだ試合が終ってから数時間たったばかりに違いないのだ。

そのころ、朝日新聞社ビルにあるA・P、毎日新聞社にあるU・P・I等の国際的大通信社の東京事務所には、スポーツ新聞社などから、ロサンゼルスで行なわれたこの試合の詳報特信が欲しいという照会が、多分ワッと集まっていたはずである。（中略）

ところで、一夜明けた八月二十九日には、日本の新聞はいっせいに次のような外電（U・P・IとA・P通信）をかかげて、プロレスファンをびっくりさせた。

〝八月二十七日夜、ロサンゼルスのオリンピック・オーデトリアムで、プロレス世界チャンピオンを自称するルー・テーズを破った力道山は世界チャンピオンを獲得していない。この試合はノン・タイトル戦で、タイトルマッチの契約などなかった〟

前代未聞の大騒ぎ——その騒ぎの渦中で、力道山の王座否定のニュースについて私はアメリカの大手通信社の東京支社にコンファームに出かけた。

出て来た担当者が、自信を持って次のように言い切った。

〝今朝本社の記者がN・W・Aの責任者に会ってはっきり確認したのは、N・W・A世界チャンピオンはテーズではなく、いぜんとしてハットンですよ。だからテーズ対力道山がN・W・Aタイトルマッチであろうはずがない〟

この事件の真相——N・W・A世界タイトル・マッチではなく、インターナショナル・チャンピオン戦だという事情は、翌々日羽田に舞い降りた力道山の口から判明するのだ。（『血闘と友情の記録』、188〜198頁）

庄一ナラティブによるテーズ−力道山戦

庄一ナラティブ

打倒ルー・テーズ成って
世界王者自認する力道山

昭和三十三年七月六日、力道山はプロレスラーとなって八度目のアメリカ遠征に出発する。ハワイに一か月前に渡っていた豊登、六か月前からそこにいる遠藤幸吉と会う。日本でいろいろの問題からタモトを分った形（表面的には和解をしたが……）の遠藤と話し合いをする。異国での話し合いともなれば、日本での話し合いとはまた別なものになる。（中略）

力道山初めてテーズを倒す
だが相手は既にチャンピオンに非ず
それを世界タイトル獲得と新聞誤報

八月九日、力道山はロサンゼルスからスカイ・ハイ・リー、ドン・レオ・ジョナサン、ジョニー・バレントの三人のレスラーと九月に日本で試合をする契約を結んだことを日本プロレスリング協会に連絡する。

当初、当時米本土で太平洋岸へビー級チャンピオンを保持する、またかつてなんどかタッグを組んだエンリキ・トーレス（のちに三十四年の第一回ワールド・リーグ戦に参加）を招く予定だったが、トーレスが試合スケジュールの関係で来日不可能となりトーレスのタッグのパートナー、バレントに変更された。バレントはトーレスに劣らぬテクニシャン。

八月十六日、ロサンゼルスの力道山から待望の電報が届く。

八月二十七日、ロサンゼルスでディック・ハットンと世界へビー級タイトルマッチを行う予定。

この連絡は関係者を、ファンを沸かせた。

ここで当時、NWA（全米レスリング協会）が認定するワールドへビー級チャンピオンの移動について触れよう。三十二年（一九五七年）十月、日本に遠征し力道山の挑戦を退け世界へビー級チャンピオンを防衛したルー・テーズは、その年の十一月十四日、カナダのトロントでディック・ハットンに敗れタイトルを失った。

三十二年十二月十四日、大阪プールでテーズとの二度目のタイトルマッチで引き分けたあと、力道山はテーズに再挑戦を申し入れテーズが快諾、同時にNWA会長代理のアル・カラシックもその実現に努力する約束をした経緯がある。だから力道山はテーズへの挑戦のため渡米したのだった。

そのテーズがハットン（のちに三十七年の第四回ワールド・リーグ戦参加）に敗れタイトルを失ったとあれば、力道山のほこ先はハットンに向けられる。ハットンはアマレスリングの全米チャンピオンからプロに転向した逸材。だが破天荒なハプニングが続出する。

八月二十八日（ロサンゼルス時間二十七日）東京・日本橋浪花町のプロレスリング・センターの電話が喜び声ふるわせる力道山の声を伝える。

「二十七日、ロサンゼルスでルー・テーズを破って世界ヘビー級チャンピオンを獲得した」

この連絡に、朗報を今か今かと待つ一門のレスラー関係者は歓声を上げて祝った。それにしても破った相手がハットンでなくテーズであったことは、いささか意外であった。

スポーツ新聞社から力道山の宿舎、ハイドパークホテルに電話の追い打ちをかける。翌日の朝刊スポーツ紙、日刊スポーツは力道山が2－1、スポーツニッポンは2－0でテーズを破って世界ヘビー級チャンピオンを獲得したことを大々的に報じた。

筆者（日刊スポーツ記者）は国際電話で力道山に念を押してこの勝敗をただしたことを

今も記憶する。

それを追いかけるように二十八日ロサンゼルス発のAP電が舞い込む「力道山がルー・テーズを破った試合は世界タイトルマッチではなく前座試合」という内容。UP電〔原文ママ〕も同じような内容で、それは二十九日付の夕刊紙に載る。

思わぬジャーナリズムの騒ぎにファンは混乱する。スポーツニッポンは再度の国際電話で力道山が勝ったスコアは2－1と訂正する。報道関係者は真相を正すべく力道山の帰国を待つ。

持ち帰ったINタイトル
世界王座戦と信じて挑戦した力道山
試合は一対一の後テーズの反則負け

力道山は帰国の予定を二日繰り上げ八月三十一日午後零時二十分羽田着の日航機シティ・オブ・オーサカ号で帰国した。日曜日、そして折りからの好天気が重なって数千人の人でごった返す。首に大きなレイをかけた力道山はさながら凱旋将軍。しかし記者会見場での空気は堅い、問い詰めようと気色ばむ記者もある。それを知ってか知らずか、力道山の質疑応答はよどみない。タイトル獲得までの経緯が説明される。

「米本土に渡ってからテーズにタイトル挑戦を申し入れた。最初はハットンがチャンピオンだと思ったが、八月十四日にテーズがカナダのトロントでハットンとリターンマッチをやり、ハットンが負傷しテーズがチャンピオンに返り咲いたというから挑戦を申し入れた。だから前座試合などとんでもない。はっきり場内放送でも世界タイトルマッチと放送した。私はテーズを2－1で破った。タイトルマッチでないのにチャンピオンを取ったなどいうか。チャンピオンベルトを持ってこないので疑うかもしれないが、ベルトは個人のものだ。テーズにベルトをくれといったら、何万ドルか金を出せばやるといった。そんな金はないから、もらってこなかったのだ」

以上の趣旨のことを説明した。そしてテーズから奪ったのは、テーズがそれまでの海外不出を破って世界各国を回り（日本を含めその後欧州、豪州遠征など）不敗を記録したのを賛えNWAがテーズに贈ったインターナショナル・チャンピオンであることを補足した。そして「プロレスラーとなって以来の宿願〝打倒テーズ〟を果したことが最大の喜び」ともつけ加えた。

NWAの公式刊行物によるワールド・チャンピオン史をひもといてみよう。一九五七年十一月十四日、トロントでテーズを破ってワールド・チャンピオンを獲得したハットンは、一九五九年一月九日米国ミズーリ州セントルイスでパット・オコーナーに敗れタイトルを失うまでチャンピオン保持の記録がある、力道山がテーズをロサンゼルスで破ったのはその間での試合。テーズがワールド・チャンピオンであったかの疑義は、その後も日本の専門家の間に残る。

だが力道山がテーズを2－1で破ったことは一点の疑義もない。八月〔原文ママ＝9

月の誤り〕二日付スポーツニッポン紙上では〝世界一争奪の死闘〟と題し毎日新聞のロサンゼルス橋本特派員発の写真付詳報が掲載されている。

一本目をテーズが反転フォールで奪い（9分25秒）二本目を力道山が空手チョップからフォールにつなぎ（9分9秒）三本目はタイムアップ近くリング下に落ちた両者が、リングに先に入ろうと争い力道山のリング入りをテーズが妨害し「反則負け」（32分13秒）の2－1というもの。

ともあれ力道山はテーズを破りインターナショナル・チャンピオンを獲得した。ワールドとインターナショナルの両タイトルの名称、価値を今さらうんぬんしても始まらない。甲乙をつける必要はもはやない。

国際的に価値あるタイトルは偉大なレスラー、テーズを破ったことで価値付けられるからだ。

テーズもまた後年、力道山を「偉大なレスラー」と賛辞を惜しまなかったことでもわかる。

〝世界王者〟を名乗る力道山
リー、ジョナサンら招いて国際試合
低下した興行収入を元に戻す防衛戦

新しい時代の幕が力道山のインターナショナル・チャンピオン（当初は世界ヘビー級

チャンピオンと称した）獲得と同時に始まった。

新しい幕明けはスカイ・ハイ・リー、ドン・レオ・ジョナサン、ジョニー・バレントら三外人レスラーを招いての国際試合。三人は九月四日来日、市内パレード、公開練習、そして当時、力道山が東京・赤坂に作ったクラブ・リキで歓迎レセプションが行われる。

翌九月五日、東京・蔵前国技館は約八千人（収容人員一万一千人）の観客。メインエベントで力道山はバレントと組み、リー、ジョナサン組と1－1のあと時間切れで引き分けた。一本目をジョナサンが力道山から取り、二本目を力道山がリーから奪った。二メートル級のリー、ジョナサンのスケールにファンはキモを冷やした。力道山、バレントの日本人、外人のタッグチームは異色、日本で初めての日米のタッグチームであった。セミファイナルは芳ノ里が2－1で吉村道明を破った。

この日の興行収入は約四百万円とマスコミは書いた。前年の七月ルー・テーズとの最初の世界へビー級タイトルマッチの前に同所で行われたボボ・ブラジル、ロード・レイトンらの国際試合はやや低調といわれたが興行収益は五百万円を超すといわれた。せっかく力道山が〝世界の王者〟としてデビューしたのにいささか寂しい。

果して気の早い、先もの取りのあるスポーツ紙はそれを取り上げる。興行低下の因を①テーズとの世界へビー級タイトルマッチがピークとなった②一年間近くビッグマッチを国内で行わず忘れかけられた③遠藤幸吉、豊登（海外遠征中）、東富士（負傷）らの不出場④この三人の欠場から力道山が外人とタッグを組まざるを得なかった、ことなどとした。だが力道山は「二日目からを見てくれ」とこともなげにいい切った。初日はテレビ放映をした。

二日目、九月六日の蔵前国技館は一万を超す満員のファンで埋まった。力道山の強がりは単なるハッタリではなく、慎重に計算されていた。

力道山は不死身のリーを一本目反則、二本目逆押え込みに決めて破り、三度目の対戦でとうとうリーに勝った。リーは空手チョップで血だるまにされた。ジョナサンとバレントの45分三本勝負はジョナサンが一本取ったまま時間切れとなった。日本で行われた外人同士の最初の試合であった。

九月二日、仙台でジョナサンが力道山の世界タイトルに挑戦を申し入れる。九月九日、川崎球場には約二万人の観客が集った。十月二日、蔵前国技館の力道山とジョナサンの世界ヘビー級タイトルマッチ（61分三本勝負）は力道山がジョナサンを39分49秒でフォールし1－0のまま時間切れとなったが、力道山は初のタイトル防衛をした。試合開始直後のジョナサンの不意打ちで力道山は顔面からおびただしい出血をした。

十月三日、大阪府立体育会館から手の負傷の回復した東富士が戦列に復帰する。

十月三十一日、東京体育館の力道山－ジョナサンの二度目の世界タイトルマッチは、力道山の空手チョップで耳を傷めたジョナサンが棄権し、力道山が二度目のタイトル防衛をする。レフェリーの裁定を不服とするリーがリングに上り乱闘をした。

この日、米国遠征から帰った豊登が東富士と組み、リー、バレント組を2－0で破った。

二か月間にわたったリー、ジョナサンらとの帯同巡業は開幕戦こそ爆発的な人気にはならなかったが遂次人気が盛り上り再びブームが、全国各地に起こった。

人間離れしたリーの怪人ぶり、スケールの大きなジョナサンの雄大なファイトがファンの興味をかり立てたことは見逃せなかったが、何といっても力道山の世界の頂点に立った人気が大きい。スーパースターは健在だった。(『プロレス』1976年2月号、134〜137頁)

この庄一ナラティブは『プロレス』に連載された「日本プロレス史」の第14回からの抜粋で、記述そのものは庄一さんが『日刊スポーツ新聞』に書いた記事(昭和33年)に加筆したものだ。オリジナルの記事を執筆してから約18年が経過してからリライトした記事だから、ところどころの記述に修正が加えられている。

日本のプロレス史において昭和33年がどういう年だったかというと、この庄一ナラティブにもあるように「一年近くビッグマッチを国内で行わず忘れかけられていた」時代。前年、1957年(昭和32年)10月の力道山対テーズの2回の世界選手権試合以来――じっさいには東京、大阪でのタイトルマッチ2試合のあと福岡、広島、神戸、名古屋、仙台、沖縄を巡業し、力道山対テーズのシングルマッチはノンタイトル戦を含め合計8回、おこなわれた――強豪外国人選手を招いての〝国際試合〟は開催されず、ここでくわしく紹介されているスカイ・ハイ・リー、ドン・レオ・ジョナサン、ジョニー・バレンド（庄一さんはバレントと表記）の3選手が参加した約2カ月間の〝プロレスリング秋の国際試合〟は11カ月ぶりの全国巡業のシリーズ興行だった。

力道山がテーズを破りインターナショナル王座を獲得したとされるタイトルマッチの試合経過については、庄一さんは「筆者（日刊スポーツ記者）は国際電話で力道山に念を押してこの勝敗をただしたことを今も記憶する」としたうえで、「一本目をテーズが反転フォールで奪い（9分25秒）二本目を力道山が空手チョップからフォールにつなぎ（9分9秒）三本目はタイムアップ近くリング下に落ちた両者が、リングに先に入ろうと争い力道山のリング入りをテーズが妨害した『反則負け』（32分13秒）の2－1というもの」と毎日新聞ロサンゼルス橋本特派員の記事（『スポーツニッポン』）を引用している。

この試合経過と田鶴浜ナラティブとを比較すると、1本めの決まり手は田鶴浜ナラティブではテーズのバックドロップからのフォールで、庄一ナラティブではテーズの反転フォール（テーズ・プレス＝空中胴締め落としのこと）とまったく異なる技になっているのがわかる。2本めは田鶴浜ナラティブも庄一ナラティブも力道山の空手チョップからのフォールだが、3本めのラストシーンはいずれもテーズの反則勝ちではあるが、田鶴浜ナラティブではテーズがリング内にいて、力道山がリング下からエプロンに上がってこようとしているところをテーズが（リング内からの）再三のドロップキックで妨害したことによる反則負けで、庄一ナラティブでは「タイムアップ近くリング下に落ちた両者が――」という記述になっている。この3本めのラストシーンについては、その後、さらに修正が加えられることになる。

庄一ナラティブには興味ぶかい記述がいくつかある。

「テーズがワールド・チャンピオンであったかの疑義は、その後も日本の専門家の間に残る。だが力道山がテーズを2－1で破ったことは一点の疑義もない」

「ワールドとインターナショナルの両タイトルの名称、価値を今さらうんぬんしても始まらない。甲乙をつける必要はもはやない」

「国際的に価値あるタイトルは偉大なるレスラー、テーズを破ったことで価値付けられるからだ」

「新しい時代の幕が力道山のインターナショナル・チャンピオン（当初は世界へビー級チャンピオンと称した）獲得と同時に始まった」

この4つの記述は、昭和33年当時の記事ではなく、1976年（昭和51年）に連載読み物「日本プロレス史」第14回を執筆したときに加筆された部分と思われる。いつも理路整然とした文体を重んじる庄一さんにしては、ここだけがやや強引で断定的なトーンになっている。

「せっかく力道山が〝世界の王者〟としてデビューしたのにいささか寂しい」

「九月二日、仙台でジョナサンが力道山の世界タイトルに挑戦を申し入れる」

「何といっても力道山の世界の頂点に立った人気が大きい」

いっぽう、この3つのセンテンスのなかにある〝世界の王者〟〝力道山の世界タイトル〟〝世界の頂点〟は昭和33年9月当時の庄一さんの見解なのだろう。この時点での記述では世界選手権とインターナショナル選手権をまったく区別していない。

力道山の自伝『力道山　空手チョップ世界を行く』（昭和37年に初版刊行）にもロサンゼルスでのテー

ズとの試合のディテールがていねいに描かれている。自伝といっても、もちろん力道山自身が執筆したものではなくて、庄一さんがその著作のなかで「今だから明かしてもよかろう。私は力道山自伝『空手チョップ世界を行く』（三十七年、ベースボール・マガジン社刊）をゴーストライターとして書いた」と記しているとおり、これもまた庄一ナラティブである。同書の「打倒ルー・テーズついに世界の王座へ」の章から引用する。

庄一ナラティブ

（前略）三十三年八月二十七日夜（日本時間二十八日）私はロサンゼルスのオリンピック・オーデトリアムでルー・テーズと対戦した。この試合の十日前の十六日にカナダのトロントでテーズはワールド・チャンピオンのディック・ハットンと対戦、ハットンが試合中に肩をケガして棄権、テーズがチャンピオンに返り咲いている。

前年の秋来日した当時、ワールド・チャンピオンのテーズはその後欧州、豪州を転戦、海外で不敗の成績を収めたところからＮＷＡ（全米レスリング協会）がテーズを初代のインターナショナル・チャンピオンに認定した。それでテーズはワールドとインターナショナルの二つのタイトルをもち、そのうちワールド・タイトルを一度はハットンに奪取されたが、その雪辱をトロントでとげたのだった。

私とテーズのこの試合には、インターナショナルのタイトルがかけられた。のちに外電がどうしたまちがいからか、この試合をノン・タイトル・マッチと日本に報道したが、この試合が正真正銘のタイトル・マッチ〝インターナショナル選手権試合〟であることは、この説明でもわかろう。

観客は三千人くらいだった。意外に少なかったのは急にタイトル・マッチが決まったため宣伝期間が短かったことと、全米にテレビ放送されたことによるのではあるまいか。

来日したテーズは消極的で逃げるほうが多かった。しかしこの試合では積極的に攻めてきた。これは私にとって思うツボだった。ガンガン攻めてくれば、こっちは真正面からいける。テーズの十八番のバック・ドロップを封じさえすればいい。その方法はすでに考え出しテストずみの相撲のかわず掛けがある。

それでバック・ドロップは完全に封じた。しかし思わぬかくしわざがあった。フライング・シザース（飛び上がりカニばさみ）で、私のタックルをモロに受け倒れたテーズに私は一気にフォールをねらって二発目のタックルを敢行した。

だがこれは変わり身の早いテーズにとっては、やはり危険だった。テーズはジャンプし、両腕をはさむフライング・シザースでがっちりと決め、倒れた私をそのまま体固めした。普通のフライング・ヘッド・シザースならフォールされないが両腕を足ではさまれているので動きがとれず、はね返せない。タイムは開始後25分近くたっていた。

一本取られた私は、空手チョップで攻めぬいた。もう一本取られたら万事休すで、タイトル奪取はうたかたと消え去ってしまう。この空手チョップの速攻はきいた。わずかにノドぼとけの急所をはずした胸もとへの空手チョップでテーズはダウンした。テーズは倒れたまま逃げようとするがその手はさせない。おどりかかってガッチリと体固めに決めた。この間9分ちょっと。これで1－1とした。あと一本で私はチャンピオンを手中にできる。

だが私は冷静だった。リングサイドに陣取って応援してくれる日系人の顔も、はっきりとわかる。はたして決勝のフォールを前にするテーズは悪魔のような面相となって私に襲いかかってきた。こんなすごい顔をしたテーズは、これまでにお目にかかったことはないし、これまでに対戦したどのレスラーもこんな形相はしない。

テーズの出バナ…おそらく勝ちをあせったのだろうが…私は空手チョップのカウンターをたたきつけた。テーズはダウン。私はテーズが倒れるのと同時に押えこみにはいった。レフェリーのカウント〝3〟をはっきりと聞いた。1分少しだったろう。勝った。私はテーズに勝ったのだ。

テーズを破ってタイトルを獲得した私は、宿舎のハイド・パーク・ホテルの電話口にとびつくようにして日本のプロ・レスリング協会を呼び出した。ロサンゼルスと東京では十六時間の時差がある。ロサンゼルスの二十八日午前零時は東京では二十八日の午後四時になる。私の声も喜びにはずんでいたろうが、電話口に出てきた秘書の吉村が、

「先生おめでとうございます。お帰りはいつです」

という声もうわずっている。

「あすの朝六時半の日航機で帰る。東京につくのは三十一日の午前十一時ごろになるだ

ろう。国際試合の準備に手ぬかりをするな」

とどなった。

「先生、早く帰ってきてください。万々歳です」

という吉村の声を聞いて、私はやっと興奮を静めることができた。

「あすの朝は早い。ひとねむりしよう」とベッドにもぐりこんだが、そのあとが大変。東京の新聞社から国際電話がひっきりなしにかかってくる。お祝いのことばはうれしいんだが、これでは一睡もできない。そうこうするうちに夜は白み、私は飛行場にかけつけた。だが私は少しも疲労はしていない。〝帰心矢のごとし〟とはこのことだろう。

二十八日の夜、私はハワイに着き、ホノルルのプリンス・カリワラニ・ホテルにはいった。帰国前に一休みしようとする私に、また東京から国際電話がかかってきた。外電の報道によるとテーズ対力道山戦はワールド・タイトル・マッチでなく前座試合となっているということで、その真偽を確認する電話である。

私はちゅうちょなく、

「そんなバカなことは断じてない。誤報だ。私がメーン・エベントでテーズを破り、タイトルを獲得したことはまちがいない。東京へ帰ったらくわしく話します」

と答えた。私はどうしてそんな誤報…作為的なものであるにしても…それが伝えられた根拠が浮かばない。私はいささかふんがいするとともに、興奮した。そんなことならよけいに早く帰国しなくてはならないと、やきもきした。

ホノルル発の日航機は予定より一時間半おくれて三十一日の午前零時半に羽田に着いた。ものすごい歓迎陣で、はたして記者団からは機関銃のように私がハワイで聞いたのと同じ内容のタイトル・マッチの質問が出た。

私ははっきりと前述したタイトル・マッチの経過を記者団に説明した。記者団は私の獲得したインターナショナル選手権が正当なものであることをなっとくしてくれた。それで私の心はすっかり晴れた。

しかし私にとって一番うれしいことはインターナショナルのタイトルを獲得したことよりも、プロ・レスラーとなったときからの念願であった〝地球上最高のマットマン〟ルー・テーズを破ったことだ。私は日本での試合をふくめてテーズと八戦して五引き分け三敗で一勝もしていない。その喜びはことばではいい現わせないし、私だけしかわからない。

帰国した私は、ゆっくり休養などしていられない。九月五日からスカイ・ハイ・リー、ドン・レオ・ジョナサン、ジョニー・バレントを帯同する国際試合を目の前にしていたからだ。帰国した翌日には一門の連中をしったしてプロ・レスリング・センターで率先垂範のトレーニングを開始した。

意気ごんでいたこともあろうが、体調もまったく快調だった。アメリカで引き分けたリーに必ず勝ってみせる…ジョナサンがタイトルに挑戦したら、いつでも受けてやる。私の血は熱くたぎった。（『力道山　空手チョップ世界を行く』、１４５〜１４９頁）

改ざんされたフィニッシュ

力道山の一人称という形でつづられているこの庄一ナラティブにはいくつかの誤り——というか史実の修正——がある。まず、「——この試合の十日前の十六日にカナダのトロントでテーズはワールド・チャンピオンのディック・ハットンと対戦、ハットンが試合中に肩をケガして棄権、テーズがチャンピオンに返り咲いている」とあるが、テーズはハットンからNWA世界ヘビー級王座を奪回していない。NWA世界王座はその後、ハットン―パット・オコーナー―バディ・ロジャースという順番で移動していき、テーズがロジャースを下してNWA世界王座を取り戻すのは、昭和33年からは〝5年後〟の1963年（昭和38年）1月24日（カナダ・トロント）のことである。

「前年の秋来日した当時、ワールド・チャンピオンのテーズはその後欧州、豪州を転戦、海外で不敗の成績を収めたところからNWA（全米レスリング協会）がテーズを初代のインターナショナル・チャンピオンに認定した」という記述も不可解だ。テーズがハットンに敗れてNWA世界王座から転落したのは、「前年の秋来日した当時」からわずか1カ月後の1957年（昭和32年）11月、つまりアメリカに帰国した直後のことだ。57年12月から翌年春にかけてテーズが長期のヨーロッパ遠征に出たことは事実だが、それはNWA世界王者としてのツアーではなかった。

「海外で不敗の成績を収め——NWAがテーズを初代のインターナショナル・チャンピオンに認定した」とする部分は、昭和37年の時点での力道山自身による回想というよりは、それまでの庄一ナラティブを補完する記述とみることができる。

それよりももっと重要なポイントは、この力道山の自伝では61分3本勝負の3本目のフィニッシュ・シーンが修正されていることだ。昭和33年8月当時のリアルタイムの報道では、『スポーツニッポン』（毎日新聞の米特派員による記事）も田鶴浜ナラティブも、また庄一ナラティブも、3本目の裁定は「テーズの反則負け」となっていたが、昭和37年に出版された力道山の自伝では、3本勝負の決勝の3本目の決まり手が空手チョップのカウンターによる「力道山のフォール勝ち」に書き換えられているのだ。

前出の庄一ナラティブには「筆者（日刊スポーツ記者）は国際電話で力道山に念を押してこの勝敗をただしたことを今も記憶している」とあるから、この試合があった夜、力道山と庄一さんが電話で会話を交わしたことは事実だろう。庄一さんは、後年（1983年＝昭和58年）の著作でも3本勝負の3本目のフィニッシュを「力道山が空手チョップからフォール」と記している。もっとわかりやすくいえば、試合の最後のシーンが〝改ざん〟されているのである。『鈴木庄一の日本プロレス史・上』から引用する。

庄一ナラティブ

力道山インターナショナル選手権獲得

宿願達成――昭和三十三年八月二十八日（現地時間二十七日）、力道山はロサンゼルスのオリンピック・オーデトリアムでルー・テーズを破り、インターナショナル・ヘビー級選手権を奪取する。力道山は前年十月七日東京、十三日大阪でＮＷＡ世界ヘビー級選手権者のルー・テーズと日本で最初の世界タイトルマッチを行ない、いずれも引き分け（前者はノーフォール時間切れ、後者は１－１のあと両者リングアウト）。テーズの世界タイトル挑戦のため七月六日、八度目の渡米をした力道山は十日、ホノルルで〝不死身のリー〟２メートルのスカイ・ハイ・リーと前哨戦で時間切れ引き分ける（九月に来日の契約を結ぶ）。

テーズがフライング・ボディー・シザースから１本先取、２本目は空手チョップからフォールを返しタイ。決勝の３本目も力道山が空手チョップからフォールする。２－１でテーズを破った。この勝敗は当時日刊スポーツ新聞記者（東京）だった私が国際電話し、力道山の口から直接聴いた。翌朝のスポーツ紙はいずれも大々的に報じたが、力道山の勝ったスコアがまちまち。それにロサンゼルス発のＡＰ電が「力道山がテーズを破った試合は世界タイトルマッチではない」またＵＰＩ電も同じような内容のニュースを報じ、マスコミは混乱した。

八月三十一日に帰国した力道山は羽田空港で、報道関係者の質問を浴びる。「米本土に渡ってからテーズにタイトル挑戦を申し入れた。テーズが世界ヘビー級選手権者と思っていたが、王座はディック・ハットンに代わっていた（一九五七年十一月十四日、トロントでテーズを下し奪取）。それで世界ヘビー級タイトルマッチでなく、テーズがＮＷＡから贈られたインターナショナル・ヘビー級のタイトルマッチとなった。ワシは２－１

でテーズを破りタイトルを奪った。チャンピオンベルトを持って帰らないので疑うかもしれないが、ベルトは個人の物。テーズに〝ベルトをくれ！〟と言ったら〝三万ドル（当時約一千八十万円）出せばやる〟と答えた。そんな金はないから、もらってこなかった」とご機嫌で内幕まで明かした。

インターナショナル選手権は大レスラーのテーズが、それまでの海外不出を破って、前年世界各国を回り（日本も）不敗を記録したのをたたえ、NWAがテーズに贈ったものと力道山は補足した。そして「プロレスラーとなって以来の宿願の打倒テーズを果したことが最大の喜び」と胸中をもらした。タイトル獲得をめぐって（その真偽で）マスコミは大騒ぎした。情報に敏感な今の時代では、とても考えられない出来事だった。

新しい時代の幕が力道山のインターナショナル選手権の獲得と同時に始まる。そして三十八年十二月十五日に死去するまで、六年間保持する（同年十二月四日、大阪府立体育会館でデストロイヤーと引き分け十九度の防衛をする）。インターナショナル選手権は力道山の勲章であり歴史である。（『鈴木庄一の日本プロレス史・上』、111〜114頁）

櫻井ナラティブによるテーズ―力道山戦

櫻井康雄さん――ここではペンネームの原康史を使用――もその著作『激録 力道山』第2巻（1996年6月初版発行）で、力道山のインターナショナル王座獲得のストーリーを書いている。同書は櫻井さんが『東京スポーツ』紙上に長期連載していた同名の実録プロレス小説を書籍化したもので、プロレス・マスコミ、一般マスコミ、プロレスファンが力道山に関する史実を調べるうえでの資料として、またインターネット上にアップされている力道山に関する文字情報の出典として、現在もっとも広く用いられているのがこの櫻井ナラティブだ。同書の第6章から引用していく。

櫻井ナラティブ

議論錯綜したインター王座獲得
プロモーターがだました？ テーズとの再戦

「リキ、テーズとのタイトルマッチが決まった。8月27日だ。ロサンゼルスで…」
8月2日（日本時間3日）、ホノルル市ワイキキの「プリンス・カイウラニホテル」にいた力道山に、プロモーターのアル・カラシックから電話がかかってきて昼寝していた力道山はベッドから飛び起きた。（中略）
翌日、力道山はサンフランシスコからロサンゼルスへ飛ぶ。ロスで会ったストロンボーは「リキ、俺にまかせておけ。おまえを必ずチャンピオンにしてやる」と荒っぽい言葉で言った。

ストロンボーの言い方がちょっと引っかかったが、力道山は「よろしく頼みます」と日本流に頭を下げた。

この時点、NWA（ナショナルレスリングアライアンス＝全米レスリング協会）の内部において、実力派大プロモーター達の権力争いが激しくなっており、カナダのプロモーターのエディ・クイーンはNWAとたもとを分かってエディ・クイーン派を設立、新たに世界チャンピオンを認定する動きがあり、東部ではニューヨークのビンス・マクマホーン、バッファローのトーツ・モント、シカゴのフレッド・ローラらが、セントルイスのサム・マソニックをNWA会長の座から引きずりおろしてNWA主流の実権を握ろうとしており、西海岸ではジョー・マルコビッチとジュリアス・ストロンボーが「太平洋岸でNWAに代わる新組織を作って、独自に世界チャンピオンの認定を…」という動きを始めていたのだが、力道山はまったくその動きを知らなかった。

「NWA認定の世界ヘビー級タイトルは、テーズの元に戻ったのですか」と力道山が聞くと、ストロンボーは巨大な体（130キロぐらいはあった）をゆすってニコリともせず言った。

「ノー、いまでもディック・ハットンのものだ」

「すると私のタイトルマッチは」と力道山の顔色が変わった。

「ノー・プロブレム（心配するな）。おまえとルー・テーズのタイトルマッチは間違いなく行われる。これがＮＷＡの認定文書だ。27日に行われるタイトルマッチはインターナショナルチャンピオンシップマッチ。インターナショナルタイトルはＮＷＡが新たにテーズのタイトルとして認可したもので、これは歴史的には非常に価値のあるタイトルだ。1908年にフランク・ゴッチとジョージ・ハッケンシュミットが初めてシカゴで争ったのがこのタイトルだ。テーズは昨年、日本へ行った後、ヨーロッパ、オーストラリアを転戦して不敗の成績だったから、その栄誉をたたえてこのタイトルをＮＷＡから贈られた。テーズはＮＷＡ認定の世界へビー級タイトルと、インターナショナルタイトルの二冠を保持していたのだ。世界へビー級タイトルはディック・ハットンに奪われたが、インターナショナルタイトルは現在でも保持している。27日に賭けられるタイトルは、この真のワールドタイトルであるインターナショナルタイトルだ。わかったか」ストロンボーは、立て板に水を流すように説明した。

力道山には半分ぐらいしかわからなかったが「自分はルー・テーズとインターナショナルタイトルを賭けてタイトルマッチをやる」ということは理解できた。

「リキ、価値のあるタイトルだよ。ＮＷＡ世界へビー級よりこっちの方が、日本へ持って帰ったら価値がある。なにしろインターナショナルタイトルだ。ルー・テーズが持っていたというだけで大変な価値だ。テーズを倒して、このタイトルを奪えばあんた金鵄《きんし》勲章《くんしょう》よ」と言ったのは、力道山と久しぶりに会って、ストロンボーのオフィスまで付き

添ってきた〝世紀の悪玉〟グレート東郷（本名＝ジョージ岡村一男）だ。（中略）

2-1　空手チョップでテーズを破る

27日夜、ロサンゼルスのオリンピック・オーデトリアムで鉄人ルー・テーズに力道山が挑戦した「ＮＷＡ認定インターナショナルヘビー級選手権試合」（61分3本勝負）が行われた。

〝20世紀最大のレスラー〟〝不滅の鉄人〟と呼ばれる大レスラー、ルー・テーズは8月26日にテキサス州ヒューストンからロサンゼルスに乗り込んできた。（中略）

だが前にも書いたようにロサンゼルスのプロモーターのジュリアス・ストロンボーは「テーズと力道山の試合はインターナショナル選手権試合」と明言（昭和40年にストロンボーが来日した時に筆者がインタビューして確認した）しており、まぎれもなく〝インターナショナル選手権試合〟だったのではないか。ただこの時点で日本ではまだ「ＮＷＡ認定世界ヘビー級選手権試合」と報道されており「テーズがリターンマッチでディック・ハットンから王座を奪還して、その王座に力道山が挑戦する」ともっともらしい解説をつけた記事もあった。そして8月27日夜（日本時間28日）のオリンピック・オーデトリアム。

——観客は三千人くらいだった。（中略）——と自伝の中で書いている。

世紀のゴングが鳴る。

――来日してテーズは逃げるほうが多かった。しかしこの試合では非常に積極的に攻めてきた。（中略）――と力道山が〝インターナショナル選手権試合〟について自伝に書いている。（中略）

――それでバックドロップは完全に封じた。しかし思わぬかくしわざがあった。フライングシザース（跳び上がりカニ挟み）で、私のタックルをもろに受け倒れたテーズに私は一気にフォールをねらって二発目のタックルを敢行した。（中略）――と力道山は自伝の中で書いている。（中略）

――この空手チョップの速攻はきいた。わずかにのどぼとけの急所をはずした胸元への空手チョップでテーズはダウンした。（中略）――と力道山の自伝のペンは躍っている。

――だが私は冷静だった。リングサイドに陣取って応援してくれる日系人の顔も、はっきりわかる。（中略）私は空手チョップのカウンターをたたきつけた。テーズはダウン。私はテーズが倒れるのと同時に押えこみにはいった。レフェリーのカウント3をはっきりと聞いた。1分少しだったろう、勝った。私はテーズに勝ったのだ――と力道山は勝利の瞬間を詳述している。

これが〝歴史的瞬間〟であった。力道山は、ついに敵地において〝20世紀最大のレスラー〟鉄人ルー・テーズから2フォールを奪い、その保持する世界王座（インターナショナル選手権）を奪取したのだ。（中略）

外電が否定、日本のマスコミは混乱

マスコミは騒然となった。プロレス協会からの連絡が「世界選手権獲得」ということだったので「NWA認定世界ヘビー級選手権者であるディック・ハットンを破った」とカン違いした新聞社の記者もいた。

前にスポーツニッポンの宮本義男編集局長が、ロサンゼルスの力道山に国際電話で質したとき、力道山は「テーズの世界王座は二つあり、一つはディック・ハットンに奪われたが、一つは現在も保持しており、自分が挑戦するのは現在保持している王座です」と簡単に答えており、それが「インターナショナルヘビー級選手権」であることは明確に説明していない。もっとも力道山自身、プロモーターのジュリアス・ストロンボーから「これはワールドタイトルだ」と説明されているのだから、日本語でいえば「世界選手権」と表現したのも無理からぬ話だ。(中略)

昭和33年8月29日付の各新聞は、力道山の「世界選手権獲得」(この時点ではどこも「インターナショナル」という言葉を使っていない)を大々的に報道した。

スポーツニッポンは「力道山、世界選手権を奪取」と1面トップに大見出しを掲げ「プロレス世界選手権は、ついにわが力道山の頭上輝いた」という書き出しでセンセーショナルに報道したが、試合のスコアは〝2－0〟で力道山がルー・テーズを破ったと書いている。

日刊スポーツは「力道山世界の王者に」という大見出しでロサンゼルスの力道山との

国際電話による一問一答を掲載しているが、ここでも「インターナショナル」の文字はない。そして日刊スポーツが掲載した力道山、テーズの決戦のスコアは〝2－1〟で、力道山の勝利、読者は〝2－0〟なのか〝2－1〟なのか両紙を見比べて迷った。

だが、両紙とも28日にロサンゼルスの力道山に国際電話を入れ、力道山本人に取材していることは間違いない。ところが、29日付の読売新聞（夕刊）にロサンゼルス発UPIの冠をつけた、次のような外電の記事が載った。

「力道山は二十七日（日本時間二十八日）ロサンゼルスのオリンピック・オーデトリアムでルー・テーズと61分3本勝負のノンタイトルマッチを2－1で勝利をおさめた」。

さらにAP電も「ルー・テーズを2－1で破った力道山は、世界チャンピオンを獲得していない。この試合はノンタイトル戦でタイトルマッチの契約などなかった」と追い打ちをかけ、読売以外の夕刊各紙にそれが掲載された。

「何だこれは」と国際的大騒動になった。（中略）

――帰国前にひと休みしようとする私に、また東京の新聞社から国際電話がかかってきた。（中略）――と力道山も国際的な騒動について自伝の中で書いている。（中略）

――私はちゅうちょなく、「そんなバカなことは断じてない。誤報だ。私がメイン・エベントでテーズを破り、タイトルを獲得したことはまちがいない。東京へ帰ったらくわしく話します」と答えた。私はどうしてそんな誤報…作為的なものであるにしても、それが伝えられた根拠が浮かばない。（中略）

インターナショナルチャンピオンで落着

昭和33年（1958年）8月31日午後、東京・羽田の東京国際空港VIPルームで記者会見した力道山は、8月28日（現地時間27日）ロサンゼルス・オリンピック・オーデトリアムで鉄人ルー・テーズを撃破（2－1）して奪ったNWA認定インターナショナルヘビー級選手権が正当なものである、と説明し報道陣の間でも「力道山は第二代目のインターナショナルチャンピオン」という統一見解ができてしまった。（中略）

こうして力道山の世界王座（インターナショナル選手権）奪取にからんだ国際的大騒動は騒ぎが始まってから48時間で無事落着した。

力道山は自伝の中で書いている。

――記者団は私の獲得したインターナショナル選手権が正当なものであることを、なっとくしてくれた。それで私の心はすっかり晴れた。しかし私にとって一番うれしいことはインターナショナルのタイトルを獲得したことよりも、プロレスラーになったときからの念願であった〝地球上最高のマットマン〟ルー・テーズを破ったことだ。それまで私は日本での試合を含めテーズと八戦して五引き分け三敗で一勝もしていない。その喜びは、ことばではいい現わせないし、私だけしかわからない――。（『激録 力道山』第2巻、274〜294頁）

この櫻井ナラティブのおもな登場人物は力道山、ジュリアス・ストロンボー（ジュールス・ストロンボー）、グレート東郷、そしてルー・テーズの４人。ひじょうに数多くのカギかっこにおさめられた会話のやりとりからもわかるとおり、前半の内容は櫻井さんによって自由な発想でノベライズされた〝実録小説〟である。田鶴浜ナラティブには力道山が滞在していたホテルにルー・テーズとプロモーターのキャル・イートンが訪ねてきたというエピソードが描かれていたが、櫻井ナラティブにはイートンは登場せず、櫻井さんはイートンの代わりにロサンゼルスのプロモーターとしてジュールス・ストロンボーを登場させている。イートンとストロンボーはじっさいのビジネス・パートナーだったからこのあたりのディテールのちがいはあまり大きな問題ではない。

櫻井ナラティブはロサンゼルス発ＵＰＩ外電の記事とその後の日本のマスコミの混乱についてもふれてはいるが、『スポーツニッポン』と『日刊スポーツ』のスポーツ新聞２紙の記事内容のちがいを紹介するだけにとどめていて、それ以上は踏み込んでいない。

ここで大きな論点となってくるのは、櫻井ナラティブがそのストロンボーに以下のような発言をさせている部分だろう。

「27日に行われるタイトルマッチはインターナショナルチャンピオンシップマッチ。インターナショナルタイトルはＮＷＡが新たにテーズのタイトルとして認可したもので、これは歴史的には非常に価値のあるタイトルだ。（中略）27日に賭けられるのは、この真のワールドタイトルであるインターナショナルタイトルだ。わかったか」

インターナショナル王座のルーツについては「１９０８年にフランク・ゴッチとジョージ・ハッケンシュミットが初めてシカゴで争ったのはこのタイトルだ。テーズは昨年、日本に行った後、ヨーロッパ、オーストラリアを転戦して無敗の成績だったから、その栄誉をたたえてこのタイトルをNWAから贈られた」とストロンボーに語らせている。

ところが、田鶴浜ナラティブではインターナショナル王座のルーツはこういうストーリーだった。

「ルー・テーズに孤独感がひしひしと迫る反面、新しい闘志が胸中に煮えたぎる。『N・W・Aの世界タイトルを取りもどすチャンスを皆が邪魔している。だが、俺には、もう一つインターナショナル・チャンピオンがあるのだ――これを生かそうではないか』

「実をいうと、ブエノスアイレスで十年前に行なわれたインターナショナル・チャンピオン・トーナメントで優勝したアントニオ・ロッカが、アメリカに渡る早々一九四九年、ルー・テーズに四連戦して完敗。せっかくの南米土産のインターナショナル・チャンピオンは、テーズの手に渡り、ロッカはニューヨークでは〝無冠の王者〟で売った」

「テーズは、その後、N・W・Aタイトル・マッチ一辺倒で、ロッカから召し上げたインターナショナル・タイトルの方はお蔵のかたちなのを、太平洋を渡って日本遠征を機会にマソニックが、思い出してこう言った。〝世界巡業の今年のプランはお流れだが、日本から沖縄、濠洲を回るならインターナショナル・タイトルもN・W・A公認にしようじゃないか〟。こうして、ルー・テーズが帰国すると、日本行きを機会にインターナショナル・チャンピオンもN・W・A公認として日の目を見ることになったのだ」（『血闘と友情の記録』、169頁）

櫻井ナラティブでは、インターナショナル王座のルーツは1908年にフランク・ゴッチとジョージ・ハッケンシュミットが初めて争ったタイトル。田鶴浜ナラティブによれば、同王座は

1949年にアントニオ・ロッカがアルゼンチンのブエノスアイレスからアメリカに持ち込み、テーズに完敗して失ったタイトル。その後、サム・マソニックNWA会長がそれを〝思い出した〟、1958年まで〝お蔵入り〟していたものという解説までつけられている。

庄一ナラティブではインターナショナル王座は「大レスラーのテーズが、それまでの海外不出を破って、前年世界を回り（日本も）不敗を記録したのをたたえ、NWAがテーズに贈ったもの」だが、櫻井ナラティブはここではこの庄一ナラティブをそのまま踏襲している。田鶴浜ナラティブ、庄一ナラティブ、櫻井ナラティブに共通していることは、テーズが保持していたとされるインターナショナル王座が〝NWA公認〟という点だ。

力道山－テーズ戦のこまかい試合経過については、櫻井ナラティブは力道山の自伝――つまり庄一ナラティブ――をかなり長く引用していて、61分3本勝負の3本目のフィニッシュも「空手チョップのカウンターをたたきつけ」力道山のフォール勝ちとなっている。AP通信社の外電が「この試合はタイトルマッチではなかった」と報じたことで巻き起こった〝国際的な騒動〟とその〝無事落着〟についても、櫻井ナラティブは力道山の自伝を引用。「記者団は私の獲得したインターナショナル選手権が正当なものであることを、なっとくしてくれた。それで私の心はすっかり晴れた――」という力道山のコメントでこの章をしめくくっている。

櫻井さんが東京スポーツ新聞社に入社したのは昭和36年だから、昭和33年8月にロサンゼルスで問題のタイトルマッチがおこなわれた時点ではまだ取材現場で記者デビューを果たしていない。プロモーターのストロンボーやグレート東郷のコメントのように思い切ってノベライズできない部分については、やはり力道山の自伝をそのまま引用するよりほかに方法がなかったのだろう。櫻井ナラティブは、力道山がアメリカから日本に持ち帰ったこのタイトルをあくまでも「NWAがテーズの功績をたたえ王座を新設」「NWA認定インターナショナル・ヘビー級選手権」であるという〝定説〟を守る立場をとり、その後の日本のマスメディアは、この定説をコピー・アンド・ペイストしつづけて現在に至っている。

〝テレビ中継なし〟が意味するもの

最後の最後まで残るミステリーは、このタイトルマッチの試合結果とその映像についてだ。〝来週のカード〟を予告する『ロサンゼルス・タイムズ』紙の見出しは〝日本の偉大なるリッキー・ドーゼンがテーズと顔わせ〟で、「ジャパニーズ・エンパイヤ・ヘビー級チャンピオンのリッキー・ドーゼンとインターナショナル・ヘビー級チャンピオンのテーズのふたりのチャンピオンの対決」をおおいにあおっている。ジャパニーズ・エンパイヤ・ヘビー級チャンピオンとは、大日本帝国ヘビー級王者という意味だろうか。いずれにしても、ロサンゼルスの新聞メディアは――どこの団体が認定しているかにはふれず――テーズがインターナショナル・チャンピオンであるとうたっている。

ところが、8月27日のオリンピック・オーデトリアム大会の試合結果を伝える『ロサンゼルス・

タイムズ』紙（8月28日付）の見出しは「ナンドーがワナにはめる」で、ボブ・ナンドーがウィリアム・ヴァルガを2－1のスコアで下したシングルマッチを同夜のメインイベントとして報じ、テーズ－力道山戦については〝その他の試合結果〟として「リッキー・ドーゼンがルー・テーズに判定勝ち（3本勝負）」とだけ伝えている。記事には〝インターナショナル選手権〟〝タイトルマッチ〟〝王座移動〟といった記述はいっさいない。

日本国内で大きな混乱が生じ、問題となったAP外電、UPI外電の記事の「タイトルマッチではなく、前座試合だった」という記述は〝The bout was not a championship match but a secondary bout in a weekly professional wrestling show which featured two main events〟で、直訳すると「この試合はチャンピオンシップ・マッチではなく、2試合のメインイベントが組まれた週定例プロレス興行のなかの（重要性が）二次的・派生的な試合だった」となる。

ロサンゼルス在住のアメリカ人のコレクターが現在も所持する同夜のプログラムには〝本日の対戦カード〟の頁に黒のボールペンで各試合の結果が書き込まれているが、テーズ対力道山のところはテーズの名前の上に○印がつけられている。おそらく、この試合はオリンピック・オーデトリアムにいたライブの観客の目にはテーズの勝利（リングアウト勝ち）とも力道山の判定勝ち（反則勝ち）とも映る、かなりきわどい幕切れだったのだろう。この時代のテーズが、3本勝負のシングルマッチできれいに2フォールを奪われて負けるという状況はまず考えられない。オリンピック・オーデトリアムの定期興行のリングであればなおさらのことだ。

当初、テーズ－力道山戦は〝TVメインイベント〟と発表され、力道山も「全米にテレビ中継された」とコメントしたが、どうやらこの試合は現地ではテレビ放映されず、〝TVメインイベント〟として録画されたはずの映像は現在まで〝発掘〟されていないし、現存しているかどうかもはっきりしない。この映像がどこかに保存されていたとしたら、それが半世紀以上もまえのモノクロのフィルムであったとしても、現在のアメリカのメディア状況を考えれば、すでにユーチューブをはじめとするネットの動画サイトにこの試合の映像クリップがアップされていてもいいはずだ。

この試合の映像はなぜ残されなかったのだろうか。これよりも5年まえの1953年（昭和28年）10月から1954年（昭和29年）2月にかけての2度めのハワイ遠征ではその一部始終をたんねんにフィルムに収めて帰った力道山が、これほど重要なタイトルマッチの映像を日本のテレビで放映しなかったのはなんとも不可解としかいいようがない。

〝金曜夜8時〟のプロレス中継『三菱ダイヤモンド・アワー』（日本テレビ）が放映開始となったのは、力道山の帰国（8月31日）の2日まえの8月29日だった。

Rikidozan Wins Grapple in U.S.

LOS ANGELES (AP)—Japanese pro wrestler Rikidozan decisioned Lou Thesz two out of three falls in one of four secondary bouts at the Olympic Auditorium here Wednesday night.

The bout was not a championship match but a secondary bout in a weekly professional wrestling show which featured two main events.

Rikidozan is scheduled to return to Japan Aug. 31 for a series of matches against three American wrestlers. The first bout is scheduled for Sept. 5 in Tokyo.

1958年8月、AP外電記事

プロレス中継と『ディズニーランド未来の国』の2番組を隔週サイクルで放映する同番組の第1回オンエア分は『ディズニーランド――』で、プロレス中継の初回放映は翌週9月5日、蔵前国技館からの〝プロレスリング秋の国際試合〟開幕戦の生中継だった。つまり、力道山はいきなり〝世界選手権者〟として新番組に登場したのだった。

インターナショナル・ヘビー級選手権は、どうやら〝テーズ系譜〟の世界選手権のひとつということになるのだろう。1958年から1961年にかけての3年間のあいだに、アメリカ各地でテーズ系譜の世界選手権のスピンオフがいくつも産声をあげた。

テーズを下し〝まぼろしのNWA世界王者〟となったエドワード・カーペンティア（1957年6月14日＝シカゴ）は、その後も世界王者として全米ツアーを継続し、ボストンではキラー・コワルスキーがカーペンティアを下し初代AAC世界王者となり（58年5月3日）、ネブラスカ州オマハではバーン・ガニアがカーペンティアを破りオマハ版AWA世界王座が新設され（58年8月9日）、ロサンゼルスでもフレッド・ブラッシーがカーペンティアから世界王座を奪い新団体WWAが誕生した（61年6月12日）。アメリカ各地の、とくに都市部のプロモーターは、ときのNWA世界王者ディック・ハットンよりも〝テーズに勝った男〟カーペンティアを観客動員力のある世界王者として選択し、それぞれのマーケットで世界選手権試合をプロデュースしたのだった。

日本のプロレス史を正しく理解するうえでいちばん大切なことは、テーズから〝のれん分け〟された世界選手権のスピンオフであるインターナショナル選手権を力道山が死ぬまで守りつづけたこと、そして、ジャイアント馬場の時代を経て、昭和から平成へとこのチャンピオンシップが歴史を刻み、いまもなお日本のプロレス界の〝至宝〟として生きつづけているという事実なのである。

四章　力道山Ⅳ　出自

出自に初めて言及したプロレス・マスコミ

〝プロレスの父〟力道山の出自は、昭和のプロレス史をひもといていくうえでたいへん大きく、重要なテーマである。かつてのタブーはすでにタブーではなく、力道山が日本統治時代の朝鮮半島で生まれたことは、プロレスファンのあいだだけではなく一般常識といっていいレベルで広く知られていて、いまはそのことがわりとオープンに論じられている。

力道山の出身地は朝鮮半島の咸鏡南道浜京郡龍源面というところで、地図の上では現在の北朝鮮にあたる。しかし、力道山が海を渡って日本にやって来たときは朝鮮半島が大日本帝国の植民地だった時代——韓国も北朝鮮も存在しない時代——だから、10代だった力道山が朝鮮民主主義人民共和国（北朝鮮）のパスポートを所持して日本に入国したわけではない。また、プロレスラーとして活躍していたころの力道山が、日本国内の朝鮮総領事館が発行する北朝鮮のパスポートを持つ、いわゆる在日朝鮮人だったのかというとそれもまたちがう。

力道山の本名は金信洛で、大相撲時代に金信一郎、金村光吉、金村光浩、そして百田光浩へとその通名が変わり、大相撲協会に残されている力士名は力道山昇之助、力道山信洛、力道山光吉、力道山光浩と変化していった。生まれた年についても1920年（大正9年）、1922年（大正11年）、1923年（大正12年）、1924年（大正13年）といくつかの説がある。

これまでの多くの文献では、金村光浩が長崎県大村市の百田巳之助の養子（長男）となり百田光浩となったとしているが、長崎県大村市から東京都中央区日本橋浜町に本籍を移したさいの除籍原本というものは存在するが、金村光浩が百田家に養子縁組されたことを証明する戸籍抄本のようなものはいまのところ〝発見〟されていない。

除籍原本によれば、「本籍　長崎県大村市296番地　百田光浩　就籍の届出により昭和26年2月19日　本戸籍編製」とある。わかりやすくいえば、力道山はある日突然、日本人＝日本国籍になっているのである。

プロレス・マスコミで、力道山の出自について最初に言及したのは、おそらく鈴木庄一さんだ。しかし、それは力道山の死から20年という長い歳月が経過した1983年（昭和58年）で、この章で紹介する牛島秀彦さんの著作と井出耕也さん執筆の雑誌『ナンバー』の記事が世に出たあとのことだった。庄一さんの著書『鈴木庄一の日本プロレス史・上』から引用する。

力道山波乱の人生の幕開け

（前略）――力道山の生前はタブーとされ活字にならなかった出生、大相撲入りの〝ナゾの部分〟を文芸春秋社刊「ナンバー70（力道山の真実）」は克明にえぐった。それ以前、五十三年四月に毎日新聞社刊の『もう一つの昭和史・深層海流の男・力道山』（牛島秀彦著）は、すでに「ナンバー70」以上に詳細に描いている。両者の内容は、ほとんど共通する。日本のプロレスの生みの親ともいうべき力道山を知る上には、避けて通れない道か。

「長崎県大村生まれ。父・百田巳之助。母・たつの三男〔原文ママ〕。本名・百田光浩。大村の小学校を卒業して大相撲・二所ノ関部屋に入門」がプロレスラー時代の日本プロレス協会の経歴だった。多くの人は当時、それを信じた。その紹介は力道山の意思でもあった。だが、それは前述の両書が、戸籍抄本を調べた上で細かく明かす。

抄本によると「戸主・金村恒洛の三男〔原文ママ〕で金村光浩。朝鮮・咸鏡南道浜京郡龍源面新豊里37番地で大正十三年十一月十四日生まれ」とある。そして二十五年十一月二十一日の除籍原本には本籍・長崎県大村市から東京都中央区日本橋浜町に転籍、父・百田巳之助、母・たつ（ともに死亡）長男・百田光浩となる。つまり日本統治下に発行された朝鮮の戸籍抄本と、日本の除籍原本の違い、変転だ。

相撲協会に残される力道山の星取表には［力士名］力道山昇之助、信格〔原文ママ〕、光浩、光吉、光浩［本名］金信格〔原文ママ〕、金信一郎、金村、百田光浩［本籍地］朝鮮、長崎県［生年月日］大正十三年十一月十四日、と記録されている。十八歳のころの朝鮮相撲の強者を出生地の近くの警察官駐在所の小方寅一所長（故人）が長崎県大村市出身の玉の海梅吉・二所ノ関親方（元大相撲テレビ解説者）に紹介し、大相撲入り。百田巳之助の養子となる。戸籍変更が物語る通り、力道山・百田光浩は、まごうかたなき日本人。だが冷たい差別待遇の仕打ちがのちに革新への異端児とさせ、それが虚像作りをさせたことも否めない。波乱の人生だった。（『鈴木庄一の日本プロレス史・上』、24～26頁）

力道山の現役時代からプロレスの取材にたずさわってきた庄一さんの記述は、やんわりと〝知っていたけどいままで書けなかった〟〝いまだから明かそう〟的なスタンスになっている。大正12年生まれで力道山とは同世代の庄一さんは、この本を出版した時点ですでに還暦に手が届いていた。

この記事を執筆したさいの資料の写しまちがえといってしまえばそれまでのことではあるけれど、文中の「長崎県大村生まれ、父・百田巳之助、母・たつの〝三男〟」のところは正しくは〝長男〟。「戸主・金村恒洛の〝三男〟で金村光浩」とあるところも誤りで、朝鮮の戸籍抄本では、力道山の兄で亡父・金錫泰の長男の恒洛が戸主になっていたため、庄一さんは恒洛を力道山の父親と誤解してしまったのだろう。

戸籍抄本によれば、力道山の兄・金村恒洛は1906年（明治39年）9月生まれで、力道山とは14歳から18歳くらいトシの離れた兄だった。

プロレス・マスコミ以外の力道山ストーリー

庄一さんが文中でふれた「ナンバー70（力道山の真実）」とは、スポーツ・グラフィック誌『ナンバー』（文藝春秋）の1983年（昭和58年）3月5日発行（70号）に掲載された「追跡！　力道山」という記事のことで、執筆したのはルポライターの井出耕也さん。『もう一つの昭和史①——深層海流の男・力道山』（毎日新聞社）は、1978年（昭和53年）4月に出版された牛島秀彦さんの著作で、同書は初版の刊行から17年後の1995年（平成7年）に『力道山　大相撲・プロレス・ウラ社会』（第三書館）というタイトルで再版された。奥付には「本書は一九七八年に毎日新聞社より発行された『もう一つの昭和史①——深層海流の男・力道山』を再録の上全面改訂したものである」とある。

いずれも、プロレス・マスコミではないライターが執筆した力道山のストーリーである。いわゆるプロレス・マスコミとカテゴライズされないマスコミ、出版社、ジャーナリストが扱う〝力道山の物語〟においては、やはりその出自をめぐるミステリーがいちばんの関心事なのだろう。

『力道山　大相撲・プロレス・ウラ社会』では、その第1章「朝鮮相撲から大日本帝国・大相撲へ」で力道山の生い立ちから相撲入りまでのエピソードがつづられている。『ナンバー』誌の特集「力道山の真実」でも、カラーグラビアの巻頭部分に「追跡！　力道山」として力道山の出自を追ったドキュメンタリーが掲載されている。

本書では牛島秀彦さんの記述を牛島リサーチ、井出耕也さんの記述を井出リサーチと表記することとする。以下は『力道山 大相撲・プロレス・ウラ社会』からの引用だ。

牛島リサーチ

朝鮮相撲から大日本帝国・大相撲へ
「日本の輝ける星」力道山の生まれるまで

私は、戦後の一エポックを作った「日本の輝ける星・力道山」がたどった道をトレイスしながら、日本の戦後史を、彼の裾野の広い人脈を通して考えてみたいと思い、まず出身地だと伝えられている長崎県大村市に飛んだ。一九七七年夏のことである。（中略）ただ彼の「ルーツ」に興味があるに過ぎなかった。大村市には力道山の兄である小方寅一がいるはずであった。

力道山の生い立ち

従来の記録によれば、力道山は本名を百《もも》田《た》光浩《みつひろ》と言い、一九二四年（大正十三年）十一月十四日に、長崎県大村市の農民・百田巳之助・たつの三男として生まれ、大村第二小学校を卒業――ということになっている。ただ雑誌『ゴング』（一九六九年九月号）の特別付録「力道山・栄光の歴史」の冒頭に、「……一説には韓国生まれといわれているが、本稿では、今までの記録を尊重し、あえて、長崎県大村市生まれとする」と記し

ているように、力道山＝朝鮮人説は、かなり流布されてはいた。（中略）
私は、まず、力道山の出身校である大村第二小学校を訪ねることにした。それと言うのも『力道山花の生涯』（スポーツニッポン新聞社刊）には、えんえん八頁にわたって、力道山の母校・大村第二小学校時代に、上級生十人近くを一人でやっつけた話、百メートルを五年生のとき13秒0で走って教師がどうしても信じなかった挿話が述べられていたからだ。（中略）
だが、その大村第二小学校は、いくらさがしても見つからなかった。タクシーの運転手や、地元の人に尋ねても、そんな小学校は聞いたことがないという。ようやく見当がついたのは、市教育委員会のなかの一人が、「そういやあ、西大村小学校が、戦時中に大村第二国民学校と言いよったかも知れんなア。力道山の出身校てですか？　そりゃこっちでは判りまっせんたい」と言ったときである。
西大村小学校へ行って、チェックすると、戦時中は「大村第二国民学校」と呼ばれており、「大村第二小学校」と言えば、当校以外にはないという返事。校長、教頭を含めた先生方が、該当学籍簿をひっくりかえして判明したことは、力道山＝百田光浩なる生徒が、入学または在籍した記録は、まったくないという事実だ。（中略）
とにかく、力道山の「大村第二小学校卒業」と、従来記録・公表されているのは、まったくの虚構だったのだ。
そして、先生たちは、力道山が、朝鮮出身であると、何のヒッカカリもなく言い、「そんなことア、大村じゃったらーたいていの者ンが知っとりますよ。身許引受人は、今でも電話帳にのっとる置屋《おきや》の百《もも》の家《や》というところですたい」と気さくに教えてくれた。

西本町の波止下りと呼ばれる所に、「置屋・百の家」はあった。一見仕舞屋《しもたや》ふう、一見質屋ふうの造りで、破れた障子紙には、蜘蛛《くも》が巣を張り、無人家のようでもある。

しきりに「ごめんください」をくりかえしていると、通りがかりの中年の主婦が、「その芸者屋は、もう誰もおりまっせんよ。ただ裏にキャバレーのホステスが一人住んどるですがなア。えッ、力道山のことで？　そいじゃったら、百の家の縁つづきの小方寅一さんが一番よう知っとりなさる。なあに、ここから二町ほど歩けばすぐですよ」と教えてくれた。

小方寅一の家は、警察署長官舎のまん前にあった。

当年とって、七十五歳だという小方寅一は、数年来、白内障《そこひ》をわずらい、神経痛も重なって、寝台の上での生活をつづけていた。

「力道山のことは、あんたの知りたかこと、ワシの知っとることば、ぜーんぶ話してあげまっしょうたい。ワシはリキの血つづきの兄貴じゃなかとばってん、親代わりですよ。ちゃんと分骨もしてもろて、長安寺ちゅうワシん家《ち》の墓に収めてある……。ところで、あんた、アレが朝鮮出身じゃちゅうことは、ご存知なんですな」

小方老人は、寝台の上で、せわしなく寝巻から和服に着替えながら大声でそう言い、当方の返事を待たず、奥さんに「リキの戸籍と、写真ば持って来い」と命じた。奥さんが持って来たのは、黄ばんだ戸籍抄本と除籍原本、それに一冊の古びたアルバムだった。

「戸主　金村恒洛　出生　明治参拾九年九月　父　亡金錫泰　母　巳　金村光浩（参男）

父　亡金錫泰　母　巳　出世　大正十三年一一月　本籍　咸鏡南道浜京郡龍源面新豊里

参拾七番地　右抄本戸籍ノ原本ト相違ナキコトヲ認証ス　昭和十九年七月四日　浜京郡

龍源面長　金谷昌茂」

「本籍　長崎県大村市二百九十六番地　百田光浩　就籍の届出により昭和弐拾六年弐月

拾九日本戸籍編製　昭和弐拾五年拾壱月弐拾壱日附許可の審判により就籍届出昭和弐拾

六年弐月拾九日受附　東京都中央区日本橋浜町三丁目十九番地に転籍百田光浩届出昭和

弐拾七年壱月九日中央区長受附同月拾六日送付本籍消除　父　亡百田巳之助　母　亡た

つ　長男出生　大正拾参年拾壱月拾四日」

日本統治期に発行された朝鮮の戸籍抄本と、日本での除籍原本には、右のように記さ

れてあった。この二つが物語るのは、力道山は、金錫泰、巳を両親に持つ三男であり、

本名は金光浩という。そして日本側の記録では、百田巳之助、たつを両親とした長男、

百田光浩で、本籍は、長崎県大村市になっている。それが、一九五〇年（昭和二十五年）

十一月就籍届を出して許可が与えられている――ということだ。

そして、一九五〇年と言えば、力道山が、相撲を廃業し、国民的英雄の「輝ける日本

の星」となる運命のもとにプロレスへ華麗な転身をとげた時期にあたる。

ところで、戸籍の名前にも擬装があって、力道山の本名は実は金信洛という。日本大

相撲入りの渡日を前に、朝鮮の戸籍にも手を加えられ、日本人風の光浩となったのか。

古びたアルバムを開くと、小方老人は気配で察して、「あ、いっとう最初の写真は、戸籍の戸主になっとる長男の金恒洛です……。ええ、リキの実兄ですたい。いま、平壌にいる――。金村になっとるのは、当時日本名にさせられた戸籍上の名前ですよ。朝鮮じゃもともと子ども時の名前と、成人してからの名前は違うとですよ。それに当時は、日本支配ですから、金とか朴とか戴とかを、山本、金村、金田ちゅうふうにした……。金恒洛は、朝鮮相撲の横綱で、リキは関脇くらいでしたかなア。ええ体しとるでしょうが――。恒洛の隣に居るのがリキで、そん隣が私……」と、タバコに、手さぐりで火をつけながら、老人は言った。

力道山そっくりの小山のような金恒洛の写真に見入っていると、小方老人は、急に吸っていたタバコの火を、タバコ盆でもみ消しながら言った。

「でもなア、力道山のことは、言うていけんことが多う過ぎてしもて、いったいどこまでしゃべってええのか、ワシにゃよう判らんとですよ。一つホントば言うと、ぜーんぶ言わんとおかしゅうなるし、一つウソば言えば、みーんなウソで通さにゃならん。そいでも、もしワシが、一から十まで洗いざらいぶちまけてしもうたら、それこそ、日本中がひっくりかえるようなことが、ボロボロ出て来ますけんな。リキが死んでからは、未亡人の敬子と私が、万事相談役の大野伴睦先生と、児玉誉士夫先生とのパイプ役でしたから、裏の裏まで何でん知っとる……」

そう言ってからの老人は、まるで呪縛にかけられたように、何かにつけては、「こいはしゃべっちゃいけんことじゃと思うが……」を、くどいようにくりかえしながらも、力道山と自分との関係を語った。（中略）

小方寅一の実父は与吉と言い、大村市莓萱町で、干魚、塩魚、乾物類、麵類、穀物類の仲買いを手広くやって、商人も三十人ほど使って、遠く福岡や長崎にも出荷し町一番の金持ちだった。本家のほかに、貸家も三軒持っていた。

だが、四十歳のとき、父親は、食道癌で亡くなった。母親のヒデが三十七歳の時である。残された子供は、寅一と妹。

その時、百田巳之吉（戸籍名は、巳之助）という棟梁が出入していたが、その彼と、金持後家のヒデは、間もなく内縁関係になる。（寅一は、巳之吉のことを、以来二番親爺と呼ぶようになった）この二番親爺の巳之吉は、のちに興行師と、置屋・百の家を兼業するわけだが、大の相撲ファンで、地元出身の玉の海梅吉の後援会の幹事などもしていた。

一九二三年（大正十二年）小方寅一は、徴兵され、大村連隊に配属される。寅一が軍隊で二年間を過ごしている間、巳之吉は手をひろげ、資金調達のために貸家三軒を売却してしまい、妹は、芸者になっていた。寅一は、妹の借金を払うために、本家を売り、一念発起して朝鮮に渡り、巡査になる決心をした。

時に一九二五年（大正一四年）不況のどん底にあり、たまたま朝鮮警察官募集の公示に彼は飛びついたのだった。

小方寅一は、京城〔原文ママ〕で試験を受けて、翌年三月から、朝鮮総督府のまん前にあった警察官講習所で、五か月の訓練を受けた。小方は、皆のいやがる「国境巡査」を希望し、鴨緑江が流れる国境の都会・恵山鎮に赴任して以来十二年間をそこで過ごし、最後の赴任地が、鴨緑江上流の六土場《りくどば》で、一九四三年（昭和十八年）までいた。

当時、朝鮮では、端午の節句には、相撲大会が開かれていた。小方が、警部補のときは、六抬《りくたい》というメンタイの漁場にいたが、端午の節句の相撲大会の時、百田巳之吉も渡鮮して見物した。

一等には、牛二頭、二等は牛一頭、三等はカンモク（朝鮮布）……というふうに豪華賞品があり、朝鮮相撲の力士たちは、大熱戦を展開した。そのときの優勝力士は、金恒洛。弟の金信洛（のちの力道山）は、三等だった。

兄の金恒洛はともかく、当時十五歳だった金信洛の隆々たる体格を見て、相撲狂〔原文ママ〕の百田巳之吉は、玉の海の率いる二所ノ関部屋へなんとかして入れて、後援会幹事としての実績をあげようと思った——。巳之吉は、それまで、地元から、玉の松、十勝岩、小海山などをスカウトした実績もあった。

さっそく本人に打診してみると、日本の大相撲でいっちょうやってやろうという気が十分で、明日にでも行きたい構えだが、母親の巳が大反対した。

そのころ金一家は、京城（ソウル）で精米所をやっていた。

「何も人前で裸になって見世物になる商売を息子にやらせたくない」というのが、母親の表向きの反対の理由であった。小方寅一は、金信洛の熱意にほだされて、部下の金景烈巡査部長や、地方議員で、兄の金恒洛の親分格の劉朴という人物を動かして、母親に側面攻撃をかけるが、それがかえって母親のかたくなさをつのらせた。

どうしても日本へ可愛い息子をやらせたくない母親は、急いで花嫁をさがして、結婚式を信洛に挙げさせることにした。

小方警部補は、「一晩でも花嫁と寝れば、絶対に内地へはやれんからな」と、金信洛に釘を刺す。京城の片田舎で、精米所をやって過ごすことが、死ぬほど退屈でイヤだった金信洛は、母親の顔も立て、小方警部補の言にもしたがった。

すなわち、「大日本大相撲の力士」への夢にとり憑《つ》かれた一本気の青年は、母親の言うとおり、挙式はしたが、肝心の花嫁は置きざりにして、小方寅一宅へころがりこんだのだった。（中略）

美名のもとの「徴兵」免除

当時、「大日本帝国の臣民」たることを余儀なくさせられていた「皇民としての朝鮮人」が、〝内地〟に個人として渡るには渡航証明書が必要で、これはめったなことには発行されなかった。それと言うのも、日本内地に確実な身許引受人がいること、また本人の性格や、絶対安全性が、幾筋もの〝権威筋〟から保証、証明されなければならなかったのだ。

一九三七年（昭和一二年）の「支那事変」（原文ママ）勃発は、朝鮮全体を全面的に戦時体制に編成、物心両面の動員を強制した。その具体化として、「神社参拝」が強要されて、次のような「皇国臣民ノ誓詞《せいし》」が制定された。

小学生用

一、私共ハ大日本帝国ノ臣民デアリマス

一、私共ハ心ヲ合ワセテ天皇陛下ニ忠誠ヲ尽シマス

一、私共ハ忍苦鍛錬シテ立派ナ強イ国民トナリマス

中学生以上一般人

一、我等ハ皇国臣民ナリ。忠誠ヲ以テ君国ニ報ゼン

一、我等皇国臣民ハ互ニ信愛協力シ、以テ団結ヲ固クセン

一、我等皇国臣民ハ忍苦鍛錬力ヲ養ヒ、以テ皇道ヲ宣揚セン

また当局は、「皇国臣民体操」なるものを課し、心身ともに〝皇民化〟をはかろうとした。そして、一九三九年（昭和十四年）に、「創氏改名」（朝鮮人名から、日本人名へ）を民事令の改編によって制度化し、名実ともに「日本人」に仕立て上げ、戦争につぎこむことを意図した。

金信洛も、「皇国臣民ノ誓詞」を読まされ、名前も金村信洛になっていた。（中略）

右のような状況下において、金信洛から「金村光浩」となった力道山の日本大相撲力士入門の途《みち》には、さまざまな特別措置がほどこされた。なにしろ、オールマイティの警

察が窓口である。何らかの支障が起ころうはずはない。

さらに、「大日本帝国の国技」の力士になる——という胸を張った堂々たる大義名分のもとに、工作がほどこされた。すなわち、軍司令官も進んで協力し、「金村光浩は、あくまでも、国技・大相撲の力士として皇威を発揚すべし」という美名のもとに、将来ともに「徴兵」は免除された。

そうこうするうちに、大相撲・玉の海一行が、朝鮮巡業にやって来て、親方・玉の海も「金村光浩」の体つきを見て、即座に入門OK。話はトントン拍子に進み、玉の海の実父・陰平虎松（捕鯨船に乗組んでいたが、相撲狂だった）〔原文ママ〕が門司港まで「有望力士・金村光浩」を出迎えて、東京・二所ノ関部屋まで連れて行くことになった。

そのさいの目印は、日の丸の小旗。「皇民・金村光浩」は、意気揚々と胸をはり、日の丸の小旗を打ちふりながら、夢にまで見た〝内地〟の土地を踏んだ。

十四歳、時に、一九四〇年（昭和十五年）二月、全世界を敵としたあの「太平洋戦争」が勃発する前年のことであった。

悲しい虚構

力道山光浩の母校が大村第二小学校というのも虚構なら、長崎県大村市の農民・百田巳之助、たつの長男ということも、まったくの虚構であった。

だが、それは「皇民・金村光浩」が名実ともに「日本の輝ける星」とならんがための悲しい虚構であった。
力道山は、朝鮮で自分をスカウトした小方寅一を、「兄さん」と呼んだ。（中略）金村光浩は、日本に来て大相撲入りをしたとき、親方の玉の海が、大相撲の力士が朝鮮籍じゃ何かにつけて具合いが悪かろうから……という指示をなして、朝鮮でスカウトした百田巳之助の百田を姓として名のらせるという工作がなされた。「金村光浩」から「百田光浩」への転身である。（中略）
「わしはなあ、リキの奴を朝鮮からつれて来たことが、はたしてよかったことか、悪かったことか判らんとですよ。あのままそっとしとったら、あがな非業の最期を遂げずにすんで、純朴な朝鮮の精米所の主人で、安楽に暮らしとれると思うと……。ま、あんたせっかく東京からお見えですけん、いっちょリキの位牌に線香ば立ててやってください……」
小方寅一は、別れぎわにそう言って、声をつまらせた。
位牌には、力道山と先妻の文子の戒名が並べてあった。（力道山こと百田光浩は、日本では、三回結婚している）
昭和三十八年一二月一五日
大光院力道日源居士
三十九歳　百田光浩了
寒月院和光妙文大姉

文子了

線香の細い紫煙が、風もないのに、やけにゆれた。

私は、力道山の遺骨が分骨されているという小高い丘上にある長安寺を訪れてみた。

住職は留守で、住職夫人も場所がよく判らない「小方百田家之墓」を、ようようの思いで見付けたが、力道山の百田光浩名も、戒名も何も墓にはきざまれてはいなかった。

力道山は、けっきょくそんな形で、今度は虚構ではなく、現実に、長崎県大村市に「永住」しているのか——と思った。

一九七九年に七十七歳で小方寅一は亡くなり、力道山の隣で永眠している。（『力道山 大相撲・プロレス・ウラ社会』、5～21頁）

なぞを解き明かした最初のノンフィクション

この『力道山 大相撲・プロレス・ウラ社会』という本は、1978年（昭和53年）4月に『もう一つの昭和史』シリーズの第1作『深層海流の男・力道山』として毎日新聞社から出版された単行本の増補改訂版である。

もともとは雑誌『潮』（潮出版社）に2回にわたり掲載されたルポルタージュを著者の牛島さん

が「広範囲な追加取材と資料収集を行ない、全面的に手を入れ――」一冊にまとめた作品で、同書の初版本のオビには「シリーズ第一弾」「知られざる昭和の断面、また忘れられた、あの事――。戦後の混乱期の〝地下帝国〟も浮きぼりに――」「数々の秘話も」「本書は『昭和』という時代を生き抜いた人物群像を通しての……単なる人物伝や昭和史ではなく、象徴的人物を通しての『昭和』を浮彫りしてみたい。(『あとがき』より)」というコピーが躍っている。

『力道山 大相撲・プロレス・ウラ社会』が出版されたのは、初版(前作)が刊行されてから17年後の1995年(平成7年)3月。奥付には「本書は一九七八年四月に毎日新聞社より発行された『もう一つの昭和史①――深層海流の男・力道山』を再録の上全面改訂したものである」とある。『潮』に掲載された読み物を最初に単行本化するさいに「広範囲な追加取材と資料収集を行ない、全面的に手を入れ」、タイトルを変更して復刊するにあたって前作をさらに「再録の上全面改訂したもの」だという。原作から数えると『もう一つの昭和史①深層海流の男・力道山』刊行のさいにいちど、『力道山　大相撲・プロレス・ウラ社会』刊行のさいにもういちど、合計2回の全面的な改訂作業がおこなわれ、完成したのがこの作品ということになる。

力道山の出自のなぞを解き明かした、日本で(というよりも、おそらく世界で)最初のノンフィクションである。力道山の「ルーツ」に興味をもったという牛島さんは、「まず出身地だと伝えられている長崎県大村市に飛んだ」。ルーツというカタカナ語にわざわざかぎカッコがつけられているのは、アレックス・ヘイリー原作のベストセラー小説『ルーツ』――西アフリカのガンビアで生まれた黒人少年クンタ・キンテを始祖とする親子三代の黒人奴隷の物語――のテレビドラマ版(8日連続のミニシリーズ）がアメリカで大ヒットし、日本でも放映されて大きな話題になったのが牛島さんがこの本を書くための取材活動をはじめた1977年（昭和52年）で、〝ルーツ〟と〝ルーツ探し〟がこの年の流行語であったためと思われる。

牛島リサーチ〝長崎県大村市紀行〟は、いい意味でも悪い意味でも、読者にとって読みやすく、わかりやすいものになるようにディテールをかなり簡略化し、テンポよく再構成し書かれた〝小説〟なのだろう。

じっさいにその作業にどのくらいの時間を費やしたかは明らかにされていないが、最初に牛島さんが訪ねようとした、力道山が卒業したとされる大村第二小学校は「いくらさがしても見つからなかった。タクシーの運転手や、地元の人に尋ねても、そんな小学校は聞いたことがないという」とある。素朴な疑問として、いったいどのくらいの時間と労力を費やして探しまわると「いくらさがしても」となるのだろうか。

最初の手がかりは「そういやあ、西大村小学校が、戦時中に大村第二国民学校と言いよったかも知れんなア」という「市教育委員会のなかの一人」のコメントで、牛島さんは次の段落ではすでにその西大村小学校に移動していて、「戦時中は『大村第二国民学校』と呼ばれており」という新事実をいともかんたんに突きとめている。

西大村小学校での調査については「校長、教頭を含めた先生方が、該当学籍簿を全部ひっくりかえして判明したことは、力道山＝百田光浩なる生徒が入学または在籍した記録は、まったくないという事実だ」とつづく。

これといったあてもなく――たぶん、あてはあったのだろうけれど――いきなり長崎県大村市に向かい、タクシーの運転手や地元の人たちからすぐにはなしを聞きだすことに成功し、市の教育委員会に立ち寄り、そこで偶然、有力な手がかりとなる情報を入手して、さらに西大村小学校まで足を伸ばし、そこで同校の校長、教頭を含めた先生方に「学籍簿を全部ひっくりかえして」もらったとするひとつづきのストーリー展開は、いくらなんでもすべてがとんとん拍子にいきすぎているような感じがしないではない。

時間と手間とエネルギーがかかるであろう、これだけの取材と調査をほんの数日間（?）の滞在ですませ、これだけのボリュームの新事実を次つぎと発見してしまうというおはなしは果たして現実的だろうか。

力道山のルーツを探りにきたという見ず知らずのジャーナリストの要求に対し、大村市の教育委員会の職員（地方公務員）や小学校の校長や教頭や先生方が――その時点で少なくとも40数年はさかのぼるであろう名簿の山を全部ひっくりかえし――そこまで懇切ていねいに対応してくれるだろうか。そして、西大村小学校の先生たちは力道山が「朝鮮出身である」とあたりまえのように語り、大村市での身許引受人が「今でも電話帳にのっとる置屋の百の家というところですたい」と気さくに教えてくれたと牛島リサーチは記しているが、牛島さんと学校の先生方の会話はほんとうにこのような順番だったのだろうか。

牛島さんが西本町の波止下りと呼ばれるところにある「置屋・百の家」を訪ね、「一見仕舞屋ふう、一見質屋ふうの造り」の一軒家の玄関のまえで「しきりに『ごめんくださいませ』をくりかえし――」

のシーンでは、こんどはそこに中年の主婦が――またしても偶然――現れて、事情を話すと「えッ、力道山のことで？　そいじゃったら、百の家の縁つづきの小方寅一さんが一番よう知っとりなさる」と小方寅一が住んでいる家の方角を教えてくれるというくだりになる。

西大村小学校訪問から西本町の波止下りの「置屋・百の家」までの場面展開は、やはりディテールが簡略化され、テンポよく再構成され、わかりやすくノベライズされたストーリーというふうにとらえるべきではないだろうか。

やや古い日本語の〝置屋《おきや》〟は「①芸娼妓《げいしょうぎ》を抱えておく家。自分の家では客を遊興させず、揚屋《あげや》・茶屋からの注文に応じて芸娼妓をさしむける。②詐欺手段で質を置く常習者」で、〝仕舞屋《しもうたや》〟は「もと商家であったが、その商売をやめた家。金利や資材の利潤で暮らしている人、またはそういう家。転じて、商店でない、ふつうの家」（いずれも広辞苑より）。牛島リサーチは、どうやらこの〝置屋〟〝仕舞屋〟というふたつの単語を用いることによって、それまで力道山の〝実家〟とされてきた「百田家」の素性を読者がそれとなくイメージできるような仕掛けになっている。

牛島さんが小方寅一の家を訪ねていく場面もまた映画のワンシーンのようにとらえるとわかりやすい。小方寅一は初対面の牛島さんにこう告げる。

「力道山のことは、あんたの知りたかこと、ワシの知っとることば、ぜーんぶ話してあげまっしょうたい。ワシはリキの血つづきの兄貴じゃなかとばってん、親代わりですよ」

力道山の兄とされる小方寅一が、力道山の生前からタブーとされてきたその出自について、会ったばかりの牛島さんにいきなり「あなたの知りたいこと、自分の知っていることはなんでも話してあげましょう」と語るのはいささか不可解ではあるけれど、牛島さんの記述によれば「老人は、まるで呪縛にかけられたように、何かにつけては、『こいはしゃべっちゃいけんことじゃと思うが……』を、くどいようにくりかえしながらも、力道山と自分との関係を語った」となっている。

小方寅一の実父の小方与吉は、40歳のときに食道ガンで亡くなり、それからまもまく母親のヒデは百田巳之吉（戸籍名は百田巳之助）と再婚。小方寅一は義父となった百田巳之吉（百田巳之助）を〝二番親爺〟と呼んだ。この百田巳之助こそ、日本の戸籍上、力道山こと百田光浩の父親となっている人物である。ここまでの牛島リサーチをかんたんにまとめるとこうなる。

牛島さんが長崎県大村市を訪ねた1977年（昭和52年）の時点で75歳だったとすると、小方寅一は1902年（明治35年）生まれで、公式プロフィル上〝1924年（大正13年）生まれ〟とされる力道山よりも22歳年上。力道山が大相撲に入門したとき（1940年＝昭和15年）は38歳だった。

力道山は「朝鮮で自分をスカウトした小方寅一を、『兄さん』と呼んだ」という。

小方寅一が「『ま、あんたせっかく東京からお見えですけん、いっちょリキの位牌に線香ば立ててやってください』」と牛島さんに語り、「……別れぎわにそう言って、声をつまらせた」「線香の細い紫煙が、風もないのに、やけにゆれた」といった描写の数かずはあまりにも小説的ではあるけれど、そのあたりのやりとりの不自然さを追求してもあまり意味はないだろう。

牛島リサーチは、金信洛（力道山）が大相撲に入門するために日本に渡ってきたときの年齢を「十四歳、時に、一九四〇年（昭和十五年）二月、全世界を敵としたあの『太平洋戦争』が勃発する前年のことであった」としているが、力道山が定説どおり1924年（大正13年）11月14日生まれだとすると、1940年（昭和15年）2月の時点では14歳ではなく15歳。〝1923年説〟ならば16歳、〝1922年説〟ならば17歳、〝1920年説〟ならば19歳だから、いずれの説とも合致しない。ここは単なる誤記なのだろうか。

戸籍抄本と除籍原本を正確に記述

もっとも、このノンフィクションのいちばん重要なところは、小方寅一が所持していた「黄ばんだ戸籍抄本と除籍原本」を牛島さんが目撃し、手にとり、それをきっちりと正確に写し書きし、東京に持ち帰り、その著作のなかで分析、検証したことである。〝昭和プロレス正史〟においては、牛島リサーチの功績はこの一点に尽きる。

前出の引用部分にある、日本の統治下——1910年（明治43年）8月から1945年（昭和20年）8月までの35年間の植民地時代——の1944年（昭和19年）7月に発行された朝鮮の戸籍抄本と、戦後の1952年（昭和27年）1月に東京都中央区日本橋浜町に届け出が出された就籍・転籍を示す除籍原本のふたつの文書を現代語に変換するとこうなる。

「戸主・金村恒洛、出生・明治39年9月、父・金錫泰（故人）、母・巳、金村光浩（三男）、父・金錫泰（故人）、母・巳、出生・大正13年11月、本籍・咸鏡南道浜京郡龍源面新豊里37番地、右の抄

本は戸籍の原本と相違なきことを認証す。昭和19年7月4日、浜京郡龍源面長・金谷昌茂」

「本籍・長崎県大村市296番地、百田光浩、就籍の届け出により昭和26年2月19日、本戸籍編製、昭和25年11月21日付の許可の審判により就籍の届け出を昭和26年2月19日に受け付け、東京都中央区日本橋浜町3丁目19番地に転籍、百田光浩が届け出、昭和27年1月9日、中央区長が受け付け、同月16日送付、本籍消除、父・百田巳之助（故人）、母・たつ（故人）、長男出生・大正13年11月14日」

朝鮮の戸籍抄本によれば、金村家の戸主は長男・恒洛（力道山の兄、明治39年9月生まれ）で、金村光浩（力道山）は父・金錫泰（故人）と母・巳の三男。この抄本が戸籍の原本と相違ないことを1944年（昭和19年）7月4日付で認証しているのは浜京郡龍源面の市長の金谷昌茂という人物だ。

力道山の大相撲入門は1940年（昭和15年）2月で、初土俵は同年の五月場所。力道山の長崎県大村市での〝兄〟の小方寅一が所持していた〝黄ばんだ朝鮮の戸籍抄本〟が、どういった理由で力道山の大相撲入門から4年後の1944年（昭和19年）7月4日付でプリントアウトされているのかはいまだになぞのままだ。

いっぽう、日本の除籍原本では本籍は長崎県大村市で、氏名は百田光浩。昭和25年11月21日に就籍許可審判の届け出をして、昭和26年2月19日に本戸籍編製。昭和27年1月9日に東京都中央区日本橋浜町に転籍を届け出て、同じ月の16日に長崎県大村市の本籍が消除されている。百田光浩は父・百田巳之助（故人）――力道山を相撲にスカウトした人物――、母・たつ（故人）の長男で、大正13年11月14日生まれとある。

百田光浩こと力道山が就籍許可審判を申請したのが1950年（昭和25年）11月21日で、これが認められて新しい戸籍が編製されたのが翌1951年（昭和26年）2月19日。牛島リサーチには「一九五〇年と言えば、力道山が、相撲を廃業し、国民的英雄の『輝ける日本の星』となる運命のもとにプロレスへの華麗な転身をとげた時期にあたる」とあるが、この記述は誤りだ。

力道山がみずからの手でマゲを切って大相撲を廃業したのは1950年（昭和25年）9月——相撲協会の記録では正式な廃業は昭和26年1月となっている——で、新田建設の資材部長として働いていた力道山が、ボビー・ブランズをリーダーとする〝GHQ慰問興行〟の一座となんらかの形で接触し、プロレス転向を決意したのはそれから1年後の1951年（昭和26年）9月のことだ。

この除籍原本にはあまり聞きなれない単語がいくつか出てくる。〝就籍〟とは、出生届けを出していなかったり、自然災害により紛失した戸籍を復元するときに記載もれがあった場合など、無籍者（戸籍を持たない者）が届け出をして戸籍を有するようになること。法律上は「戸籍法（昭和22年法律第224号）第110条、第111条の規定により日本国籍を有していながら本籍を有しない者について新たに戸籍を記載する届出」。〝戸籍編製〟とは、届け出や戸籍の訂正などによって新たに戸籍がつくられること。〝消除〟とは、届け出や戸籍の訂正などによって全在籍者が消除されて除籍となることをいう。

除籍原本の文中に「許可の審判により就籍」とあるのは、法律用語では〝就籍許可審判〟のことで、これは「日本人でありながらなんらかの理由で戸籍に記載されていない人が、戸籍をつくる手続きの過程で家庭裁判所の審判を受けること」。実例としては中国残留孤児とその子どもたち、フィリピン残留孤児とその子どもたち、北方領土が本籍だった人たちとその子どもたち、記憶喪失と認定された人などがこの制度によって日本国籍を取得できることになっている。ただし、残留孤児の二世、三世が就籍の届け出をする場合、日本人である両親や祖父母の日本の戸籍、両親や祖父母との血縁関係を証明しなければならないから、その手続きはひじょうに複雑なものになることが多いという。

日本に在住する韓国籍、朝鮮籍（北朝鮮）の人が就籍の届け出をする場合は、届け出をする本人の状況や経歴によってさまざまなケースがある。韓国籍の場合、本人が日本生まれ（特別永住者）で両親が韓国生まれのケースでは、①両親の韓国での本籍地（登録基準地）を確認し、いったん韓国での戸籍を編製し、その後に帰化によって韓国籍を抹消するか、②日本の役所に出生届けが出ていて、韓国へは出生申告をしていない場合は、韓国への就籍をせずに帰化によってダイレクトに日本国籍を取得する、というふたつの方法がある。朝鮮籍の場合は帰化の手続きにやや特殊な申請が必要で、通常は①いったん朝鮮籍から韓国籍への書類上の整理をおこない、その後に帰化によって韓国籍を抹消するか、②この書類上の整理をおこなわず、帰化申請によってダイレクトに日本国籍を取得する、というふたつの方法がある。

力道山の就籍の届け出は、どうやらこのいずれにもあたらない。わかりやすくいえば、力道山の場合、朝鮮には朝鮮の本籍と戸籍があって、日本には日本の本籍と戸籍があった。朝鮮の本籍は咸鏡南道浜京郡龍源面新豊里37番地で、日本の本籍は長崎県大村市296番地。1939年（昭和14年）の民事令の改編によってはじまった創氏改名で金信洛が日本名の金村光浩になっていたとしても、力道山自身が1950年（昭和25年）11月に就籍許可審判を申請した時点でその本名がいきなり百田光浩となっているのはひじょうに不可解だ。

朝鮮で戸籍抄本が発行された日付になっている1944年（昭和19年）7月4日から日本で就籍が許可された1950年（昭和25年）11月21日までの6年4カ月間——または就籍によって新しい戸籍がつくられた1951年（昭和26年）2月19日までの6年7カ月——のあいだに百田巳之助との養子縁組がなされたのであれば、朝鮮または日本のいずれかの書類にその記録が残されているはずだが、それはどこにも記載されていない。また、この6年数カ月のあいだに日本への帰化の手続きがおこなわれたのであれば、日本の戸籍にそれが記載され、その時点で朝鮮籍は抹消されているはずだが、どうやらそのような記録もない。

かなりややこしいストーリーを整理すると、金村光浩は父・百田巳之助と母・たつの長男として戸籍上、いきなり日本人の百田光浩になっているのだ。

ただし、力道山が戦後、戸籍の〝操作〟を自分だけの意思で勝手におこなったのかといえば、おそらくそれもちがうだろう。小方寅一が「ワシはリキの血つづきの兄貴じゃなかとばってん、親代わりですよ。ちゃんと分骨もしてもろて、長安寺ちゅうワシん家の墓に収めてある」と語るとおり、金村光浩と小方・百田家との関係そのものにねつ造はなく、小方寅一の家には百田光浩こと力道山の位牌があり、長崎県大村市の長安寺にはその墓もある。

1952年（昭和27年）1月9日、長崎県大村市296番地から東京都中央区日本橋浜町3丁目19番地に本籍を移した力道山は、それから1カ月後の同年2月3日、プロレスラーになってから初めての海外武者修行のため単身ハワイに渡った。日本人として、日本のパスポートを取得しての渡米だった。あるいはアメリカに渡ること、日本のパスポートを取得して外国へ渡航することを想定しての就籍手続きであったととらえることもできる。これが力道山の出自に関する〝正史〟ということになるのだろう。

学者がプロレスについて書くことの限界？

この本の巻末の［著者略歴］によれば、牛島さんは１９３５年（昭和10年）1月、中国山東省青島生まれ。早稲田大学を卒業後、65年（昭和40年）からハワイ大学東西文化センターへ留学、ハワイ大学、ジョージタウン大学、ジョージワシントン大学で学ぶ、とある。この本が出版された時点では東海女子大学教授、ホノルル大学客員教授で、専門研究領域は比較思想、比較文化論、英米文化。ウィキペディアには旺文社、日本リーダーズ・ダイジェスト、富士観光開発に勤務した58年（昭和33年）から76年（昭和51年）までのプロフィルも載っている。

『もう一つの昭和史』シリーズでは『①深層海流の男・力道山』から『②風雪日本野球・スタルヒン』、『③謀略の秘図・辻正信』、『④浅草の灯エノケン』、『⑤夢の放浪者・江戸川乱歩』まで5作品を発表し、１９９９年（平成11年）に64歳で亡くなるまで、翻訳を含め30作品を超す著作を残した。その著作には『非国民的天皇論「天皇陛下萬歳」の思想』（73年）、『昭和天皇と日本人』（76年）、『ドキュメンタリー真珠湾』（76年）、『ノンフィクション・皇太子明仁』（87年）など昭和の〝思想もの〟が多かったようだ。

『力道山　大相撲・プロレス・ウラ社会』は、あくまでも〝もう一つの昭和史〟として力道山について論じた本であり、プロレスについて論じた本ではない。この点は明確にしておいたほうがいいだろう。タイトルが示すとおり〝プロレス〟は〝大相撲〟と〝ウラ社会〟にサンドウィッチされていて、この本のメインテーマではない。牛島さんが力道山に興味を持ったいきさつについては同書の《あとがき》にこう記されている。ポイントとなる部分を引用する。

「ユウは、リキドザンを知ってるでしょう。ヒムは、さいしょちょん髷《まげ》頭でハワイに来ましてな。ルー・テーズというプロレスラーとシビック・オーディトリアムでファイトしたんです。ハワイのジャパニーズは、リキドザンをジャパン代表じゃと言ってずいぶん応援しましたよ」（中略）

ハワイ・タイムスの日系古老の記者と取材の際食事をしたときに、「ハワイのホテル王・小佐野賢次」の話から、「ジャパン・プロレスの王者・リキドザン」が話題になった。「リキドザン」がちょん髷スタイルでプロレスラーをめざしてハワイにやって来たのは、当時アメリカ・プロレス界の一方の旗頭であるＮＷＡ（National Wrestling Alliance）のハワイおよび日本を含む極東地域をテリトリーとするボスのＡ・カラシクがいたからだ。（中略）

ハワイの日本語新聞老記者は、「ところで、リキドザンは、コリアンという噂も聞いたが、ほんとうはどっちだろうか」とも言った。それから力道山の「ルーツ」に話が進み、国技・大相撲から〝アメリカ相撲〟のプロレスに戦後チャンネルを切換え、日本占領軍、自民党政治家、実業家、右翼から暴力団、芸能人、スポーツ選手……という裾野的広がりを持ち、大衆や少年たちのアイドル的存在で、彗星のように生きた力道山は、まさに、日本の戦後そのものを体現している——という見方で一致した。

私の「力道山探求」は、そのときから始まった。(『力道山　大相撲・プロレス・ウラ社会』、274~275頁)

かんたんにまとめるとこうなる。牛島さんがハワイに滞在中、現地の日系アメリカ人のベテラン新聞記者と取材がてら食事をする機会があり、そのときに力道山のことが話題になった。その老記者が「ところで、リキドザンは、コリアンという噂も聞いたが、ほんとうはどっちだろうか」と語ったことから会話が盛り上がり、「彗星のように生きた力道山は、まさに、日本の戦後そのものを体現している——という見方で一致した」。牛島さんの『力道山探求』は、そのときから始まったのだという。

揚げ足をとるような形になってしまうかもしれないが、この短い記述のなかにはいくつかの単純なまちがいがある。まず、日系古老の記者のコメントにある「ヒム(力道山)は、さいしょちょん髷頭でハワイに来ましてな」は明らかな誤り——老記者の記憶ちがいか——だ。力道山が最初にハワイに渡ったのは1952年（昭和27年）2月で、大相撲を廃業するつもりでみずからの手でマゲを切ったのはそれよりも2年まえの50年（昭和25年）9月のことだから、力道山が初めてハワイにやって来た時点でその頭にちょんまげがあるはずはない。このとき力道山は相撲の化粧まわし姿でリングに登場したこともあったから、この老記者は力道山の相撲スタイルとちょんまげ頭とを混同して記憶してしまったのだろう。あるいは元横綱・東富士がプロレスに転向し、1955年（昭和30年）4月にハワイでデビュー戦をおこなったときはまだ頭にマゲを結ったままだったから、力道山と東富士を混同したのかもしれない。

「ルー・テーズというプロレスラーとシビック・オーディトリアムでファイトしたんです」という部分もまた老記者の記憶ちがいで、力道山が初めてテーズと闘ったのは、1953年（昭和28年）10月から翌54年（昭和29年）2月までの2度めのハワイ遠征のときで、シビック・オーデトリアムでテーズ対力道山の世界選手権試合がおこなわれたのは53年12月6日だ。日本のプロレス史に残る大きな試合だから、プロレス・マスコミであればまずまちがわない史実ではあるけれど――そんなことはどうでもいいことだ、といわれてしまえばそれまでのことなのかもしれないが――雑誌の連載記事から最初に単行本化するときとタイトルを変更して復刊するときの合計2回、全面改訂をしたという牛島リサーチはこのあたりのデータについては残念ながらちゃんと調べていない。

また、「当時アメリカ・プロレス界の一方の旗頭であるNWAの――」とあるが、NWAが当時（1950年代）のアメリカのプロレス界の〝一方の旗頭〟であったとするならば、そのNWAと対比するところの〝もう一方の旗頭〟とはいったいどこのなんという団体を指しているのだろうか。

力道山について論じた本だから、当然、力道山が生きていた時代のプロレスについてはいくつかのことが書かれている。牛島さん自身はプロレスファンというわけではないのだろう。プロレスファンではないライター――著者の牛島さんは学者であり評論家だから、この場合は学者であり評論家――がプロレスそのもの、プロレスの本質やその構造について論じると、えてしてこういう感じになるという記述があちらこちらにみられる。以下は同書からの引用だ。

牛島リサーチ

「外人」九割「悪玉」・「日本人」十割「善玉」の構図

プロレスラーの型は、ショーマン型と、ストロング型に分けられる――と言われる。アメリカで見られるのは、ほとんどが、前者のショーマン型で、その「ショー」は、リングに上がる前の、猛烈な、とても常人とは思えないような舌戦からはじまる。

力道山はじめ、日本のプロレスラーがショーマン型にならなかった素朴な理由の一つは、本場修業中に、舌戦をするだけの英語能力がなかった点をあげることが出来る。また、「ショー」の件について言えば、「ショー」即「八百長」と即断するところに、大変な勘違いがある。

つまり、「プロフェッショナル」における「ショー」とは、素人が逆立ちしても出来ない「芸」または「技」を、観客に披露して見せ、堪能させることなのだ。プロレスに限らず「プロフェッショナル」とは、もともとそのようなものではないか。

基本技に忠実であれ――などと「プロ」がいまさらのように強調するなどとは、もってのほかと言うべきであろう。それは、あくまでも「アマチュア」が言うことなのだ。観客は、料金を払って、「プロフェッショナルの芸当」を観に来て熱狂し、堪能するのであり、「ゼニのとれる曲芸（極芸）」を演じてこそ、「プロフェッショナル」なのである。

その意味では、プロレスにおいても、本来は、ショーマン型、ストロング型の別があろうはずはない。要は、観客をいかに喜ばせ、興奮させ、堪能させるかに、「プロレスの芸」を十二分に発揮すればいいわけだ。

もし選手が観客に「八百長」を感じさせるならば、それは「プロ」として失格者であるだけの話である。

力道山は、プロレスにおける「ショー」を即「八百長」とし、日本の熱狂的なファンにもそう伝え、自分はあくまでも「正統派のストロング型」であることを強調した。

そして、「ストロング型」はあくまでも「善玉」、「ショーマン型」は八百長をする「悪玉」――がパターン化されてしまった。

また「外人（組）」の九割は、「悪玉」役を演じ、また対する「日本人（組）」は、十割が「善玉」になった。

このようなパターン化は、最初のうちこそ反則の限りをつくす「外人」を、「堪えがたきを堪え、忍びがたきを忍んだ正義の日本人」が、最後はたたきのめすことで快感を呼び、観客は熱狂した。だが、だんだんと眼がなれて来ると、「筋」が単調なだけに、「善玉」も「悪玉」もコミで八百長扱いされるようになったのは皮肉だった。（77頁）

プロレスには、「善玉」と「悪玉」とがあり、試合前半「善玉」は、悪虐非道の限りを尽くす「悪玉」に堪えに堪え、後半怒りを爆発させて、必殺技をくり出し、テレビ放送ならば、終了時間に合わせて、観客の熱狂を背に相手にKO勝ち――というパターンがある。

そして、「善玉」は日本人（組）、「悪玉」は、外人（組）で、時間枠内で「善玉」は「悪玉」を完膚《かんぷ》なきまでにやっつける――という筋書は決まっていた。

人びとはうちひしがれていた。そして「敗戦国日本」は英雄《ヒーロー》を待ち望んでいた。そこへ颯爽《さっそう》と登場したのが〝われらが力道山〟だった。戦勝国からやって来た「悪玉」のシャープ兄弟、銀髪鬼で噛みつき魔のフレッド・ブラッシー、鉄人ルー・テーズ（この人は半悪玉で実力派だった）などが陸続として登場し、力道山は、雲をつくような大男を片はしから投げ飛ばし、返り血（自分の血を含めて）を浴びて血達磨《ちだるま》になりながら、宝刀・空手チョップを抜き放つと、相手は、その一閃《いっせん》だけでマットに簡単に沈んだ。（275〜276頁）

力道山の時代のプロレス、いわゆる〝力道山プロレス〟の典型的な理解、解釈ということになるのだろう。牛島さんは1935年（昭和10年）生まれだから、54年（昭和29年）に力道山&木村政彦対シャープ兄弟、力道山対木村というエポックメーキング的な試合がおこなわれたときは19歳で、57年（昭和32年）にテーズが初来日し、日本で初めての世界選手権試合が開催されたときは22歳だったから、このあたりの試合は――戦後の一般的なオーディエンスのひとりとして――テレビで観たのかもしれない。

「プロレスラーの型は、ショーマン型と、ストロング型に分けられる――と言われる」という記述については、〝ショーマン型〟〝ストロング型〟というカテゴリー、あるいはそういった単語そのものが現在では完全な死語で、この本が最初に出版された1978年（昭和53年）の時点でももうあまり使われていなかった。牛島さんは「――と言われる」と書いているが、いったいどういった資料からそれをひっぱってきたのか、その出典を明らかにしていない。

「力道山はじめ、日本のプロレスラーがショーマン型にならなかった素朴な理由の一つは、本場修業中に、舌戦をするだけの英語能力がなかった点をあげることが出来る」という論点については、アカデミックな発想ではあるけれど、アメリカに遠征した〝力道山をはじめとする日本人レスラーたち〟がすべてそうであったかのように単純に一般化することはできない。たしかに力道山はアメリカのリングで〝悪玉〟を演じることはなかったが、アメリカに遠征した力道山以外の日本人レスラーたちは「舌戦をするだけの英語能力がなかった」場合でも、アメリカ人や日系アメリカ人の〝悪玉マネジャー〟を帯同し、牛島さんがいうところの「猛烈な、とても常人とは思えないような舌戦」を展開して〝ショーマン型〟の〝悪玉〟を演じた。日本人レスラー、日系レスラーがほとんど自動的に〝悪玉〟にカテゴライズされ、ステレオタイプな〝ジャップ〟を演じるというアメリカのレスリング・ビジネスにおけるひとつの伝統は、戦後から70年代あたりまでずっとつづいた。
しかし、「試合前半『善玉』は、悪虐非道の限りを尽くす『悪玉』に堪えに堪え、後半怒りを爆発させて、必殺技をくり出し、テレビ放送ならば、終了時間に合わせて、観客の熱狂を背に相手にKO勝ち――というパターン」、「『善玉』は日本人（組）、『悪玉』は外人（組）で、時間枠内で『善玉』は『悪玉』を完膚なきまでにやっつける――という筋書」、「力道山は、雲をつくような大男を片はしから投げ飛ばし、返り血を浴びて血達磨になりながら、宝刀・空手チョップを抜き放つと、相手はその一閃だけでマットに簡単に沈んだ」なる分析は、初期の〝力道山プロレス〟にはあてはまるとしても、プロレスというジャンル全体に対する理解としてはきわめて初歩的で一面的、一義的である。牛島さんはこう結論づけている。

　力道山によって、〝アメリカ相撲〟のプロレスは日本に根をおろしたが、今日依然として被差別的待遇を甘受している点では変化がない。被差別的「ルーツ」を背負い、〝被差別スポーツ・プロレス〟の王者になり、その重荷を生涯背負いつづけ、怒濤のように、また奔馬のように生き「日本戦後史」を文字どおり体現して、暴力団員に刺されて逝いた力道山の生きざまは、すさまじく、そして悲しい。（同書、276〜277頁）

力道山によってプロレスは日本に根をおろした。これは正しい。プロレスが現在に至っても社会からの偏見や差別を甘受していること。力道山が日本という国で差別の対象となりやすい、〝時代の子〟としてのルーツを背負いながら生きたこと。これも現実だ。しかし、プロレスがほんとうに好きな人たちにとっては、力道山の生きざまはすさまじいものであっても、必ずしも悲しいものではない。そして、プロレスという——力道山の出現よりもはるかまえから存在し、力道山のあとにもずっと存在しつづける——大きな物語のなかでは〝力道山〟はいちども死ぬことなく、いまのいまでも生きつづけているのである。

牛島さんはこの本のなかで〝虚構〟という単語を何度も何度もくり返し使ったが、力道山の出自に関する〝虚構〟とは、力道山ひとりのアイディアではなく、むしろ昭和30年代の日本のマスメディアと力道山の周辺とが共同で構築したファンタジーであったという点を見落としてはいけない。

力道山の出自にメスを入れたという点においては、牛島リサーチは一定の評価を与えられるべきだろう。しかし、この著作がプロレスというジャンルそのものを論じたものではないということもまた強調しておかなければならない。

この牛島リサーチからプロレスファンがちいさな結論のようなものを導きだせるとしたら、それは、プロレスがとくに好きではない人、プロレスをよく知らない人、プロレスをあまり観たことがない人が説くところのプロレス論に、プロレスをほんとうに好きな人はほんろうされてはいけない、ということではないだろうか。活字の威力に踊らされてはいけない、といいかえることもできるだろう。

〝昭和のヒーロー〟以前の力道山

力道山の出自にメスを入れたもうひとつの重要な文献は、文藝春秋のスポーツ・グラフィック誌『ナンバー』70号（昭和58年3月5日発行）に掲載された「追跡！　力道山」という記事だ。この号の表紙は力道山のチャンピオンベルト姿のモノクロのポーズ写真と〝力道山の真実〟という大きなコピーで、同号は〝力道山とは何だったのか？〟という特集を組んでいる。

巻頭カラーグラビアの「追跡！　力道山」のほかには「ディープ・インタビュー〝柔道の鬼〟木村政彦・宿敵を語る『私と力道山の真相』」として木村政彦が1954年（昭和29年）12月22日の力道山との試合について語るインタビュー記事、「素顔の力道山　寂しく孤独だったスーパースター」、「弟子、ジャイアント馬場たちが語る『私にとっての〝力道山先生〟』」、「なつかしのプロレス黄金時代グラフィティ　リキ宇宙の惑星群」といった記事が載っている。木村政彦のインタビュー記事については、別項でくわしく検証したとおりだ。

1983年（昭和58年）は力道山が死んでからちょうど20年にあたり、この年には力道山関連の書籍、写真集などが数多く出版され、新聞、雑誌、テレビもこぞって力道山を特集した。『ナンバー』誌のこの特集もこの〝力道山ブーム〟の産物のひとつだった。

この時点での現在進行形のプロレスも何度めかのブーム期で、アニメの世界から飛び出したタイガーマスク（佐山サトル）がお茶の間の人気者となり、アントニオ猪木対ハルク・ホーガンの

「83ＩＷＧＰ決勝リーグ」優勝決定戦では猪木の〝舌出し失神ＫＯ〟という〝事件〟が起き、テレビと新聞はこれをニュースとして報道。金曜夜8時のプロレス中継番組『ワールドプロレスリング』（テレビ朝日）は毎週、30パーセント台の平均視聴率をはじき出していた。

「追跡！　力道山」という記事は、『力道山　大相撲・プロレス・ウラ社会』の底本となった『もう一つの昭和史①深層海流の男・力道山』が１９７８年（昭和53年）に刊行されてから5年後、牛島リサーチとはやや異なるアプローチで力道山の出自に焦点を絞ったノンフィクションである。タイトルのすぐ下には「戦後のニッポンを閃光《せんこう》のように駆け抜けていった巨人の跡を、新進気鋭のライターが、九州に、さらに玄界灘を越えて韓国へと、追う――。謎《なぞ》多いスーパースターの真実とは何か？」というリード文があって、タイトルとリード文のあいだに「文・井出耕也」のクレジットが入っている。

〝新進気鋭のライター〟として紹介されている井出耕也さんは１９４５年（昭和20年）11月生まれだから、牛島秀彦さんよりも10歳若く、この記事を執筆した時点では37歳。目次頁の下にある〝ＷＨＯ'Ｓ ＷＨＯ〟という執筆者紹介のコーナーには「『力道山とは何だったのか』。そこから今回の取材は出発した。冬の京城（原文ママ）にも足を伸ばした〝力道山センチメンタル・ジャーニー〟。旅の終わりに見た『力道山』は『悲劇の人の顔をしていた』という。『プロ野球の黒い霧投手たち』『大リーグと戦った男たち』に続く第3弾」というキャプションがある。

井出リサーチには、このときすでに亡くなっていた小方寅一の代わりにその妻のフミさん、力道山といっしょに小学校に通ったという陳濱根さん、在日大韓民国居留民団中央本部の元団長の曺寧柱さん、力道山の兄・金恒洛をよく知るという大韓柔道会の幹部の金根燦さんと元韓国治安局長の李成株さんらが証言者として登場する。『ナンバー』70号に掲載された「追跡！　力道山」から引用していく。

井出リサーチ

「力道山が戦前の朝鮮で生まれたことは、私のころのプロレス担当記者は、みんな知っていましたよ。しかし、そんなことを書く記者は一人もいなかったな。力道山が嫌がることは書かないという雰囲気《ふんいき》があったし、力道山は日本の力道山でなければならなかったんです」

昭和36年からプロレスを見続けてきた桜井康雄氏（東京スポーツ文化部長、プロレスのテレビ解説者）は、力道山の思い出を語りながら、出生をめぐるタブーについてそんなふうにもらした。（中略）

朝鮮半島の東側を北上していくと、半島の付け根のあたりに龍源面というところがある。力道山はこの龍源面の新豊里というところで生まれ、十八歳のころ、日本に渡って大相撲に入門した。父親は金錫泰、母親は己〔原文ママ〕。相撲博物館の記録でも、この両親の名前と本籍の咸鏡南道浜京郡新豊里37番地〔原文ママ＝浜京郡と新豊里のあいだの龍源面という地名が抜けているか〕という地名と金信洛という本名の記録が残っている。（中略）

幸運なことに、力道山の家から70メートルぐらい離れたところで生まれたという人をさがしあてることができた。東京・五反田駅前で焼肉店を経営する陳湏根氏である。

陳氏は、昭和16年に日本に来て中央大学を卒業し、その後もずっと日本にいる。かつては全日本クラスのサッカーの選手。大正12年生まれの五十九歳。髪はもうすっかり白くなっている。「私は力道山と一緒に小学校に通ったよ。霊武小学校という学校だ。一学年一クラスで、クラスの人数は60人ぐらい。あの男とは同じクラスだった。力道山のほうが私より一歳上だったな。あのころは、今とちがって、就学年齢がキチンとしていなかったんだ。（中略）」

相撲協会に残された記録も、小方未亡人が保存していた戸籍抄本も、生年月日は大正13年11月14日生まれとなっていた。それなら力道山は陳氏より一歳下ということになるが……。

「いや、そんなことはない。力道山は私より一歳上だ。大正11年生まれだよ。これは絶対に間違いがない」

陳氏はそれから見取り図を書きながら、力道山が生まれた街の様子を話し始めた。

「咸鏡南道というのは、朝鮮半島の北のほうだから、夏は35度、36度になるが、冬は氷点下15度ぐらいまでさがる。雪が1メートル以上もつもることもある。でも、いいところだった。山地の多い咸鏡南道の中で、龍源面は北と東西を低い山に囲まれた中に、南に向かって平地が海までつづき、田んぼがたくさんあった。豊かなところなんだ。その平地の南側の海まで歩いて四、五分のところに霊武という駅があった。小さな田舎の駅だ。各駅停車の列車しか止まらなかった。京城まで咸鏡線という鉄道が続いていたが、京城へ行くためには霊武から四つ先の前津という駅で急行に乗り換えて十三時間ぐらいかかった」

この霊武の駅前には、ちいさな商店街があった。雑貨屋、食料品店、洋服屋、写真屋。そんな店が並ぶ道が駅から北に向かって伸びていた。駅を背にして、この道を歩いていくと、まもなく商店街は終わり、両側に水田地帯が見えてくる。水田の向こうは山、前方にも山が見える。やがて両側の水田が畑に変わり、駅から3キロぐらい離れたあたりの左側に霊武小学校が現われる。そのまま学校の横を通りすぎてさらに200メートルくらい歩くと、こんどは右側に陳氏の家があり、その家の前に左にはいる道がある。ここを曲がって70メートル進むと、右側にトウモロコシの茎であんだ塀に囲まれた一軒の草ぶき屋根の農家があった。それが力道山の家だ。（中略）

力道山家には三人の息子がいた。戸主の長兄が金恒洛、次兄が公洛、力道山は末っ子だった。父親は漢学者。実際的な仕事にはあまり向いていない父親にかわって母親が米を売って生計をたてていた。母親は美しい人だったらしい。六日ごとに霊武の駅前に市が立ち、母親はこの市で米を売った。

「そういう商売だから、家はあまり豊かじゃなかった。兄弟三人の中では、長男の恒洛さんが一番大きかったな。180センチぐらいあったんじゃないかな。大きいだけじゃなくて、均斉のとれた、それはいいからだをしていた。お母さん似で目鼻立ちの整ったハンサムな青年だったよ。この人は朝鮮相撲が強くて、夏になると、力道山の家の庭には、恒洛さんが相撲で優勝してもらってきた賞品の牛が何頭もつながれていた。この牛を売って生活の足しにしていたようだ。強くて、ハンサムで、性格はおとなしくておだやか。青年の中の青年だった。みんなのアイドルだった。あのへんの人間はみんなが恒洛さんのことを知っていたし、恒洛さんには一目置いていたよ」（中略）

「力道山は、子供のころからズバ抜けて、からだが大きかったよ。相撲も同級生では、まったく相手にならなかった。気性は激しかったなあ。よくケンカをしていたよ」

力道山が生前、「自分の父親は日本人の兵隊だ」と言っていたこともあった。しかし、陳氏はこれも否定した。

「そんなバカな話がありますか。絶対にないね。私は、そんな話を聞いたこともないし、昭和16年に私が日本に行くときも、力道山のお父さんは健在だったよ」（中略）

力道山は故郷を切り捨てようとしていたのか。故郷はそんなに簡単に捨てられるものではない。陳氏もいう。

「私が焼肉屋を始めると、力道山がときどきやってきた。しかし店があいてる時間には絶対にこなかった。深夜、店が終わってから人目につかないように一人だけでやってきて店の二階の座敷で私を相手に故郷の話をしながら焼肉やキムチや豆モヤシを食い、酒を飲んでアリランやトラジを歌った。あの声だし、上手に歌ったよ。そうやって朝が近くなってから、また一人で帰っていった。人気商売だから、私のところに来るときも帰るときも人に見られないように神経をつかっていたんだ。夜中の二時、三時に電話をかけてきて、長い間故郷の話をするようなことは、しょっちゅうだった。それが死ぬころまで続いた。私に、お前は幸せ者だ、俺は、街を歩くときも交差点のようなところでは、まわりを見まわさないと歩けないんだ、と言ったこともあったよ」

終戦のころから音信不通になっていた兄の恒洛から手紙が来たこともある。

「普通のルートでは、三十八度線の北からの手紙は日本に届かない時代だ。手紙は裏のルートで私あてに来た。力道山は向こうの字が読めないから、私が読んであげた。それも人目につかないように力道山が指定して神宮の絵画館前で落ちあって、読んであげたんだ。手紙の中身は、元気にしているか、お前がどんなふうに暮らしているか知らせろという内容だった。返事も力道山が話すのを私が書いて向こうに届くようにしてやった。手紙がきたのは、そのときだけだったが、力道山が死んだときには分骨した遺骨を向こうに送ったよ。届いたかどうかわからないし、墓ができたかどうかもわからないがとにかく送ったことは確かだ」

民団中央本部の元団長、曺氏はさらに奇妙な話をしてくれた。恒洛が日本へ来たこともあるというのである。

「力道山から直接聞いた話だが、力道山が死ぬ何年か前に、新潟に北の万景号という船がやってきて、そこに恒洛が乗ってきた。恒洛は上陸はしなかったが、ひそかに連絡を受けた力道山は船上で兄に会った。見張りが一人ついていたということだ。そして恒洛は、北に戻ってこい、戻ってくれれば国をあげて最高の歓迎をする。今、お前は日本で暮らしているが、その何倍もの待遇が用意されていると力道山を誘った。力道山は、もちろん、この誘いにはのらなかった。自分はいろいろな事業をしているから、すぐには帰れないといって恒洛と別れたということだ」（中略）

当時、一線のプロレス担当記者として取材していた東スポの桜井氏もいう。

「力道山の試合を追いかけて、二十五、六人の記者やカメラマンが日本中ついてまわった。巡業先では駅につけば必ず黒山の人だかり。駅を降りたらパレードだ。どういうわけか、私たちも車に乗せられて、仕様がないからパレードの車から手を振ったこともある。あれは照れ臭かった。最近、またプロレスがブームになったと言うけど、あのころの人気にくらべたら問題にならない。奥行きもボリュームも今の何倍もすごかったよ」

（中略）

「力道山について家に行ったら、男の子が玄関のところで待っていて、私たちがはいると、パッと両手をついて、真剣な顔で『ステレオをこわしました。ゴメンナサイ』とあやまった。力道山はそのステレオを大事にしていたんだ。力道山が『どうするんだッ』と怒鳴りつけると、その子は『死んでおわびします』と答えた。すごい家だと思ったよ。力道山はそれを聞いて、バカヤロウと言いながら思い切りブン殴ったよ」（中略）

昭和38年1月7日、力道山は日航スチュワーデスの田中敬子さんとの婚約を発表する。翌8日、力道山は誰にも知らせずにコッソリ、京城の金浦《キンポ》空港に向かった。

韓国では「同胞、力道山」はタブーではない。現地の東亜日報は「力道山8日来韓、4月に模範試合」という記事と「時の話題」というコラムで英雄・力道山の何十年ぶりかのお国帰りを迎えた。そのコラムには「十二歳のときに郷里を出て凱旋」「日本に帰化はしたが血脈は変わらない」「プロレスリングの王座に」「日本でも有数の金持」というハングル文字の見出しが並んでいる。（中略）

力道山のことは、すでに韓国でも知れ渡っていた。京城の映画館では力道山の試合を編集した映画が大あたりをとり、普通は一週間の上映で終わるところを延長して三週間も上映し、そのあと地方の映画館でもこの映画は人気になった。そのフィルムには、木村政彦との日本一決定戦の模様もはいっていた。（中略）

力道山が母国を訪問したことは、外電で日本の新聞社にも伝えられたが、そのニュースは黙殺された。日本ではタブーはまだ生きていた。ただ一紙だけ、小さな記事をのせたところもあったが、その新聞社はそれからしばらく取材を拒否されるという報復を受け、力道山の母国訪問はほとんど話題にならなかった。（中略）

力道山の名前が刻み込まれた墓は二つある。いや三つかもしれない。ひとつは東京・池上の本門寺にある墓。もうひとつは、長崎県・大村の小方、と百田両家の墓。この墓には、分骨された力道山の遺骨といっしょに、生前、もっとも長い間ともに暮らした小沢ふみさんの遺骨も納められ、墓石に力道山と並んでその名前がある。そして、もうひとつは三十八度線の向こうにあるかもしれない。そこに刻み込まれた名前は百田光浩で

――はなく生まれたときの名前になっているだろう。（『ナンバー』70号、12〜24頁）

いまから30年以上まえに雑誌『ナンバー』70号（1983年3月5日号＝同2月20日発売）に掲載された「追跡！　力道山」という記事は、冒頭でいきなり櫻井康雄さんを登場させている。

「力道山が戦前の朝鮮で生まれたことは、私のころのプロレス担当記者は、みんな知っていましたよ。しかし、そんなことを書く記者は一人もいなかったな」と語る櫻井さんは、この雑誌が店頭に並んだ1983年（昭和58年）2月の時点ではプロレス記者歴22年の46歳。井出リサーチは「当時、一線のプロレス担当記者として取材していた東スポの桜井氏」として櫻井さんを紹介している。

この櫻井さんのコメントは、プロレスを報道する活字メディアでは力道山の出自にふれることは――だれもが知っていたことではあるけれど――タブーであったことを明示するために用いられている。

櫻井さんがじっさいに〝番記者〟として力道山と接していたのは、櫻井さんが東京スポーツ新聞社に入社した1961年（昭和36年）春から力道山が急死する1963年（昭和38年）12月までの2年半ほど、年齢にすれば24歳から26歳の終わりごろまでだから、それほど長い時間をいっしょに過ごしたわけではない。

力道山が生まれた年については〝公式プロフィル〟の1924年（大正13年）以外に〝1920年（大正9年）説〟〝1922年（大正11年）説〟〝1923年（大正12年）説〟などがあるが、そのなかのどのデータが正確だったとしても、1936年（昭和11年）12月生まれの櫻井さんと力道山の年齢差は少なくとも12歳以上あり、当時はまだ若手記者だった櫻井さんが力道山とそれほど親密な仲であったとは考えにくい。

「力道山の試合を追いかけて、二十五、六人の記者やカメラマンが日本中ついてまわった。巡業先では駅につけば必ず黒山の人だかり。駅を降りたらパレードだ。どういうわけか、私たちも車に乗せられて、仕様がないからパレードの車から手を振ったこともある。あれは照れ臭かった。最近、またプロレスがブームになったと言うけど、あのころの人気にくらべたら問題にならない。奥行きもボリュームも今の何倍もすごかったよ」

「力道山について家に行ったら、男の子が玄関のところで待っていて、私たちがはいると、パッと両手をついて、真剣な顔で『ステレオをこわしました。ゴメンナサイ』とあやまった。力道山はそのステレオを大事にしていたんだ。力道山が『どうするだッ』と怒鳴りつけると、その子は『死んでおわびします』と答えた。すごい家だと思ったよ。力道山はそれを聞いて、バカヤロウと言いながら思い切りブン殴ったよ」

この記事のなかで櫻井さんのコメントがかぎカッコつきで出てくるのは全部で3回だけで、井出リサーチ全体においては、櫻井さんはそれほど重要な役どころにはなっていない。あえて櫻井さん自身のコメントを用いるならば、若手記者だった櫻井さんは「二十五、六人の記者やカメラマン」のなかのひとりだったということになるのだろう。

櫻井さんが力道山の家で目撃した「パッと両手をついて、真剣な顔で……」「『死んでおわびします』と答えた」少年は、1970年代にジャイアント馬場の全日本プロレスでリング・アナウンサーとして活躍し、のちにプロレスラーに転向した力道山の長男・百田義浩さん（故人）で、次男・百田光雄は現在も現役プロレスラーとしてリングに上がっている。

井出リサーチの大きな特徴は、力道山が〝昭和のヒーロー〟になる以前の力道山＝金信洛を知る（とされる）人びとをインタビュー取材している点だ。

力道山といっしょに小学校に通ったという陳淏根さんが、見取り図を描きながら説明してくれた咸鏡南道、北と東西を低い山に囲まれた平地に「田んぼがたくさんあった。豊かなところなんだ」という龍源面、「南側の海まで歩いて四、五分のところ」の各駅停車しか停まらなかった霊武駅と駅前の商店街の様子などはひじょうに興味ぶかい。

陳さんの実家から力道山の実家まではわずか70メートルくらいの距離で、霊武小学校では同じクラス――1学年1クラス――だったというから、陳さんは少年時代の力道山をよく知る数少ない証言者のひとりだ。

陳さんは「力道山は私より一歳上だ。大正11年生まれだよ。これは絶対に間違いがない」と語り、これが陳さんの記憶ちがいでなければ力道山は1922年（大正11年）生まれということになる。これは〝新説〟といっていいだろう。力道山が生前、「自分の父親は日本人の兵隊だ」と話していたとされるエピソードについては、陳さんは「そんなバカな話がありますか。絶対にないね」と否定した。1941年（昭和16年）に日本に来て、その後もずっと日本で暮らし、東京・五反田で焼肉屋を経営していたという陳さんは、昭和30年代に力道山と再会し、友だち付き合いをしていたという。

「私が焼肉屋を始めると、力道山がときどきやってきた。しかし店があいてる時間には絶対にこなかった。深夜、店が終わってから人目につかないように一人だけでやってきて店の二階の座敷で私を相手に故郷の話をしながら焼肉やキムチや豆モヤシを食い、酒を飲んでアリランやトラジを歌った」

陳さんは、力道山について語ったコメントのなかで――それは井出リサーチの記述ではあるけれど――〝絶対〟という単語を3回もくり返した。

「人気商売だから、私のところに来るときも帰るときも人に見られないように神経をつかっていたんだ。夜中の二時、三時に電話をかけてきて、長い間故郷の話をするようなことは、しょっちゅうだった。それが死ぬころまで続いた」

陳さんは、力道山と北朝鮮に住む力道山の長兄・金恒洛の手紙のやりとりにも力を貸したという。

「普通のルートでは、三十八度線の北からの手紙は日本に届かない時代だ。手紙は裏のルートで私あてに来た。力道山は向こうの文字が読めないから、私が読んであげた」

「返事も力道山が話すのを私が書いて向こうに届くようにしてやった。（中略）力道山が死んだときには分骨した遺骨を向こうに送ったよ。届いたかどうかわからないし、墓ができたかどうかもわからないがとにかく送ったことは確かだ」

井出リサーチには〝奇妙な話〟として力道山と兄・恒洛の船上の再会のエピソードも記されている。在日大韓民国慰留民団中央本部の元団長、曺寧柱さんのコメントだ。

「力道山から直接聞いた話だが、力道山が死ぬ何年か前に、新潟に北の万景号という船がやってきて、そこに恒洛が乗ってきた。恒洛は上陸はしなかったが、ひそかに連絡を受けた力道山は船上で兄に会った」

「恒洛は、北に戻ってこい、戻ってくれば国をあげて最高の歓迎をする。今、お前は日本で暮らしているが、その何倍もの待遇が用意されていると力道山を誘った」

「力道山は、もちろん、この誘いにはのらなかった。自分はいろいろな事業をしているから、すぐには帰れないといって恒洛と別れたということだ」

このエピソードは「力道山が死ぬ何年か前」のことだというから、仮に1960年(昭和35年)のできごとだとして計算してみると、力道山は〝公式プロレス〟上はこのとき36歳で、朝鮮の戸籍抄本に1906年(明治39年)生まれと記載されている金恒洛は54歳。想像をたくましくしてみれば、終戦から15年後、朝鮮戦争の休戦協定(1953年=昭和28年)から7年後の60年、北朝鮮でそれなりの社会的地位を築いた恒洛が日本まで実弟に会いにやって来たとしてもそれほど不思議なことではないかもしれない。

井出リサーチが〝万景号〟と記した船とは、いまでは日本でも一般に広く知られているところの万景峰号《まんぎょんぼうごう》のことだろう。井出さんは「そのような情報が流れる中に力道山がいたという事実を記録しておくだけにとどめておこう」という記述で、力道山とその兄・恒洛の再会のエピソードとその信ぴょう性については断定を避けている。

やや蛇足になるが、井出リサーチの文中には〝京城〟という単語がたびたび使われている。〝京城〟とは韓国のソウルのことだが、この表記は日本統治時代の首都・京城府を指すため、日韓国交が正常化した1965年（昭和40年）以降は、日本のマスメディアは基本的にこれを活字として——ソウルの漢字表記は存在しないためカタカナ表記で統一——使用しなくなったが、政治的には比較的リベラルなスタンスにあると思われる文藝春秋が発行する雑誌が、1983年（昭和58年）の時点で〝京城〟という漢字表記をコーテーションマークなしでそのまま使っていたのはちょっと意外な感じがする。

井出リサーチは、あくまでも力道山の出自について調査、取材したドキュメンタリーで、牛島リサーチにあったようなプロレスというジャンルそのものに関する記述はまったくみられない。『ナンバー』70号に掲載された「追跡！　力道山」はカラー全14頁にわたるグラビア記事で、最初の見開き頁には、いわゆる街頭テレビに群がる黒山の人だかりのモノクロ写真が使われている。写真上のキャプションはこうだ。

「昭和28年東京・数寄屋橋日劇前、1台の街頭テレビでプロレス中継に見入る人々（写真提供：日本テレビ）」

力道山＆木村政彦対シャープ兄弟の歴史的一戦——街頭テレビの映像——によって日本のプロレス史が本格的にスタートしたのは昭和29年2月19日だから、この「昭和28年東京・数寄屋橋日劇前——」なるキャプションはいうまでもなく誤りである。ここまで初歩的なまちがいが原稿の入稿から初校、再校、色校と編集段階での何度かの校閲をスルーして、そのまま雑誌に掲載されているという事実はまったくもって驚きとしかいいようがない。ケアレス・ミステークだとしても、この巻頭特集記事そのもののクオリティーをおとしめるものだ。

プロレス・マスコミから出た見解

牛島リサーチ、井出リサーチとは立場の異なるプロレス・ライターの庄一さんは、その後、いちどだけ力道山の出自についてペンをとっている。『デラックス・プロレス』（1985年5月号）の庄一さんの連載「プレイバック日本プロレス史」の第28回に掲載された「波乱万丈。力道山の〝ナゾの部分〟が解明」という記事だ。北朝鮮に力道山の長女がいるという記事が雑誌に掲載された直後のプロレス・マスコミとしての――あるいは庄一さん個人の――見解だった。抜粋して引用する。

庄一ナラティブ

波乱万丈。力道山の〝ナゾの部分〟が解明

力道山の長女が朝鮮民主主義人民共和国（北朝鮮）にいた！　3月1日付の一部スポーツ紙は、このほど日本で発売された朝鮮問題専門月刊誌「統一評論」3月号に特別寄稿の力道山の最初の夫人との間に生まれた長女・金英淑さん（41）の「わが父・力道山」というタイトルの手記を転載した。衝撃的な事実？　日本のプロレスの父、力道山の人生は波乱万丈。今年12月15日、23回忌が来る。

北朝鮮の力道山の長女
生い立ちの手記を寄稿

同誌の記事（「日刊スポーツ」掲載の抜粋）によると、英淑さんは現在、平壌に住み、地区の人民委員会に勤務している。手記には、プロレスで成功した父・力道山が、金日成主席の50歳の誕生日に高級自動車を贈った話や、英淑さんには体育大学生ら4人の子供がいることなどが書かれている。同誌は昨年も2回にわたり「在日朝鮮人烈士金信洛、別名力道山の秘話」と題し取り上げた。

「力道山は咸鏡南道（北朝鮮）の貧農の三男として生まれ、結婚して2年目の17歳の時、大きな体に目をつけられ、ひともうけをたくらんだ日本人に無理やり強制連行され、相撲部屋に入れられた。その後、プロレスの世界で活躍したが、日本の国威宣揚に利用されることに耐えられなかった。36年秋、祖国に残してきた娘から手紙を受け取り、妻が死んだこと、娘が自分に会いたがっていることを知り号泣……」などとリポートしている。

同誌の朴春日編集長は「力道山の本当の生い立ちを知ってもらおうと企画した。今度は、やはり北朝鮮で健在の長兄の金恒洛氏にお願いしようと思っている」と語っている。もし、この金英淑さんが実子とすれば（大正13年11月14日生まれの）力道山が16歳で北朝鮮で結婚時の子供ということになる。それに対し力道山の長男の百田義浩氏（全日本プロレス役員・レスラー）は「全くそういう人は知らない。41歳の年齢から考えると、出生時はちょうど戦争のさ中。そんな時に父が北朝鮮に行けるはずがないし、戦前は満鮮巡業などがあり、考えられなくもないが、そうなると45～46歳になっていなければおかしい。売名行為じゃないかな」と言う。

力道山が朝鮮出身というわさはかなり流布されたが、家族の話を詳しく日本に紹介したのは「これが初めて」と前出の朴編集長は述べる。（中略）

「長崎県大村生まれ。父・百田巳之助、母・たつの三男。本名・百田光浩。大村の小学校を卒業して大相撲・二所ノ関部屋入門」がプロレスラー時代の日本プロレス協会の力道山の経歴だった。多くの人は当時、それを信じた。その紹介は力道山の意思でもあった。（中略）

17歳の頃の朝鮮相撲の強者を出生地の近くの警察官駐在所の小方寅一所長（故人）が長崎県大村市出身の玉の海梅吉・二所の関親方（元大相撲NHK解説者）に紹介し大相撲入り。百田巳之助の養子となる。戸籍変更が物語る通り、力道山・百田光浩はまごうかたなき日本人。だが冷たい差別待遇の仕打ちが、のちに力道山を革新の異端児とさせ、それが虚像作りをさせたことは否めない。（中略）

北朝鮮に長女実在の謎
考えられる根拠はある

力道山にはいま別個に世帯を持つ4人の子供が日本にいる。長女、長男に二男（ともにプロレスラー）は力士時代に京都で知り合った女性との間に生まれた、と聞かされる。そして別離後は引き取った子供と、芸者あがり〔原文ママ〕の女性と長く同居した（ガンで死去）。38年〔斎藤註＝昭和、以下同〕6月5日、自民党副総裁（日本プロレス・コミッショナー）の大野伴睦夫妻の媒酌で神奈川県茅ヶ崎警察署長の田中勝五郎氏長女（田中敬子さん）と結婚式を挙げ、一女をもうける。敬子さんはいま百田家を去り、田中姓に戻る。

力道山の初土俵は昭和15年の5月場所（25年5月場所の西関脇＝8勝7敗＝を最後に自らマゲを切り廃業する。相撲協会は正式廃業を26年1月と記録にとどめる）。力道山の大相撲入りは、本人の希望とは別にスムーズに進んだ訳ではない。12年の支那事変〔原文ママ〕の発生から14年には「皇民としての鮮人」〔原文ママ〕として国民徴用令によって一連の日本への強制連行が実施された。これは某氏を介して小方氏から知らされたことだが、当時、京城〔原文ママ〕で精米所をやっていた金一家の母は「人前で裸になってやる見せもの」（大相撲）に反対。そして日本にやらせないために急いで嫁をさがし結婚式をさす――ことをはかる。一方、小方警部補は「一晩でも花嫁と寝れば、内地へはやれない」と釘を刺したとか。そして金光浩は母親の願いをかなえ、小方氏の指示に従った。私の推測するところ、そこから今回の最初の夫人との間に生まれた長女の〝北朝鮮在住説〟が出現したのではないか？

タイミング的には可能性は十分。そして力道山の年齢。戸籍では大正13年11月14日生まれとされるが、これは疑問視する向きが多い。私は日刊スポーツ新聞社の運動記者時代に親しかったプロレスラーとなった元横綱の東富士（故人）から「本当の年齢は少なくとも2歳は多い」と聞き、最も側近の弟弟子の豊登は「それ以上か」と言った。それを考え合わすと、長女の北朝鮮存在説は一層濃厚となる。長兄（力道山は三男）の金恒洛氏の平壌在住は確認とか。

力道山は戦後1度だが、内密に渡韓している。38年1月8日、韓国政府の朴一慶文相の招きで渡韓し同11日に帰国した。1月7日東京・赤坂のホテル・ニュージャパンで田中敬子さんとの婚約を発表した翌日の出発。弟子、身内の者にも内緒。婚約発表で代表質問をした私に力道山は「ちょっと家に寄ってくれ」とささやき、渡韓を明かした。ソウルの金浦空港到着をＡＰ電が流す。力道山が記者会見で「20年ぶりで母国を訪問できて感無量」と語っている。この渡韓を力道山は「神戸のプロモーターの田岡さん（故山口組3代目田岡一雄組長）の勧めで…」と某スポーツ紙に語ったが、一説によると、その後に渡韓する大野自民党副総裁の韓国首脳への根回しのための説がある。（中略）

私はかつて新日本プロレス、全日本プロレスの韓国遠征に随行、他にも渡韓しプロレス関係者のみならず多くの韓国の人と話したが、「力道山は韓国の生んだヒーロー」は一貫した言葉だった。北朝鮮にいる肉親のことも聞かされたが、その真偽のほどはつかめなかった。33年10月、金一（キム・イル＝日本でのリングネームは大木金太郎）が韓国麗水から尾道港に密入国、逮捕される。力道山に憧れての入国で、力道山は身元引受人となり大野副総裁の政治力で強制送還されず34年4月に入門。昨年12月20日の法要に大木は単身韓国から来日し墓前にぬかずいた。同日かつての一門の弟子は1人の墓参もなかった。同夜、百田家の一族を囲んでごく一部の身内が集まり、故人を回想した。私も同席した。(『デラックス・プロレス』1985年5月号、90〜91頁)

庄一さんは1923年(大正12年)生まれで、力道山の公式プロフィル上の生年月日は1924年(大正13年)11月14日。力道山のじっさいの出生年については諸説があるが、庄一さんは力道山に対して同じ時代を生きた同世代の仲間、あるいは誤解を招きやすい表現ではあるけれど〝戦友〟のような感覚を持っていたのだろう。

庄一さんが連載コラム「プレイバック日本プロレス史」に「波乱万丈。力道山の〝ナゾの部分〟が解明」というタイトルでこの記事を発表したのは『デラックス・プロレス』の1985年5月号。記事のリード文に「3月1日付の一部スポーツ紙は、このほど日本で発売された朝鮮問題専門月刊誌『統一評論』3月号に特別寄稿の力道山の最初の夫人との間に生まれた長女・金英淑さん(41)の『わが父・力道山』というタイトルの手記を転載した……」とあるように、3月1日付の『日刊スポーツ新聞』に掲載されたスクープ記事がこのコラムを執筆したモチベーションになっていた。3月1日付のスポーツ紙に対するリアクションを月刊誌の5月号(執筆と入稿は3月前半か)の誌面に掲載しているから、庄一さん——このとき62歳——はかなり敏感な反応をみせたといっていい。「……がプロレスラー時代の日本プロレス協会の力道山の経歴だった。多くの人は当時、それを信じた。その紹介は力道山の意思でもあった」

「力道山にはいま別個に世帯を持つ4人の子供が日本にいる。長女、長男に二男（ともにプロレスラー）は力士時代に京都で知り合った女性との間に生まれた、と聞かされる。そして別離後は引き取った子供と、芸者あがりの女性と長く同居した。（中略）（田中敬子さん）と結婚式を挙げ、一女をもうける。敬子さんはいま百田家を去り、田中姓に戻る」

「力道山の大相撲入りは、本人の希望とは別にスムーズに進んだ訳ではない」

「……そして力道山の年齢。戸籍では大正13年11月14日生まれとされるが、これは疑問視する向きが多い。私は日刊スポーツ新聞社の運動記者時代に親しかったプロレスラーになった東富士（故人）から『本当の年齢は少なくとも2歳は多い』と聞き、最も側近の弟弟子の豊登は『それ以上か』と言った……」

このあたりの一連の記述は、庄一さんにとっては〃知っていたけれど書かなかったこと〃の数かずなのだろう。力道山のほんとうの年齢については、庄一さん自身が本人たちから聞いたこととして東富士と豊登にかぎカッコつきでコメントさせているところが庄一ナラティブらしい。

北朝鮮に住む力道山の長女とされる金英淑さんについては「これは某氏を介して前述の小方氏から知らされたことだが……」と前置きしたうえで、「そして金光浩は母親の願いをかなえ、小方氏の指示に従った。私の推測するところ、そこから今回の最初の夫人との間に生まれた長女の〃北朝鮮在住説〃が出現したのではないか？　タイミング的には可能性は十分」と結論づけている。

「昨年12月20日の法要に大木は単身韓国から来日し墓前にぬかずいた。同日かつての一門の弟子は1人の墓参もなかった」

ひょっとしたら、庄一さんがこのコラムでいちばん書いておきたかったのはこの部分、つまり力道山一門の弟子であるジャイアント馬場もアントニオ猪木も墓参りに来なかったということだったのではないだろうか。

力士・力道山の新弟子時代

本章のしめくくりとして小島貞二さんが力士・力道山の新弟子時代のエピソードをつづったエッセーを紹介する。小島さんの著書『力道山以前の力道山たち』（1983年初版刊行）は、東京スポーツ新聞社発行の月刊タブロイド版『ザ・プロレス』に「日本大レスラー伝」（1979年1月〜1980年7月）として連載された読み物を中心に、こぼれたエピソードを書き足して1冊にまとめた作品で、取り上げているのはおもに力道山以前に活躍した日本人プロレスラーたちだが、プロローグにはやはり力道山との思い出について記している。小島ナラティブからの引用を〝結びの一番〟としたい。

力道山の新弟子時代はこうだった

私の書斎には、プロレス関係の古いスクラップ・ブックが、山のようだ。はじめは、力道山という一人の力士が、相撲をやめ、プロレスという名の、外国の格闘技に転向したという記事を張り込んだが、だんだんだんだんふくらんで、とほうもない量になってしまったのである。

一人の力士OBの動静が、プロレスという世界をつくりあげ、相撲という母屋を喰ってしまうほどに発展しようとは、昭和二十七、八年のその時点、私にはとても想像は出来なかった。

まず、力道山と私の関係から、書かなければならない。

力道山を知ったのは、彼が相撲に入って間もなくのころだから、ひょっとすると、私など一番古い知人・友人の部に入るかもしれない。

彼が力士だったころ、私も力士であった。彼は二所ノ関部屋で、私は出羽海部屋。私のほうが二年ほど、土俵の先輩に当る。部屋は違っても、土俵に青春をぶっつけ合う相撲取りの世界は、学校の同窓生や軍隊の戦友とはまた別の、一種独特の親近感を保つものだ。こういうことは、のち、力道山のプロレスの協力者となった東富士《あずまふじ》や駿河海《するがうみ》などにも、同じことがいえる。

力道山の入門は昭和十五年の二月。新弟子検査は五月六日に行われて合格する。相撲協会の記録には、「出身地朝鮮、四股名力道山、本名金信済〔原文ママ〕、年齢十八歳（数え）、五尺七寸六分（一メートル七五）、二十二貫三百（八四キロ）」と残る。

生年月日も協会への届出は、大正十二年七月十四日となっている。プロレスラーになってからの、大正十三年十一月十四日とは、一年以上違う。

このとき、八十九名の新弟子が合格、五月場所に初土俵を踏む。（中略）

序ノ口（西の中軸）に名がのったのは、その翌場所（当時は年二タ場所）〔原文ママ〕の十六年一月で、番付には「朝鮮　力道山昇之助」とある。（中略）

「肥前　力道山光浩」とかわったのは、次の場所（十六年五月）序二段中軸に上ったときで、結局、これが力士時代、プロレス時代を通じてのフルネームとなるわけであるが、途中、三段目のころ「力道山信洛」と書かれたこともある。下っ端力士の番付は、えてして番付書きの独断やミスが、そのまま罷り通る場合が少なくない。私の場合も、届けは「貞二」であるが、番付には「定次」と書かれたこともある。力道山の場合の「信洛」も、その伝かもしれない。

力道山が朝鮮出身であることを、新しい発見のように書く人もいるが、相撲界ではみんな知っていたことだ。当時、朝鮮はおろか、台湾、あるいはアメリカからの力士も少なくなく、別に仲間うちが差別の目で見るようなことはなかった。

力道山と咸陽山《かんようざん》（出羽の海部屋の巨漢）の二人は、朝鮮出身では超有望力士として、その出世競いが注目されていた。

私は、昭和十七年五月場所を直前にして、父が死に、時局もあり、また格闘技に向かない自分にあいそをつかしたこともあって、マゲを切って、博文館の『野球界』編集部に入った。力士から編集者への転向は、百八十度のヘンシンと当時いわれたが、多少の学歴もあり、力士以前に漫画を描き、雑文でメシを喰っていたという経歴が、この際役立ったものだ。

以来、相撲記者として、取材側に立ち、むろん力道山の動静も、つぶさに見て来ている。

当時の思い出の一つに、力道山も出席した座談会がある。昭和一七年十二月号の『野球界』の、「幕下有望力士放談会」で、力道山は、

「おかげで今は非常に元気です。二十五貫五百ばかりあります。物言いを付けるようで変ですが、僕は半島出身のようになっていますが、親方（玉ノ海）と同じ長崎県ですから、よろしく」

と、語っている。私の下手な似顔漫画がついているのは、写真よりも漫画でゆこうとした編集方針であったろうか。（中略）

力道山は、戦後間もなくのころ、すでにオートバイをのりまわし、いまの暴走族のハシリのような存在であった。杉並のお寺に、二所ノ関部屋が疎開していたとき、深夜オートバイで帰ると、風呂敷包みをかかえ境内に身をひそめる若い小力士二人を見つけ、なぐりつけた。若き日の若乃花（のちの横綱。現二子山）と、琴ヶ浜（のち大関）であった。

二人は食糧事情の乏しさに耐えかねて、逃げ出す寸前だったのである。力道山がオートバイに乗っていなかったら、相撲界の人脈もまたかわっていたかもしれない。

力道山の力士生活は、昭和十五年五月から二十五年五月まで、丸十年続く。プロレスは昭和二十六年十月の初マットから、現役で没する三十八年十二月までだから、丸十二年にわたる。彼の格闘技の半分は力士生活が占める。（中略）

力道山は二十五年五月、関脇で八勝七敗と勝ち越し、大関への足がかりを固めながら、その九月（秋場所）を直前にして、スパッとマゲを切り、ファンを唖然とさせた。

そして、プロレス入りを志すのであるが、実は、二十五年の暮れ、力士会で増位山（二十五年一月限り大関で引退。現三保ヶ関）と力道山（彼の場合は廃業）の、復帰問題が真剣に討議されたことがある。「まだ取れるのに、惜しいではないか」という意見で、力士会長の横綱東富士の根回しが成功したかに見えた。

だが、「廃《や》めた力士の、現役復帰は前例がない」という相撲界の鉄則の前に、この問題は闇に葬られた。

そのころ、力道山が土俵復帰の日にそなえて、毎朝二所ノ関部屋で、稽古をしていた姿も、また印象的だ。あり余る体力と若さの爆発が、彼をプロレスに引き込んだのだと、私は見る。

昭和二十六年五月、蔵前の仮設国技館で、相撲見物に来ていた力道山に会ったことがある。現役時代より腹がグッとせり出し、体重も見た目、三十三貫（一二四キロ）は完全に上回っていた。

「元気そうだね」と、声をかけたら、「うん、相撲取りのころ出なかったこいつ（と、太鼓腹を叩いて）が、いまごろせり出しやァがった。少し、へこまさないといけないから、運動やっているよ。元気いっぱいさ」と、豪快に笑っていた。（『力道山以前の力道山たち』、8〜16頁）

力道山が相撲取りだったころ、「私も力士であった」小島さんは、力道山を「土俵に青春をぶっつけ合う相撲取りの世界」の「古い友人」ととらえ、力道山がプロレスラーになったあとも「一種独自の親近感」を保っていたという。庄一さんの文体が資料のようなシャープな切れ味だとすると、小島さんのそれにはいかにも随筆家の温かみ、落語か講談のような口語的なリズム、人間くささがある。

「力道山が朝鮮出身であることを、新しい発見のように書く人もいるが、相撲界ではみんな知っていたことだ。（中略）別に仲間うちが差別の目で見るようなことはなかった」という一節には、小島さんの力道山への愛があふれている。力道山の友人であり、力道山とじっさいにことばを交わしたライターによる述懐はたいへん貴重だ。

本章で検証した牛島リサーチ、井出リサーチがその典型的な例であるように、力道山の出自をめぐるストーリーはどうしても政治的なイシューにならざるをえない。それは力道山が〝時代の子〟であり、日本の戦後史、戦後のスポーツ史、戦後のメディア史を語るうえでひじょうに重要な歴史上の人物であるからにほかならない。

力道山が生まれた時代の朝鮮半島は大日本帝国（日本）の植民地で、大韓民国（韓国）も朝鮮民主主義人民共和国（北朝鮮）もまだ存在していなかった。力道山は10代の若さで朝鮮半島から〝本土〟にやって来て、日本の国技とされる大相撲の世界に入り、10年間の力士生活のあと、約1年間のブランクを経て、アメリカから輸入されたまったく新しいプロスポーツであるプロレスに身を投じた。

力道山の出自と日本国籍取得にまつわるエピソードとエビデンスはおそらくこれからも政治的なイシューでありつづけるだろう。しかし、力道山のプロレスと力道山の遺した足跡は政治的なイシューにとどまるものではなく、昭和の文化のストーリーであり、スポーツ・ヒーローの物語であり、プロレスというジャンルにおいては日本だけではなく世界史のなかに位置づけられる〝伝説〟である。

力道山をもっとよく知ろうとする試みは、プロレスをもっとよく知ろうとする試みなのだ、とぼくは考える。きょうも東京のどこか、日本のどこかでおこなわれているプロレスの試合（興行）は、かつて日本じゅうを熱狂させた力道山のプロレス、力道山が開祖となったこの国のプロレス文化の現在進行形。その歴史はとぎれることなくちゃんとつながっているのである。

五章　力道山Ｖ　プロレスとメディア

メディアイベントとして誕生した日本のプロレス

アメリカのプロレスと日本のプロレスにひとつだけ根本的なちがいがあるとしたら、それは日本のプロレスが〝誕生〟したそのときからメディアイベント――ハードウェアとソフトウェアの両面でマスメディアが深くかかわった――、メディアのメガイベントであったことだ。

アメリカでプロレスの興行がはじまったのは1850年代で、プロレスというジャンルの発展は（1）1850年代から1900年あたりまで、（2）1900年代から1950年代まで、そして（3）1950年代から20世紀の終わりまでのそれぞれ約50年の3つのブロックに分類することができる。日本のプロレスは、この（3）のブロックから派生したものだ。

アメリカでは（1）と（2）の時代は新聞報道（大衆紙、タブロイド紙を含む）によって試合の宣伝、選手のインタビュー記事、試合結果などの情報が〝床屋談義〟的なリズムでゆっくりと伝達された。

19世紀の終わりから20世紀初頭にかけてプロレス関連の記事を定期的に掲載していた新聞では、公称40万部といわれた大衆紙『ナショナル・ポリス・ガゼット』が有名で、同紙は〝活字プロレス〟の初期モードのような役割を果たしたが、プロレスのメディアイベント化、メガイベント化に貢献したとはいえない。

アメリカでプロレスのテレビ中継がはじまったのは第二次世界大戦後の1948年あたりからで、プロレスはテレビという新しいメディアのキラー・コンテンツとして大ブームとなり、〝時代の子〟としてゴージャス・ジョージという国民的スーパースターが出現した。

しかし、アメリカのテレビでプロレス番組が全米中継されたのは1955年あたりまでで、ブームの沈静化とともにプロレスのテレビ中継もその後、各州に開局したローカル局のローカル・ベースの低予算の番組へと姿を変えていった。現在でもそれは変わっていないが、基本的に、アメリカの新聞メディアがプロレスをスポーツ面で報道することはほとんどない。

やや蛇足になるが、アメリカでネットワーク局制作のプロレス番組の全米中継が復活するのは、それから30年後の1985年5月。WWE（当時はWWF）とNBCが共同プロデュースした〝サタデーナイト・メインイベント〟という番組だった。

日本ではプロレスの本格的な興行がスタートしたときから『毎日新聞』が後援し、力道山&木村政彦対シャープ兄弟の〝歴史的な一戦〟はNHKと日本テレビが生中継で放映。『読売新聞』、『朝日新聞』もスポーツ面でこれを報じた。力道山の時代からジャイアント馬場、アントニオ猪木の時代まで、日本では日本テレビとテレビ朝日がハードウェア（放映権料という形の資本注入）とソフトウェア（全国ネットによるテレビ中継）の両サイドからプロレスというジャンルを支えてきた。

１９５１年（昭和26年）９月にボビー・ブランズ一行のプロレス一座が初めて日本にやって来たとき、１９０５年（明治38年）生まれの田鶴浜弘さんは46歳で、１９２３年（大正12年）生まれの鈴木庄一さんは28歳。ふたりともすでにジャーナリストとして活躍していた。

ここで力道山のプロレスラーとしてのデビュー、１９５２年（昭和27年）２月から１９５３年（昭和28年）３月までのアメリカ武者修行、帰国後、同年７月の日本プロレス協会設立、そして、翌１９５４年（昭和29年）２月、シャープ兄弟を招いての初の〝国際試合〟開催までの流れを順を追ってかんたんにおさらいしておいたほうがいいだろう。

力道山とハロルド坂田の出逢いと〝活字プロレス〟化されたいくつかのストーリーについては、別項でくわしく記したとおりだ。力道山は、昭和26年10月28日、メモリアルホールでのブランズ一行の４度目の慈善興行でブランズとの10分１本勝負のエキシビション・マッチでデビュー。庄一ナラティブによれば「首投げ、小手投げ、そして覚えたばかりのボデースラム、ハンマー投げ、真似ごとのトーホールドを出す。力士時代に勇名をとどろかせた張り手（のちに横綱となる千代の山を張り倒したこともあった）をやたらと繰り出す。思えば、それが空手チョップの発端か――。10分間を持ちこたえて、やっと引き分けにこぎ付けた。締め切った控室ではミエも外聞もなく、大の字にノビた」（『鈴木庄一の日本プロレス史・上』、19頁）。

力道山がハワイでの武者修行に出発したのは、翌年、昭和27年２月３日。庄一さんの記述は「ブランズらの招へいの橋渡しをした、ＧＨＱ司法局のフランク・スコリーノ弁護士が仲介人となり、ブランズと契約を結ぶ」(同書、22頁)とちょっとカタイ感じだが、田鶴浜さんはこのあたりのいきさつをもうちょっとユーモラスに描いている。

田鶴浜ナラティブ

昭和二十七年二月、プロレスラーとして本格修業を決意した力道山は、ハロルド・坂田の手びきで羽田からハワイに飛び立った。当時の力道山は相撲時代からヒイキだった新田新作氏(故人)が社長である新田建設株式会社勤務で、はじめ新田社長は、彼のプロレス入りに対して、きわめて慎重だった。無理もない、新田氏にすれば、当時はプロレスなどという舌をカミそうな怪しげな〝毛唐相撲〟〔原文ママ〕などで、いやしくも日本相撲協会番付で関脇まで張ったレッキとした元関取りが、名を汚がすような真似はウッカリさせられない——と思ったに違いない。

だが、いま一人、力道山の相撲時代からの後援者であり、よき理解者であった浪曲興行の永田貞雄氏が、新田社長をうまく納得させてくれたのがよかった。永田氏の骨折りには、アメリカの興行界やプロレスを知っている松尾邦三氏〔原文ママ=国三〕や財界の先覚者である今里広記氏などの口添えもあったらしい。ここで、いよいよ、力道山は、ハワイの名トレーナーで、後年の日系大レスラーであった沖識名について猛トレーニングに入るのである(『日本プロレス30年史』、25〜26頁)。

力道山は昭和28年3月、1年1カ月間のアメリカ武者修行を終えて帰国した。アメリカでの戦績についていては、これもまたさまざまなナラティブがあり、田鶴浜さんは「ハワイ、アメリカ本土での試合成績は三百試合――そのうち敗戦は、タッグを含めて五試合、シングル戦で敗れたのは、タム・ライス、フレッディ・アキャッセン、レオ・ノメリーニの三人だけだった」とし、庄一さんは「各地の転戦で260戦を超す試合をこなし、敗戦はシングルでレオ・ノメリーニ、タム・ライス、フレッド・アトキンスの三人。あとはタッグマッチで二度、それもパートナーが負けたもの、と力道山は胸を張った（人々は信じた）」とややふくみをもたせた。これらの試合数と戦績、力道山がアメリカ本土をツアーしたさいのこまかい日程などを裏づける公式記録は存在しない。

日本プロレスリング協会が正式に発足したのは、この年の7月30日。そのまえに、力道山の後援会長の新田新作・明治座社長を初代社長に日本プロレス興業株式会社（資本金50万円）が設立され、東京・中央区日本橋人形町の新田建設の資材置き場があった場所に「力道山道場」が建設された。

日本プロレスリング協会会長は、酒井忠正・日本相撲協会横綱審議会会長（発起人代表）。理事長は新田新作（明治座・新田建設社長）。常務理事は永田貞雄（日新プロ社長）、林弘高（吉本映画社長）の2名。理事、発起人には政界から太田耕三（元文部大臣）、財界から今里広記（経済同友会）、吉田秀雄（電通）、興行界から松尾国三（歌舞伎役者・実業家・芸能プロモーター）、永田雅一（大映社長）、相撲界から出羽ノ海秀光（相撲協会理事長＝当時）、官界から加賀山之雄（前国鉄総裁）ら各界の実力者たちが名を連ねていた。

力道山は同年10月、4カ月間のスケジュールで2度目のアメリカ遠征に出発。昭和29年2月12日に帰国し、2月19日から21日までの東京・蔵前国技館での3日間連続興行をはじめ、全国縦断のシリーズ興行（全14大会）を開催。ここから日本のプロレス史がスタートすることになる。

ただし、プロレスの興行、テレビ中継をいちばん最初に手がけたのが力道山の日本プロレス協会だったかというと、厳密にいうとそうではなくて、〝力道山プロレス〟よりもひと足先にプロ柔道出身の山口利夫が大阪で日本初のプロレスの興行をおこない、NHKが試験電波でこの模様を中継していた。庄一ナラティブから引用する。

庄一ナラティブ

東の東京で力道山が日本プロレス協会を発足させ、力道山トレーニング練習を公開（二十八年七月三十日）〔斎藤註＝昭和、以下同〕し、プロレスがジャーナリズムの脚光を浴びる時、西の大阪でもプロレスはうぶ声を上げる。組織もまだ出来ておらず、また幼稚なものではあったが、試合、興行としては西の方が一歩先。その先べんはプロ柔道の山口利夫六段がつけた。山口は力道山が日本プロレス協会を発足させる十二日前の昭和二十六年〔原文ママ＝昭和28年の誤り〕七月十八日、大阪府立体育会館で史実に残る歴史的なプロレス興行の旗揚げをする。

看板は「柔道が勝つか、相撲が勝つか！」の謳い文句。柔道出身の山口利夫と大相撲出身の清美川梅之（元小結）の対決。山口は二十六年一月に木村政彦とハワイ、米本土に、さらに六月には再び木村と南米、欧州を転戦し、力道山より先にプロレスを体得している。清美川はプロレスの実際はまだ知らなかったが、大横綱・双葉山を破ったこともある美男の人気力士で、実業団相撲の雄・大谷重工相撲部の師範となり争議から職を辞していた。力道山がプロレスの旗揚げを計画していることを知った山口が、人を介して清美川に呼び掛け両者のプロレスの対決——力道山の先手を打った、と私は聞いている。（中略）

本場でプロレスをやった山口と、見よう見真似で胸を借りる清美川では、問題にならなかった。山口は清美川にフォール勝ちした。あとの試合は大正から第二次大戦前にあった「柔拳」といわれる柔道家対外人ボクサーの対戦だった。当時とすれば型破り、初ものの自称プロレスであったが、それなりの浪花っ子の関心を集めた。私はただ好奇の目で、それを見守った記憶がある。（中略）

東の力道山の日本プロレス協会に対抗して、山口利夫、清美川を中心に大阪に設立された全日本プロレス協会（松山庄次郎会長）は昭和二十九年二月六、七の両日、大阪府立体育会館で毎日新聞社後援の「マナスル登山後援募金・日米対抗プロレス試合」を行なう。力道山が世界タッグ選手権者のシャープ兄弟を招いて二月十九、二十、二十一の三日連続、蔵前国技館で本格的国際試合（木村政彦、山口、清美川らも参加）がフタを開ける十三日前だった。

その興行には日本側は山口、清美川のほか、大相撲から大谷重工で活躍した長沢日一（原文ママ＝日一）（のち日本プロレス）、柔道界から戸田武雄六段、市川登五段らが参加し、外国側は駐留米軍兵士のブルドッグ・ブッチャーを初めタイガー・ジャクソン、ストラングラー・ジョニー、ヘンリー・ジャニー、キラー・ユセフらが出場している。（中略）この二日間興行は毎日新聞社の後援ということもあり、大阪府立体育会館は満員。二日目は開始三時間前には札止めとなる盛況ぶりだった。そして特記すべきはその初日、NHKが試験電波とはいえ、関西から静岡までの地域にこのプロレスの中継をしたこと。アナウンサーは鈴木文弥、解説は谷口勝久（毎日新聞運動部）だった。この十二日後の二月十九日蔵前国技館の本格的国際試合のフタ開けをNHKと日本テレビが並列してテレビ実況中継（NHKは初日のみで、日本テレビは二、三日目も放映）をするが、国際試合とともにテレビ実況中継（試験放送でも）が東京より大阪が先んじたことは、関西のプロレス・ファンは鼻を高く出来よう。（『鈴木庄一の日本プロレス史・上』、43〜47頁）

〝力道山プロレス〟と〝街頭テレビ〟の社会現象については――プロレス・マスコミに限らず、映像メディアでも、活字メディアでも――これまでありとあらゆるマスメディアによって日本の戦後史の象徴的なワンシーンとして描かれてきたが、これをリアルタイムで、しかもひじょうにディープな場所で体験したジャーナリストはそれほどたくさんはいない。田鶴浜さんはこう記している。

――田鶴浜ナラティブ

まだ日本では、海のものとも、山のものとも知れないプロレス試合を買う興行師などざらにはないから、シャープ兄弟を迎えての全国各都市での地方興行シリーズは、協会の手打ち興行としての覚悟でかからなくてはならないので、興行の責任を背負う肚を固めた常務理事の永田貞雄氏は、彼の持っていた歌舞伎座近くの料亭「盧花」を千八百万円で思い切りよく売り払って、準備資金を用意したというから、彼のプロレスに賭ける決意はなみなみではなかったのである。

後援する新聞社としては、前のトリイ・シュライナース・クラブでの日本人公開試合の収益を、肢体不自由児協会募金チャリティ興行として後援した毎日新聞社が、今回は、マナスル登山基金募集として後援した。テレビ放映は、NHK（蔵前国技館における初日）と、開局早々の日本最初の民放局である日本テレビが、蔵前国技館で行なわれる三日間全部の中継放映を引きうけたが、日本テレビのスポンサー探しは当時、容易でなかったようだ。そのスポンサー第一号に決まったのは山一証券〔原文ママ〕、次いで日本製鋼(株)、ケンシポマードの三社。当時の山一証券大神一社長は太っ腹であった。

「そのために重役会を開きましたが、大神さんの鶴の一声で、大枚四十万円――今のお金だったら四千万円でしょうネ――何しろ、あのときは、まだプロレス興行を一度だってやってもいないことだし、テレビ受像機のある家庭なども、めったにありゃしない、完全なミヅテンで、プロレス中継にポントと〔原文ママ〕出したンですヨ」。

と藤田寛治氏（当時の山一証券宣伝担当・常務取締役）の述懐である。（中略）

日本最初のプロレス――シャープ戦中継放送の初日を佐土一正アナウンサーと、二日目を江本三千年アナウンサーと、それぞれ組んで、マイクの前で解説者をつとめることになった筆者に、正力社長〔斎藤註＝正力松太郎〕が、じきじきこういわれた。

「……力道山が、白人を投げとばすプロレスリングは、日本人に勇気を与える。ワシはそう思っとる……そのつもりで、キミ、ご苦労だが、しっかり解説をやってくれ給え。放映は、ワシが考え出した街頭受像機で、一般の人々にテレビ中継を見せるというやり方だ。キミ、これは世界中どこにもない――街頭テレビを、ワシは関東一円に二百二十台置いたから、そのまわりに集まる人数は、何十万人、いや百万人という驚くべき人数だから、プロレスリングはきっと日本で盛んになるし、それに伴ってテレビの受像機の普及に大いに役立つぞっ」

果たして、結果は、まさに正力さんお見通しの通り、シャープ戦の成功も、その後のテレビの普及繁栄もズバリ予見の通りになるのである。（中略）

シャープ戦におけるプロレス人気の一つの露顕として、正力構想による街頭テレビの模様をつけ加えておく。

当時（昭和二十九年）のテレビ受像機の普及率は関東の一都六県に長野、山梨、新潟の三県を加えても、やっと一万二千台という状態であった。規模の大きい飲食店、ホテルに設けられた程度で、家庭の茶の間には無縁、NTVは正力会長の発案で関東エリアの人の集まる広場などに街頭受像機を二百二十台設置してテレビの普及をはかった。

この〝街頭放映〟の第一波がシャープ兄弟を迎えての第一戦で、力道山の〝カラ手の嵐〟の胸のすく場面が大うけしたせいか、翌二日目の晩は、プロレス放映の時間が近づくと、東京都内の大通りからタクシーが消えてしまった――それというのはタクシー・ドライバーのほとんどが、車を止めて、街頭受像機に群がったからである。また、テレビのある喫茶店や電機屋さんの店頭から舗道にまで群衆があふれ、店頭が、こわされる騒ぎも続出……という有様だったから、街頭受信機の周囲は、どこもここも警官の交通整理も及ばす、交通止めになってしまった。

国技館でのシャープ戦三日目には、テレビ受像機のあった新橋西口駅広場などは、二万人を越える大群衆を〝め組〟のハッピ姿が総出で物々しい警戒整理にあたったのは、初日、二日目の騒ぎ突発〔原文ママ〕で、日本テレビ側が、早手廻しの手配のせいだった――と、当時のNTV街頭受像機を管理する総元締めだった大森茂さん（現在は中京テレビ取締役）の話である。（『日本プロレス30年史』、39～41頁）

正力松太郎といえば〝プロ野球の父〟〝読売新聞の父〟というイメージがひじょうに強いが、これまであまり論じられてこなかったことではあるが、ひょっとすると事実上の〝日本のプロレスの父〟でもあったのかもしれない。もちろん、そこにはテレビの普及というより大きな目的があったことはまちがいないが、正力の発案による〝街頭テレビ〟が存在しなかったら、プロレスがあそこまで爆発的なブームになることはなかっただろうし、力道山もまたあれほどの国民的なヒーローになることはなかっただろう。日本のプロレスは、正力のアイディアによってメディアイベント、そ

れも空前のメガイベントとしてそのスタートを切ったのだった。

日本における初めてのプロレスのテレビ中継で解説者をつとめたのが田鶴浜さんで、その田鶴浜さんと会話を交わした正力のコメントが「……力道山が、白人を投げとばすプロレスリングは、日本人に勇気を与える。ワシはそう思っとる。（中略）プロレスリングはきっと日本で盛んになるし、それに伴ってテレビの受像機の普及に大いに役立つぞっ」というかぎカッコつきのナラティブになっている点もひじょうに興味ぶかい。正力とプロレスの関係について、田鶴浜さんはこうも記している。

田鶴浜ナラティブ

日本プロレスを育てた二大支柱の一本は、日本テレビだが、まず最初に書かねばならないことは、正力さんとプロレスの関係だ。私は、むしろこれは単に《日本プロレスを育てた人々》という以前のものであった——と思っている。

つまり、〝大正力〟の胸中にあった戦後の日本復興と再建に役立つためのテレビが果たす社会的役割りへの構想は、壮大であったが、少なくとも、その一端の露頭を、世間に示めすことになる手っ取り早い一番手が、プロレスとの出逢いであったろう。（中略）

そもそも、正力さんが、テレビ放送を決心された当時のことを、筆者の聞きかじった断片などから判断すると、最初の開局申請に対し時の総理吉田茂首相は、時期尚早という観点から反対意向だったと聞く。

吉田総理の場合、民営テレビに対する考え方は、娯楽であり、したがって当時の日本人に、テレビはぜいたくだ——と受けとられたように思う。

正力さんの意図は、全く違っていて、テレビこそ、戦後日本の復興と再建に、文化の発達にたいして、勇気と自信の低下した日本民族の志気高揚など、国家社会に役立たせられるという確固たる情報産業観を踏んまえられての〔原文ママ〕テレビ進出であった。

この、吉田茂総理と正力松太郎両者の相反するテレビ観は、観念の出発点における大きい食い違いがあった。それゆえに正力さんは苦労もされたようだが、その点が氷解したあと、日本テレビ開局の頃には、さすがのワンマン吉田茂氏も〝正力くんの先見の明にはカブトを脱いだヨ〟と祝辞を述べられたと聞く。（中略）

プロレスと日本テレビを結ぶ必然性は、〝力道山プロレス〟が、テレビ事業に取り組まれた正力さんのお考えやら方向に一致していたからこそで、それは、正力さんが、筆者に語られた次の三つの言葉でも、はっきりと分る。

まず第一に、日本テレビを〝戦後の日本の復興と繁栄に役立てる仕事〟といっておられた。

第二に、「近頃の若い奴らは、利口だが、いじけておらンかネ……自信と勇気を日本人は取りもどさなくてはいかんヨ……日本の復興は、まず青少年の志気の振興」という世代評を折にふれて伺っている。

第三には、シャープ兄弟を迎えてのプロレスによる街頭受像機が、大成功を収めた快心の心境のとき「力道山のプロレスは、日本人に勇気と自信を与える」と高く評価しておられたことだ。

世界中に例のない街頭受像機は、テレビ普及のネライで、正力さんが創案された独創的なものだが、ひところは日本テレビ社内でも反対の多かったのを、押し切って設置されたと聞くが、シャープ兄弟を迎えてのプロレス中継放映によって大成功を収めたものであり、同時に、それがまた、日本プロレス創成の成功をもたらすので、一口にいうと、大正力独創の街頭受像機が、日本プロレスを生んだといっても過言ではない。

すでに、このとき以来（昭和29年2月）〝大正力〟と力道山の間には切っても切れない固いきずなの結びつきがうまれたはずである。

昭和32年夏には、正力さんが、三菱電機（当時の高杉社長、関副社長、大久保常務ら）〔斎藤註＝高杉晋一社長、関義長副社長、大久保謙常務〕に要請して、日本プロレスの力道山との間で、〝今後は、プロレスを三菱電機が全面的にスポンサーとして引きうけ、日本テレビで放映〟という、三社間の固い契約を結び、これが、その後、長く日本プロレス育成発展に、日本テレビと三菱電機が二大支柱となる盟約を固めるのである。

つまり、日本プロレス成長期を支えた二本柱の出発は、〝大正力〟みずからが音頭取りであった。

したがって、正力さんは〝プロ野球〟の父であると同様に〝日本プロレスの父〟として、生みの親であり、育ての親でもあるので、今日の日本のプロレスは、文字通り、正

力さんが残された遺業の一つであることに間違いない。（『日本プロレス30年史』、182〜183頁）

プロレス対柔道からシャープ兄弟来日まで

いまから40年近くまえのプロレス専門誌に、ひじょうに興味ぶかい座談会記事が載っている。『プロレス』誌（ベースボール・マガジン社）の1979年（昭和54年）4月号から7月号まで4カ月連続で掲載された短期集中連載企画で、タイトルは「特別企画バトンタッチ座談会　各時代の証人による日本プロレス30年の軌跡」。座談会の出席者は田鶴浜さん（ここでは〝プロレス評論家〟〝日本ボディビル協会副会長〟と紹介されている）、九州山（肩書は〝元小結、元日本プロレス・レフェリー〟となっている）、工藤雷介（柔道新聞社主、元日本プロレス・コミッション事務局長）の3氏で、司会・進行は庄一さん。

この座談会がおこなわれた時点で、田鶴浜さん（1905年＝明治38年生まれ）は74歳、工藤氏と九州山氏（いずれも1913年＝大正2年生まれ）は66歳、庄一さん（1923年＝大正12年生まれ）がこのなかではいちばん若く、56歳だった。座談会の形式にはなっているが、出席者のコメントを原稿におこしたのはおそらく庄一さんなので、この記事もまた広い意味での庄一ナラティブとカテゴライズすることができる。
日本のプロレスの創成期、それぞれ異なる立場で〝力道山プロレス〟に深くかかわった4人の関係者が、1979年（昭和54年）を〝現在〟として、その時点での日本のプロレス史30年をふり返りながら、第1回（昭和26年〜昭和29年）、第2回（昭和29年〜昭和30年）、第3回（昭和30年〜昭和31年）、第4回（昭和32年〜昭和33年）という順番で、日本プロレス史の最初の8年間を総括している。すでに4氏とも故人だから、その生の声は貴重であり、コメントの数かずはひじょうに資料的な価値が高い。とくに田鶴浜さんと庄一さんの会話からは、プロレス・ライターとしての両者の歴史解釈を読みとることができる。座談会の内容を抜粋して引用していく。

PARTⅠ　第1回（昭和26年〜昭和29年）
日本伝統技、相撲、柔道の合体で白人を投げ飛ばし拍手喝采
ブランズら来日の約三十年前
すでに胎動し始めたプロレス

鈴木　現在の日本のプロレスは直接には、戦後の駐留軍下にあった時、ブランズら七人の外人レスラーが来日しプロレスを公開。力道山、遠藤が飛び込み、そして力道山、木村、山口らによりシャープ兄弟を招いての国際試合を行ったのが発足の主流といえようが、そこに至るまでにおいて、いろいろの過程があったが…。

田鶴浜　確かにそのとおりだ。だが戦前、すでに国内でいくつかのプロレスの動きがあった。私の知る代表的なものは、大正十年にエド〔原文ママ＝アド〕・サンテルが来日し東京・九段の靖国神社境内で講道館を飛び出した庄司彦雄〔原文ママ＝彦男の誤り〕四段がプロレス対柔道の他流試合（引き分け）をやり、また昭和の初め東京・日比谷の国民新聞の地下に荻野貞行さんがボクシング・ジムを作ったとき、その中にプロレスのクラブを作っている。しかし相撲、柔道という国技の格闘技のある日本では、戦前には、外国のプロレスが育つほどの土壌はなかった。日本アマチュア・レスリング協会が発足したのは昭和七年だから、庄司がプロレスを初めた〔原文ママ〕のはそれ以前だった。

工藤　戦後、講道館がどうなるかわからない柔道の暗中模索時代に、木村、山口らによってプロ柔道（国際柔道協会）が発足した。木村、山口らは柔道家として何とか生きようとしての工夫だったろう。だが〝武家の商法〟ならぬ、しょせんアマがプロの興行で生き抜くことは不可能で半年そこそこで潰れた。

鈴木　私もその発足から最後の興行まで見た。工藤さんの指摘されるとおり、さんざんの興行だった。だが私は、消滅したがプロ柔道はプロレスの捨石だったと思う。その証拠には二十二人のこの人達の中から木村、山口、遠藤、それに高木清晴（月影四郎）、宮島富男らがプロレスラーとして再起している。

九州山　大相撲の高砂親方（元横綱前田山）が八方山、大ノ海（現花籠理事）、藤田山を連れて渡米したね。親方は先に帰国したが、残った連中は食うためにプロレスをやっている。力道山が渡米する以前のことだ。

田鶴浜　力道山、遠藤がアメリカでプロレスのリングに上がる以前に、柔道の木村、山口、大相撲の大ノ海、藤田山らが向こうでプロレスをやったことは日本にプロレスが上陸する一つの引き金になったことは事実だ。

鈴木　そうなんです。ブランズらは在日の宗教団体シュライナースクラブの招きで国連軍の慰問と、身体不自由児の救済募金の慈善興行で来日したが、その橋渡しをしたのがGHQ、司法局のフランク・スコリーノス氏で、同氏は大相撲の渡米の斡旋をしたし力道山の渡米もその線からだった。ブランズは木村、山口を米国で知り、大ノ海、藤田山も知った。だから来日したブランズは「日本には大相撲、柔道の格闘技がある。その中からはプロレスの世界チャンピオンになれる人材がいる」といみじくも喝破している。

工藤　ブランズらの来日は表面的には、慈善興行という看板はあったが、一つには日本がプロレスのマーケットになれるかの市場調査と、プロレスラーの発掘にあったのではないか〔原文ママ〕…、というのは他にも日本への進出を計画しているグループがあった。ハワイの柔道家でプロレスもやった樋上蔦雄（ラバーメン樋上）の一派で、ブランズらに先を越された。樋上は木村、山口にプロレスを教えた。

鈴木　私ものちにハワイで樋上さん（故人）からその話を直接聞いた。それを裏付けることの一つに、ブランズらが来日してプロレスラーのなり手を募ったとき、力道山、遠藤と共にプロ柔道にいた坂部保幸が一日だけトレーニングに参加している。このとき木村、山口とハワイに渡った坂部は、すでにプロレスを二人より先に知っていた。だが坂部はプロレスラーにならなかった。

一足早かった山口らの旗あげ
そこから選手を借りた力道山

工藤　プロ柔道で挫折した木村、山口が、アメリカで覚えたプロレスを日本でやり、再起しようとしたのはまぎれもない事実。で山口は直接行動に出た。私のところにやって来て「力を貸してくれ」と頼んだ。そこで私は後楽園スタジアムと交渉した。球場のスタンドの下に道場を作らせてほしいと田辺宗英社長にお願いし一応のOKがあった。しかし現場から反対されて、実現出来なかった。あとでわかったことだが、プロ柔道時代に山口が不義理をしたことがあったんだな。でも山口は、大谷重工にいた元幕内の清美川を引っ張り出し、大阪で〝柔道が勝つか相撲が勝つか〟のプロレスもどきの興行をする。力道山が日本プロレスを設立する以前のことだ。食っていくための手段だったな。

九州山　ブランズらが来日してメモリアルホールでの三度目の興行だったと思うが、力道山がブランズと初試合をした。けいこはしたろうが、飛び入りだ。力道山（二所ノ関部屋）は部屋は違うが、大相撲で私の後輩（九州山は出羽ノ海部屋）。当時、力道山は前年の五月場所を最後に自らマゲを切り、新田建設の資材部長をしていた。大相撲への復帰運動もあったほどで、元気いっぱいだった。私は新田建設の新田新作社長とは同じ町内にいて知り合いだったし、東富士を紹介した。力道山は一時、横綱・東富士の太刀持ちをしたこともあり、その線から新田建設に入った。だが新田社長は初め力道山がプロレスをすることに反対した。最後は承諾し、応援することになるが…。（中略）

鈴木　私はある関係からブランズらの最初の外人だけの興行にもタッチしたが、ガラガラの客の入りでもブランズは平気なんだな。そのうちに「日本人もプロレスの面白さがわかるよ」と言うんだ。そして日本人からプロレスラーのなり手を物色した。たまたま力道山が坂田とのトラブル（当時東京・銀座にあったナイトクラブ「花馬車」〈原文ママ＝銀馬車の誤り〉でのケンカ寸前の出来事）からプロレスのトレーニングに参加する。東京・芝のシュライナースクラブ（旧水交社）内に作った板張りのジムでけいこをつけたブランズが、力道山を「こいつはものになる」と言ったのは、さすがに目があった。

九州山　力道山は相撲時代から思い切った、派手なことをやる男だった。最初に渡米するとき東京・目黒の雅叙園で壮行会をした。私はそのとき司会をやったが「花を咲かせなくては帰らない」と言った。プロレスも知らず、英語もろくすっぽ話せないで、大手を振って渡米するんだからたいしたヤツだ。一年ちょっとの修業から帰ると「日本でプロレスをやるんだ」という。そして東京・日本橋浪花町の新田建設の資材置場に掘っ立小屋の道場を作り、日本プロレスリング協会を設立した。その披露のときも、私は司会をした。力道山と遠藤がエキシビションを公開した。それをやり終えると「外人レスラーのすごいやつを連れて来る」と言ってまた渡米した。もうそのとき、初興行の青写真は出来ていたんだ。

工藤　シャープ兄弟を連れて来るんだな。ブランズもやって来る。だが肝心の日本側の相手が足りない。力道山のとこには、遠藤と駿河海だけだ。そこで私のとこにやってきて「木村、山口を参加さすよう口説いてくれ」というんだ。木村は拓大で私の後輩だったし、山口も柔道の関係で知っている。最初はなかなかウンと言わない。大阪の全日本プロレスリング協会の松田庄次郎会長に頼んで、参加を了承させた。自分のとこに手駒がなくて、やろうとするんだから無茶といえば無茶だよ。

力道山の第一回興行より先に大阪で初めてTV実況中継

九州山　力道山の帰国前に、いろいろと興行の準備をする。私はそのとき協会に入っていた。リングを作るんだが、どんなもの作ったらいいかわからない。死んだ伊集院浩（毎日新聞運動部）が「米国でプロレスを見たことがある」と言うんで、その指示で作った。ところが力道山が帰ると「こんなデカいもの使えん」と、急いで削って小さくした。ともかくテンヤワンヤだった。よくやれたよ。

田鶴浜　興行のブレーンが揃っていたな。新田新作（明治座社長）、永田貞男（日新プロ社長）、林弘高（吉本興行東京社長）〔原文ママ〕、それに松尾国三（千十地興行社長）〔原文ママ〕と興行のベテランが協力したし、地方の浪花節の興行をする翼下の興行師が協力した。その点では、木村、山口らは興行面で非力だった。

工藤　でも大変だったよ。入場料にしても、浪花節を例として最高千五百円にしようとした。私は反対で十ドル（当時三千六百円）を推し納得させた。当時では、思いもよらぬ破格な値段だった。力道山は「プロレスはテレビがなくてはならない」という。放送ギャラの交渉は、私がさせられた。当時テレビは発足して、まだ間がなかった。最初にＮＨＫに行って二十五万円で決めた。「そして他のところでもやらせてくれ」と了解を取り、日本テレビに行き二十万円で決めた。ＮＨＫの方が上だったよ。そして初日、ＮＨＫと日本テレビの両局同時放映の異例の放送でスタートした。

鈴木　シャープ兄弟の来日による東京での初の興行の十二日前、大阪で山口らの協会が三度目の興行をした。私はこの二日間の興行を見たが満員だった。このときＮＨＫは、関西から静岡地区までだったが試験放送で、プロレスの実況中継をやった。これが日本での最初のプロレスの放映だった。田鶴浜さんは最初の日本テレビの実況中継の解説をしましたね？

田鶴浜　伊集院と交互にやったが、実況中継の前、スタジオにリングを置きプロレスの紹介をやった。まだテレビが一般に普及する前で、日本テレビが作った街頭テレビには人の山が出来、東京・新橋などでは交通整理の警官が動員された。まさに爆発的な人気だった。プロレスはテレビと共に発足したと称しても、過言ではあるまい。テレビに目をつけた力道山は、さすがだった。

九州山　爆発的な人気といえばヤミ切符の値段だ。安いとこの券を一万円で売って大儲けしたダフ屋があった。テレビのある喫茶店など、千円のコーヒー代を取って見させた。今日では考えられないような気違い〔原文ママ〕人気だった。

工藤　蓋を開けるまでは、どうなるかわからなかった。それが蓋を開けると、ものすごい人気だ。東京・蔵前国技館は三日間興行で、一日ごとに観客の数は増した。駐留軍下にあった当時の敗戦国民が、戦勝国の大きな外人をやっつけるのだから、たまっているうっぷんを晴らすわけだ。これはプロレスじゃなくては、やれないことだ。それが爆発的人気となった一番の原因だろう。

爆発的な力道山人気を支えた木村、山口ら柔道出身の協力

鈴木　当時の社会情勢からいって、そうでしたね。これは今の人には考えられない。それと日本側が大相撲の力道山、柔道の木村、山口という三枚看板を揃えたこともヒットした。力道山一人じゃ、こうも成功しなかった。いや、木村、山口らの協力がなかったら、画期的なこの興行はやれなかったろうし、やったとしてもこうは成功してはいまい。力道山一人の力じゃない。それとシャープ兄弟という世界タッグ・チャンピオンを招いて、世界タッグのタイトルマッチを東京、大阪でやった思い切った快挙が、成功の原因でもあったろう。

九州山　力道山の先見の明には恐れ入る。興行の前、場所中の蔵前国技館で私と二人で

チラシをまいた。力道山は米国から持って帰った黄色いオープンカーのキャデラック（皇太子殿下がハワイで乗った車）に乗って自分をPRした。目立つことをやり、話題を作ってプロレスを宣伝した。私は興行が終わって送別会の席で、ブランズから「君は木村よりいい体をしている。プロレスラーになれ」と言われたが、もう歳だしレスラーとはならず、レフェリーとなり次の興行からリングに上がった。

工藤　プロレスの夜明けは、関係者はみな苦労した。新しいものを生む苦労は当然のことだ。いろいろのことがあった。だが今にして思えば楽しいことだ。今日の隆盛がうれしいよ。（『プロレス』1979年7月号、91〜95頁）

座談会第1回の冒頭で、田鶴浜さんは1921年（大正10年）のアド・サンテルの来日と靖国神社でおこなわれたサンテル対庄司彦男の〝プロレス対柔道〟の他流試合についてふれている。1887年、ドイツのドレスデン生まれというプロフィルが正確だとすると、日本にやって来たときのサンテルは33歳。その経歴については諸説があるが、1904年にドイツからアメリカに渡り、1907年ごろにプロレスラーとしてデビューしたといわれている。

サンテルの本名はアドルフ・アーンストだが、アメリカで〝アドルフ〟という名のドイツ人というとアドルフ・ヒトラーを連想させるため、アドルフをアドという愛称に改めたというのが定説になっているが、真偽のほどはさだかでない。1915年（大正4年）にサンフランシスコで柔道家の伊藤徳五郎五段、1917年（大正6年）にシアトルで柔道出身の日本人プロレスラーのタロー三宅（三宅多留次）を下し、〝ジュードー・チャンピオン〟を自称していた。

サンテル対庄司彦男の他流試合は〝プロレス対柔道〟の他流試合というよりも、現在は日本におけるMMA（総合格闘技）のルーツという位置づけになっている。庄司と田鶴浜さんは早稲田大学の先輩と後輩という関係で、別項でもふれたとおり、田鶴浜さんはアメリカ留学から帰国した庄司から1928年（昭和3年）ごろにプロレスのはなしを聞かされ、プロレスというジャンルに興味を持ったということだから、やはり力道山以前のプロレス史の重要なエッセンス、あるいはキーパーソンのひとりとして庄司の存在について語っている。

いっぽう、柔道界からプロレス界に転じた工藤氏は、力道山以前のプロレス史の〝一部〟として戦後まもなく発足したプロ柔道（国際柔道協会）についてふれている。歴史の〝if〟のはなしになってしまうが、1950年（昭和25年）3月に発足したプロ柔道が順調に発展していたとしたら、木村政彦、山口利夫らがプロレスに転向することはなかっただろうし、その後の日本の柔道界の歴史もまたちがったものになっていただろう。

この座談会記事では工藤氏の肩書は「柔道新聞社主、元日本プロレスコミッショナー事務局局長」となっているが、それ以前のプロフィルは、政治団体「玄洋社」——1884年（明治17年）に結成され、戦後の1946年（昭和21年）まで存在した——で頭山満一門として活動した、わかりやすくいえば戦中派の〝右翼青年活動家〟だ。〝初代〟日本プロレスコミッショナー事務局局長で、酒井忠正・日本プロレスコミッショナーの勇退後、1957年（昭和32年）10月、大野伴睦自民党副総裁（当時）を〝二代目〟コミッショナーにかつぎ出した人物である。

相撲出身の九州山は、1951年（昭和26年）6月の八方山（幕内）、大ノ海（同）、藤田山（十両）のハワイ遠征と現地でのプロレス体験について語っている。田鶴浜さんが「力道山、遠藤がアメリカでプロレスのリングに上がる以前に、柔道の木村、山口、大相撲の大ノ海、藤田山らが向こうでプロレスをやったことは日本にプロレスが上陸する一つの引き金になったことは事実だ」とコメントしているとおり、〝プロレスの父〟力道山よりも柔道の木村、山口、相撲の大ノ海、藤田山らのほうがプロレスラーとしては先輩だったことはまぎれもない事実だ。

力道山と力道山以外の日本のプロレスのパイオニアたちとの大きなちがいは、やはりマスメディアとの関係、ヒト、モノ、カネの動かし方とそのプロデュース力の差ということになるのだろう。田鶴浜さんは「木村、山口らは興行面で非力だった」と語ったが、庄一さんは、シャープ兄弟を招いての〝国際試合〟の成功を「日本側が大相撲の力道山、柔道の木村、山口という三枚看板を揃えたこともヒットした。力道山一人じゃ、こうも成功しなかった。いや、木村、山口らの協力がなかったら、画期的なこの興行はやれなかったろうし、やったとしてもこうは成功していまい、力道山一人の力じゃない」とふり返り、（田鶴浜さんよりも）木村と山口の力道山への協力を高く評価している。

力道山−木村戦と日本プロレス界統一

力道山と木村の〝昭和巌流島の決闘〟が実現した昭和29年、力道山対山口の日本選手権がおこなわれた昭和30年の2年間、力道山の日本プロレス協会が日本のプロレス界を統一した昭和31年までをカバーする座談会の第2回、第3回を抜粋して引用していく。

PARTⅠ 第2回（昭和29年〜昭和30年）
力道山、木村を倒し名実とも王者の座に
木村の力道山挑戦宣言の裏に
毎日、朝日の対抗意識が介在

鈴木　世界タッグ選手権者シャープ兄弟を迎え力道山、木村、山口らが行った初の本格的国際試合（二十九年二月〜三月）は爆発的な人気を集めた。次いでハンス・シュナーブル、ルー・ニューマンの太平洋岸タッグ選手権者が来日した。この興行も当った（同年八月〜九月）。だがこの興行には、木村、山口は参加しなかった。この興行のあと、木村が力道山に挑戦の爆弾宣言をする。朝日新聞の記事が発火点となった。

工藤　木村が巡業先の岐阜で話した談話だな。かなり誘導尋問的な記事だったが、木村は「力道山のレスリングはジェスチャーの多いショーだ。ショーではないレスリングで力道山とプロレスラーの実力日本一を決めたい」という内容のことをしゃべった。その記事を読んで、力道山はカチンときた。〝よし、やってやろう〟となる。

九州山　確かに木村は力道山と組んでシャープ兄弟と二度の世界タイトルマッチ（二月二十一日東京・蔵前国技館、同二十七日大阪府立体育会館＝いずれも引き分け）を行い、共に力道山がフォールを取り、木村はフォールを取られた。そんなことから、木村は力道山の引き立て役に回された不満があったろう。それと、自分たちの興行は陽の目を見ず、力道山の興行ばかりがいいとこ見せたからね。やっかみもあったんじゃないかな。

田鶴浜　力道山の日本プロレスは毎日新聞が後援して大成功を収めた。だから毎日に対抗する朝日が木村を挑発させたという見方もあった。記事はかなりセンセーショナルに書かれた。血の気の多い力道山が、カッカするのも当然だった。（中略）

工藤　私は両者の間を飛び歩いた。木村が熊本から上京して正式に対戦を申し入れ、力道山が承諾した。記者会見で発表したね。そして関係者を交え、二人が東京・築地の「花蝶」で試合ルールなど詰めに入った。夜を徹して話し合ったが、結論は出なかった。そして翌日、力道山が映画「怒濤の男」を撮影中の松竹大船撮影所を木村が訪ずれて、ようやく話がまとまり正式契約となった。

鈴木　試合ルールは、木村は四十五分一本勝負を主張したが、力道山はタイトルマッチ・ルールの六十一分三本勝負を主張しそれを通した。木村は自分のスタミナを考えたんじゃなかったかな。それと木村は東京と大阪で二度試合をすることを申し入れたとか。これは誤解を招くが…。

工藤　そんな話もあったね。試合期日でも木村は十二月二十八日を申し入れたが、年末ぎりぎりということから十二月二十二日、蔵前国技館となった。

田鶴浜　試合はファイトマネーではなくプライズファイト（賞金試合）になったね。百五十万円を勝者七分（百五万円）敗者三分（四十五万円）の配分だったろう。

鈴木　もっと多かったんじゃないですか。

工藤　マスコミはそう書いたが実際は違う。三百万円で勝者七、敗者三の配分だった。これは私が立ち合ったから間違いない。今では大変な金額だ。

力道山、初のヘビー級王座に
だが無ざんな試合に批難の声

九州山　師走のあわただしさもあって、すごい人気だった。入場料はリングサイドの最高が二千円、最低の一般席が三百円だったかな。前売りは羽根がはえたように売れた。〝相撲が強いか、柔道が勝つか〟まさに満天下を沸かせた一戦だった。

鈴木　この対戦に大阪の山口がクレームをつけたね。「勝者はオレの挑戦を受けろ、そうでなければ、この試合は日本選手権と認めない」と。〝オレを無視するな！〟ということだ。山口の立場とすれば、メンツからもそう申し入れたかったろう。

田鶴浜　木村は手紙で「運よく勝ったら、喜んで挑戦を受ける」と返答した。力道山側は工藤さんを使者にして、山口に返事をした。それで三者による日本ヘビー級選手権者決定戦となった。

鈴木　力道山―木村戦の前日、日本プロレスリング・コミッショナーに酒井忠正・協会会長が推戴された。日本選手権のために急拠、コミッショナーが誕生したんですね。（中略）

工藤　多分に泥縄的なそしりは免れなかった。しかし、あのときは必要だったろう。今でも、日本選手権を行うなら規制する上からも、必要と思う。コミッション・ルールは、アメリカのミズーリ州のコミッション・ルール（ＮＷＡの本部の所在地）を参考に、日本で独自のものを作った。ボクシングでもそうだが、日本のコミッションは任意団体で法的規制は持たないが、業界規制は出来る。

田鶴浜　レフェリーも問題になった。すでに国際試合をした沖識名、それにあんた（九州山）の名も出た。山口がする案もあった。だが結局はハワイの日系二世のハロルド登喜となった。

鈴木　力道山（日本プロレス）―木村（国際プロレス団）の対戦は、同時に両団体の対抗ともなった。両者、両団体は興亡をかけて戦うことになる。試合前に木村の育ての親、牛島辰熊八段が力道山のジムを訪ずれ、柔道着になって力道山に寝技を教えたが、どういう意図だったのか？

工藤　木村が上京する前、私は牛島先生（工藤氏の拓大の先輩）のところに挨拶に行った。

プロ柔道時代の木村のわびをし、許しをこうた。私もどういうことか分らないが、そのあと牛島先生は力道山のジムに行った。たぶん弟子のことが、気になったのだろう。

田鶴浜　せいさんな試合に終った。力道山の空手チョップ、いや張り手か。キックも出て木村は倒れた。うつ伏せになって血へどを吐いた。レフェリーはカウント（10）をとり、木村はKOされた。ドクターがリングに上り〝試合続行不可能〟とし、レフェリーストップ（2－0）で力道山が勝って初代日本ヘビー級選手権者となった。だが余りの殺伐さに、人々は顔をそむけ、マスコミはゴウゴウの批難をした。真剣勝負となれば、ああいう結果は予測もされたが…。

九州山　試合の直後、空手の大山倍達（極真会館館長、拓大で木村に柔道を教わった）が力道山に〝殴り合いならオレがやる〟と挑戦の声明をした。柔道界もいきり立った。力道山も反省した。そうしたことから次の山口との対戦は、ことを慎重に運ぶ。フェアに戦った。

鈴木　試合直前まで試合ルールでもめたとか、いろいろの憶測があった。取り引きがあったのを試合の途中で力道山が裏切って、意表をついた攻撃で木村を一気にKOした…と言う者まであった。そのことを、のちに酒を飲んだ二人だけの席で、私は率直に木村に聞いたことがあるが、何も答えなかった。木村は男だと思った。

工藤　試合に策略はつきものであとでとやかく言ってもはじまらない。試合のあとセコンドをした立ノ海から〝力道山の攻撃に反則〟の提訴がコミッショナーにあったが、あの程度はやむを得ない。敗者の弁解はみっともない男のすることじゃない〔原文ママ〕。

山口も破り、力道山王国誕生
東富士入門東南アジアへ進出

田鶴浜 力道山－山口戦は、その点ではプロレスらしかった。年齢的には山口は三十八歳、力道山は三十一歳で体力、気力すべてで力道山が上回った。結局は一本目を力道山が逆エビ固めで取り、二本目は力道山が山口の体当たりをかわし、山口はリングアウトで自爆したが…。山口は力道山に挑戦したことで、男が立った。

九州山 力道山（日本プロレス）と山口（全日本プロレス）は両者の戦いであると同時に、両団体の戦いでもあった。そして力道山－木村、力道山－山口の二つの戦いを終ったあとでは、力道山の日本プロレスの力が圧倒的に誇示された。日本へビー級選手権者となった力道山は、力で日本プロレスの覇者となった。戦国時代の過程としては、やむを得ないことじゃなかったか。力道山の頭の勝利でもあった。

鈴木 山口との対戦のあと、力道山は元横綱の東富士（前年大相撲秋場所十四日目に引退を声明、年寄「錦戸」となる）を同道して渡米する。東富士は力道山－山口戦を後援者の新田新作・協会理事長（新田建設社長）とリングサイドで並んで見ている。表面は大相撲の指導が理由だったが、プロレス転向は決まっていた。その渡米直前に、工藤さんの仲介で力道山と木村は再会し和解した。

工藤　いつまでも過去にこだわっていては、いいことないと勧めた。夜を徹して飲んだ。二人はこれでさっぱりした。わだかまりはなくなった。そのあと木村は、プロレスで再起する。

田鶴浜　東富士はマゲをつけたままハワイでリングに上り、力道山と組んでハワイ・タッグ選手権を獲得する。そしてアメリカ本土を転戦し、力道山と帰国する。そのあとアメリカから元プロボクシング世界ヘビー級選手権者の〝動くアルプス〟プリモ・カルネラ、ジェス・オルテガ、バッド・カーチスらがやって来て、日本のリングにデビューの東富士を加えて三度目の国際試合をする（三十年七月～八月）これも〔原文ママ〕大盛況だった。

九州山　東京・後楽園球場、大阪プールの二か所で力道山、東富士組のハワイと、オルテガ、カーチス組の中米の両タッグ選手権をかけてダブル・タイトルマッチを行ったが、いずれも引き分けた。すごい観客だった。東富士は元横綱という金看板を背負っていたが、やはり力道山の方が先輩で、すべてにまさった。私はレフェリーで10以上のカウントを日本語でやったり。

鈴木　この巡業の途中でカルネラとマネジャーのハーディ・クルスカンプが、駿河海、羅生門（卓詒）を伴ってフィリピンに遠征する。そして力道山、東富士も東南アジアに遠征する。日本を制した力道山の目は、日本から東南アジアに向けられていた。力道山のバイタリティ、頭の回転は早かった。やはりすぐれたパイオニアだった。（『プロレス』

（1979年8月号、108～111頁）

PARTI 第3回（昭和30年～昭和31年）
群小団体を圧し、日本プロレス全盛期へ
雨後の竹の子の群小団体誕生
アジア選手権力道コング倒す

鈴木　木村政彦を倒し、山口利夫を退け、初代日本ヘビー級選手権者となり力で日本を制した力道山は、次にはアジアの覇者を狙う。構想は常人ではない。もっともこれには、ブームに便乗して派生した他団体への牽制もあったとも読みとれるが…。

工藤　力道山の日本プロレスの東京は金城鉄壁だったが、大阪は混乱期だったな。三十年八月には大同山、白頭山らが東亜プロレスを作り、それから北畑兼高が分裂して東和プロレス、さらに金剛山らがアジア・プロレス、木村の国際プロレス団からマネジャーの立ノ海が武雄、和雄の戸田親子と岐阜に新日本プロレスを作るなど、雨後の竹の子のように群小団体が誕生した。もっともコミッションは全部の団体を認可しなかったが。

田鶴浜　そうした意味では、力道山は攻めだけでなく、守りも堅かった。〝よその団体がこんなことをやれるか〟だ。事実、他団体では東南アジアから何人もレスラーを呼んでアジア選手権を行う力も考えもなかった。

九州山　呼んだレスラーが良かった。すごいデブの、一五〇キロは超したキング・コング（シンガポール）テクニックのすぐれたダラ・シン（インド）パワーのあったタイガー・ジョキンダー（マレーシア）小さかったがスピードのあったサイド・サイフ・シャー（パキスタン）とそれまでのアメリカン・スタイルのレスラーとは一味違ったレスラーを揃えたのが良かった。

鈴木　シングル、タッグの両選手権者を総当たりのリーグ戦で争った。現在、各団体が行う争覇戦形式の原形だな。ラウンド制というのも画期的だった。日本側は力道山、東富士、遠藤幸吉、駿河海、それに日系のハロルド坂田が加わった。

田鶴浜　シングルは力道山がキング・コングを時間延長の末、リングアウトで破って選手権を獲得した。あの時の戦いは、壮絶だったな。タッグは力道山、坂田組がコング、ジョキンダー組に敗れて持っていかれた。力道山はアジア選手権の開催前、東富士と東南アジアに遠征したが、その時、勝てなかったコングを破ったのはさすがだった。コングは当時、すでに〝アジアのナンバー・ワン〟を豪語していた。（中略）

体重別日本選手権計画される
遠征の力道山パリで男あげる

鈴木　アジア選手権が終って日本プロレスは一段落するが、他団体も巻き返しを図るなど動きを見せる。

工藤　三十年七月に山口は大阪プールで〝水上プロレス〟をやり、木村も大阪に進出する。木村は清美川と組む。十二月に大阪府立体育会館で木村はゴージャス・マックと対戦する。全日本プロレスの本城の目と鼻の先の会場で興行をしたことが、松山庄次郎会長を激怒させ、ややこしいことになる。

田鶴浜 そこに体重別日本選手権の開催の計画が打ち出されるのだな。これは混迷期の一つの解決策でもあった。各団体が参加し、力の優劣をつける。難しい問題もあったろうが、工藤さん、よくやったね。力道山の日本プロレスは、いち早く自団体内で三階級の代表者を選抜したりして積極的だった。

九州山 山口の全日本は、その前、木村の挑戦問題（いったんは内諾したが、木村が大阪で興行したため拒否）などでこじれて、山口道場として参加することになるが…。吉村道明、長沢秀幸、ミスター珍らが出る。

鈴木 三十一年は山口の全日本が元日から五日間連続興行を大阪府立体育会館でやり、木村も二、三の両日、神奈川県体育館に進出する。力道山は東南アジアから欧州、アメリカ、カナダへ世界一周の遠征をする。

田鶴浜 二十年来の寒波の襲来した欧州で、下着一枚着ない着物姿の力道山に、土地の人が目を丸くしたというあのときだ。パリで挑戦を申し入れたフランスの格闘技者をこっぴどく痛めつけた逸話もある。

工藤 川石造酒之助六段（故人）の道場で挑戦というよりケンカだな。大きな男だったそうで、この男は日本人の柔道家にナンクセをつける。〝日本の柔道なんか問題じゃない〟といった調子で…。日本から行った柔道家は他流試合はやれないので、それをいいことにする。力道山はその鼻柱をへし折った。半殺しの目にあわせたそうだ。

鈴木　木村の関東進出興行はケチがつく。前年十二月の大阪の興行に出たゴージャス・マックなるアメリカ人が宝石強盗事件で警視庁に逮捕される。インスタント・レスラーで、木村は被害者だったが…。

九州山　あの男、相撲好きのアメリカ人で部屋にも出入りしていたし褌をつけて国技館の花相撲に出たこともあったらしい。アマレスをかじったこともあったろう。体は大きかったが、しろうとだったよ。ひどいヤツだったな。もっとも、あんなごまかしを使ったのはまずい。

力道山、遠藤、世界タッグ保持
木村、新天地求めメキシコへ

鈴木　世界一周の旅を終えた力道山は、米国で契約した世界タッグ選手権者のシャープ兄弟を再来日させる。欧州でラッキー・シモノビッチ（ユーゴ）とも契約した。シャープ兄弟は二年ぶりの来日で、またブームが起こる。

田鶴浜　日本にプロレスを開花させた前回に、まさるとも劣らぬ大盛況だったな。東京大会の最終日（四月二十六日蔵前国技館）の力道山、遠藤組の世界タイトル挑戦は1－1のあと力道山が負傷してレフェリー・ストップ。タイトルは動かなかった。大阪大会の最終日（五月四日、大阪府立体育会館）の二度目の挑戦で、力道山がベン・シャープをフォールしタイトル奪取した。時間無制限一本勝負が幸いした。力道山、遠藤は二年前（二十九年九月十日）同じ場所でハンス・シュナーブル、ルー・ニューマン組を破って太平洋岸タッグ選手権を奪取しているゲン〔縁儀〕〔原文ママ〕のいい場所だった。

九州山　だがこのタイトルも札幌大会の最終日（五月十九日、札幌・中島スポーツセンター）で敗れ失う。そのあと福岡（六月二日、福岡スポーツセンター）、シリーズ最終戦（六月七日、蔵前国技館）と再挑戦したが、タイトルの奪回は成らなかった。しかし、十六日間とはいえ世界タッグ選手権を手中にしたこと、興行が大成功だったこと、シャープ兄弟の再来日がブームを再燃させたことは大きい。東京、大阪で三日間連続興行をしたなど、今日では考えられない人気ぶりだ。

鈴木　同時期、木村はメキシコから三人のレスラーを招いて再起の興行を全国的にやったが、日本プロレスの人気には比ぶべくもなかった。その不振から木村は、清美川とメキシコに渡るが…。

工藤　木村はラウル・ロメロを破ってメキシコ・J・ヘビー級選手権、清美川と組んでロメロ、ヤキ・ローチャ組を破って中南米タッグ選手権を奪取したが、マスコミも報じてくれない。テレビの放映もない。東京・国際スタジアム（五月十五日、十六日）の会場など閑散の客の入りだった。尾羽打ち枯らすというか、刀折れ矢尽きたというか、木村と清美川は日本を離れ、メキシコに新天地を求めたが…。

九州山　新田さんの死〔斎藤註＝新田新作・日本プロレス協会理事長。昭和31年6月9日、死去〕は、日本プロレスの方向を変えた。二度めのシャープ兄弟の来日時は、もう二年前の興行ブレーンではなくなっていた。日本プロレスは力道山のオールマイティで、興行も力道山が仕切った。新田さんの死で、一番力を落としたのは東富士だった。力道山との冷い関係も、これでもうどうしょうもなくなり、やがて自分から去る。力道山をコントロール出来るのは、新田さんだけだったからだ。新田さんがいてくれたら…という者は多かった。新田さんは〝日本のプロレスの父〟だった。

工藤　新田さんは力道山をプロレスラーにさせた人だし、日本にプロレスの種をまかせた大恩人で、その恩を忘れてはならない。

力道山、タム・ライスを破る 日本プロレス、三階級を独占

鈴木　シャープ兄弟に次いで太平洋ヘビー級選手権者のタム・ライスが来日する。シモノビッチに、残留のマズルキが、レスラー（前回はレフェリー）としても出場する。

田鶴浜　ライスは力道山は初渡米（二十七年二月～二十八年三月）したとき二六〇戦中、シングルで三敗した中の一人（他にはフレッド・アトキンス、レオ・ノメリーニ）。力道山としては〝借りを返したい相手〟だった。最終戦（九月一日、東京・田園コロシアム）でボストンクラブでギブアップさせ、試合放棄で勝ちタイトルを奪った。豪華なチャンピオ

ン・ベルトだったが力道山は〝闘志不足なヤツから奪ったベルトなんかいらない〟と突き返した。

九州山　後日、この力道山とライスとの対戦で問題が起こる。空手の大山倍達（極真会館館長）のこと。アメリカで〝力道山が勝てなかったライスに、大山は勝った〟と梶原一騎が劇画に書いたことから、力道山の弟子の大木金太郎が抗議し〝オレと勝負しろ〟と申し入れたことでマスコミを賑わせた。

鈴木　体重別日本選手権も十月になって、本格的な軌道に乗りますね…。

工藤　日本、全日本から名称を変えた山口道場、東亜、アジアの各団体が参加した。木村と清美川は海外に出て、国際は解散した。やはり力道山の日本プロレスの力は一頭地抜いた。日本プロレスは芳の里（L・ヘビー級）、駿河海（J・ヘビー級）の二人の初代二階級選手権を生んだ。ヘビー級は力道山への挑戦資格者決定戦で、東富士と山口は痛み分けで勝負がつかなかった。レフェリーは力道山がやったが、力道山が二人を促しても、二人は戦う体力と闘志を失った。決勝に進出したのは日本プロレス以外では吉村（山口）だけだった。その奪闘〔原文ママ〕が評価され、住む団体のなくなった吉村は日本プロレスに移る。

田鶴浜　東富士―山口の再戦は東富士が勝って挑戦者資格を取る。このときヘビー級に遠藤幸吉が渡米して不出場となったのは寂しかったな。これとは別だが、のちに（三十二年七月二十七日、国際スタジアム）で〔原文ママ〕日本タッグ選手権争奪戦が遠藤、芳の里組と東富士、長沢組で行われ、遠藤、芳の里組が選手権者となっている。

九州山　日本プロレスはヘビー、J・ヘビー、L・ヘビーの三階級の日本選手権者を独占し、文字通り力道山は日本のプロレスを制した。国内では日本プロレス、力道山に対抗出来る存在はなくなった。日本に本格的にプロレスの種がまかれて三年で、力道山はプロレスを〝わがもの〟とした。力道山でなくてはやれないことだった。だが、それは力道山一人の力ではない。犠牲もあったしまた不運な人もあった。とはいえ、力道山の実行力、偉大さは古今、例をみない。

鈴木　次に力道山が目を向けるのは〝世界の王者〟世界ヘビー級選手権の獲得だ。〝打倒ルー・テーズ〟への執念。そのテーズに、ようやく王者のかげりが見え出す。この年の三月十五日、テーズはカナダのトロントでホイッパー・ワトソンに敗れ、九年間保持した王座を失う。そして十一月九日セントルイスでワトソンを倒して再び王者に返り咲くが…。ディック・ハットンそしてバディ・ロジャースらがのし上がって来る。力道山は敢然とテーズへのアタックをかけるのだ。（『プロレス』1979年9月号、110〜113頁）

座談会の第2回、第3回は、力道山対木村政彦の〝昭和巌流島の決闘〟と力道山対山口利夫の日本ヘビー級選手権（力道山の同王座初防衛戦）、元横綱・東富士のプロレス転向、体重別日本選手権開催、そして日本プロレス協会による日本のプロレス界統一の時代までを追っている。1953年

（昭和28年）7月の日本プロレス協会発足から数えると3年、1954年（昭和29年）2月の〝シャープ兄弟来日〟から数えるとわずか2年というきわめて短い時間で力道山は名実ともにプロレス界の〝王様〟になった。

もちろん、一般常識的な理解、認識においては、力道山は日本でプロレスがはじまったときからその絶対的な主人公だったことになっているが、じっさいには木村政彦の国際プロレス団、山口利夫の全日本プロレス協会という他団体も同時期に存在していて、力道山の日本プロレス協会はこれらの団体を淘汰していったという歴史がある。

庄一さんが「力道山―木村戦の前日、日本プロレスリング・コミッショナーに酒井忠正・協会会長が推戴された。日本選手権のために急拠、コミッショナーが誕生したんですね」と語り、工藤氏が「多分に泥縄的なそしりは免れなかった。しかし、あのときは必要だったろう」と応えている。日本プロレスコミッショナー事務局局長をつとめた当事者の工藤氏がコミッショナー誕生のいきさつを「多分に泥縄的」という表現でふり返っている点はひじょうに興味ぶかい。

〝泥縄的〟というのはそのプロセスにたずさわった工藤氏のパーソナルな述懐ということになるが、それが〝泥縄的〟であったとしても、この試合を実現させるためにはどうしても中立な立場のコミッショナーを誕生させる必要があったということなのだろう。どうやら、日本選手権の開催が決定するまでの過程においては、力道山と木村はまだ対等といっていい関係にあり、これもまた歴史の〝ｉｆ〟になってしまうが、〝昭和巌流島の決闘〟でもしも木村が力道山に勝っていたとしたら、興行スポーツとしてのその後の日本のプロレス史の流れはまったくちがったものになっていただろう。

ただし、この試合に木村が勝っていたとしても、木村が力道山と同じようなポジションに立って日本のプロレス界の〝総理大臣〟の座についていたかといえば、いささか疑問といわざるをえない。それは力道山の日本プロレス協会と木村の国際プロレス団の組織としての規模のちがいを比較してみればわかる。木村はあくまでも柔道家であり、プロレスラーであり、いちアスリートだったが、力道山はプロレスラーであると同時にプロレスという新しいジャンル——戦後の日本の最初のメディアイベントとしてのプロレス——の製作総指揮・監督・主演という立場にあった。だから、力道山はなにがなんでもこの試合に勝たなければならなかった。

ファイトマネーについては3者がおもしろいやりとりをしている。田鶴浜さんが「試合はファイトマネーではなくプライズファイト（賞金試合）になったね。百五十万円を勝者七分（百五万円）敗者三分（四十五万円）の配分だったろう」というと、庄一さんが「もっと多かったんじゃないですか」とこれに応じ、工藤氏が「マスコミはそう書いたが実際は違う。三百万円で勝者七、敗者三の配分だった。これは私が立ち合ったから間違いない。今では大変な金額だ」と解説している。

３００万円の70パーセントにあたる勝者・力道山の取り分が２１０万円で、敗者・木村が手にした30パーセントは90万円。現在の物価が昭和29年当時の約30倍だとすると、力道山と木村はこの試合でそれぞれ６３００万円、２７００万円ほどのギャラを稼いだという計算になる。数字だけをみると、高いようでもあり、そうでもないような感じもする。いまだったら1試合＝１億円くらいのイメージとしてとらえておくとわかりやすいかもしれない。

力道山と木村の試合とそのディテールについては別項でくわしく記したとおりだが、木村はおそらく〝木村のプロレス〟と〝力道山のプロレス〟が共存することを望み、またそれが可能であると考えていたのだろう。だからこそ、木村は当初から東京、大阪での2試合開催を提案し、それから30年後のインタビューで〝暴露〟しているように、その後のリターンマッチ・シリーズの全国巡業を大きなビジネスチャンス、ビジネスモデルととらえた。

しかし、力道山はそうは考えなかった。そして、田鶴浜さんが「真剣勝負となれば、ああいう結果は予測もされたが…」と語ったような試合結果になった。力道山とつねに行動をともにしていた九州山氏が「力道山も反省した」とふり返っている点はひじょうに説得力がある。力道山がこの試合について反省したという〝事実〟はこれまであまり活字になっていない。

元大相撲・小結の九州山氏は、力道山のアメリカ修行出発まえの壮行会でも、日本プロレスリング協会の発足パーティーでも司会をつとめ、1960年（昭和35年）のジャイアント馬場とアントニオ猪木のリング上での入門発表の有名なモノクロ写真のなかでもマイクを持っている。これまであまり〝活字プロレス〟では取り上げられてこなかった登場人物ではあるが、この座談会に陣どっているということは、力道山の側近中の側近として、また、プロレス創生期のレフェリーとして〝力道山プロレス〟の一部始終をリングのなかから目撃した数少ない当事者のひとりであり、日本プロレス史の隠れた証人ということになるのかもしれない。

プロレス転向の東富士と力道山との関係

元横綱・東富士のプロレス転向（昭和30年3月）から引退（昭和34年1月）までの約4年間のエピソードを庄一さんがその著書『鈴木庄一の日本プロレス史・上』のなかで時系列にそってわかりやすくまとめている。

庄一ナラティブ

東富士のレスラー転向

「横綱・東富士プロレスに転向か？」のニュースは、力道山－木村政彦の初代ヘビー級選手権者決定戦（昭和二十九年十二月二十二日、蔵前国技館）を前に、マスコミの話題となる。東富士は大相撲秋場所の十四日目に引退を表明（この場所4勝4敗7休）年寄「錦戸」を襲名する。東富士は引退後も地方巡業を続けていたが、後援者の新田新作・明治座社長の重役のイスが約束されていた。

新田社長は日本プロレス協会の理事長であり、東富士は力道山の力士時代の先輩。三十年三月二十七日に力道山と渡米する。東富士にハワイ、ロサンゼルスの相撲協会から招待があり、相撲指導が表向きの理由であったが、このハワイ行によってプロレス転向は明瞭になった。（中略）

ハワイに渡った東富士は三年前、そこで力道山が指導を受けたのと同じように沖識名からコーチを受ける。大相撲では横綱でも、プロレスでは新弟子。沖のコーチは遠慮なく厳しい。当時、東富士は182センチ、136キロ（全盛時は160キロを超した）。沖は東富士に初めての減食と猛練習を課した。せり出したたいこ腹がみるみる間にへこんだ。ぜい肉が付いていてはスピードに欠けるし、長時間闘う心臓にはなれない。東富士も歯を食いしばって頑張った。

まだ頭にマゲの付いている東富士がビーテルマン〔斎藤註＝ドン・ビーテルマン〕を10分9秒でフォールし緒戦を飾った。地元ホノルルの日系新聞のインタビューで「プロレスのテクニックはまだ知らないので、相撲の手でやるしかなかった。プロレスはつらいものと知った」と語っている。マゲを付けた文字通りの〝スモウ・レスラー〟の誕生だった。（74～76頁）

力道山と東富士は七月二日、四ヵ月ぶりで米国から帰る。東富士はホノルルでハワイ・ヘビー級選手権のジョージ・ボラスとのタイトルマッチで初黒星を喫しただけの戦績。（中略）

七月七日、東京・大手町の産経ホールで、東富士の型破りの断髪式が行なわれる。最初のハサミを力道山が入れ、トメは新田・日本プロレス協会理事長がした。東富士は「リキさんにザクリと切られた時〝相撲よ、さらば〟と思った。だが、それでプロレスラー

になることに踏み切れた」とその時の気持ちを私に話したことがある。（中略）

のちに力道山と東富士の確執が起こる。酒に酔うと力道山は、東富士のことを「相撲では向こうが横綱だがプロレスではこっちが横綱だ」と言って荒れた。力道山の権力がオールマイティーになったのを抑えるため、新田理事長が東富士をプロレス入りさせた、の事情通の見解もある。人のいい東富士は、結局は力道山の上には立てず、三十三年暮れに身を引く。四十八年七月三十一日に薄幸の生涯を閉じた。（78～79頁）

東富士、苦難のデビュー

（前略）東富士の初試合は七月十五日、蔵前国技館の開幕戦（三日間同所で興行）。ホノルルでハワイ・タッグ選手権を奪取した力道山とのコンビで、カルネラ、クルスカンプ組〔斎藤註＝プリモ・カルネラ、ハーディ・クルスカンプ組〕とタッグ・マッチ。力道山は初渡米時、米本土でカルネラと引き分け、タッグを組んで世界タッグ選手権者のシャープ兄弟と引き分けている。東富士はむろん初の手合わせ。日本側は元横綱と関脇の大相撲コンビ。相手は元プロボクシング王。マネジャーの老兵クルスカンプが狙われる。力道山、東富士組は2－1で初戦を飾った。

翌十六日の二日目、東富士はオルテガ〔斎藤註＝ジェス・オルテガ〕と対戦。二人の米本土の手合わせは引き分け。東富士は晴れの舞台でハッスルした。だがオルテガは猛り狂った。オルテガは東富士の額をパンチで割る。制止するレフェリーのユセフ・トルコが吹っ飛ばされる。東富士は動けなくなった（9分17秒、東富士の反則勝ち）。花道で見ていた力道山がリングに一直線に駆け上がり、オルテガに空手チョップを乱打し、リングから落とし、東富士を救った。

「やはり力道山は東富士よりプロレスじゃあ強い」――ほとんどの観客はそう思った。だがこれは力道山がオルテガに〝思い切ってゆけ！〟とけしかけ、東富士をさらしものにした策略であった……（後援者の新田・明治座社長・協会理事長らの力道山抑えの裏をかいた）の憶測もある。（79〜81頁）

東富士と力道山の確執

両雄並び立たず――元横綱・東富士は元関脇・力道山との内部抗争に敗れてプロレス界から去る。力道山はスカイ・ハイ・リー、ドン・レオ・ジョナサン、ジョニー・バレンドとの二ヵ月間にわたる巡業を終えたあと、昭和三十三年十一月七日、ブラジル日本人移住五十年祭に招かれ、芳の里を伴って初のブラジル遠征に出発する。留守は東富士、豊登に任せる。当時、日本テレビは隔週「ファイトメン・アワー」（土曜午後五時〜六時）の定期番組を放送していた。（中略）

力道山が留守をあえて東富士に任せたのは、東富士としっくりいかない力道山が〝ためした〟とみる向きがあった。力道山にとって東富士が「目の上のたんこぶ」であったことは確か。大体がワンマンになった力道山を抑えるために新田新作・日本プロレス理事長（明治座社長で東富士、力道山の後援者）がプロレスへ送り込んだと、一部ではみている。

ブラジルから十二月十七日帰国した力道山は、名古屋に直行し、同夜、金山体育館で豊登と組み、二人組〔斎藤註＝タイニー・ミルズ、スタン・コワルスキー組〕にストレート勝ち。会場は一万人近い超満員。東富士は「急病のため」として欠場。後楽園ジム、大阪府立体育会館の興行も満員。一時はマスコミに「もう来ない？　プロレス黄金時代」と書かれたが、暗雲が去り、日が差す。東富士は翌三十四年一月、三月から開局するフジテレビの大相撲の解説者として迎えられたのを契機にプロレス界と訣別する。それ以前に辞表を日本プロレス協会に提出した。三十一年六月に〝オヤジ〟と頼った新田さんが死去し、支えを失ったことが東富士にプロレスと訣別させたことは否めない。両雄並び立たずだった。（119〜121頁）

この庄一ナラティブには、新聞記者として当時、力道山と東富士の人間関係をすぐそばで目撃した庄一さんの偽らざるフィーリングがいたるところにちりばめられている。田鶴浜さんが記事のなかに自分を登場させるときの一人称の表記は〝筆者〟だが、庄一さんのそれは〝私〟であることは別項でもふれたが、このストーリーのなかでは庄一さんは〝私〟をいちどだけ登場させている。〝型破りの断髪式〟のあと、東富士自身が「リキさんにザクリと切られた時〝相撲よ、さらば〟と思った――」というくだりで「……とその時の気持ちを私に話したことがある」とつづっている部分だ。

〝型破りの断髪式〟とは、相撲社会の慣習（あるいは価値観）ではひじょうに大きな儀礼であるはずの断髪式、それも元横綱の断髪式が、大相撲の土俵の上ではなく大手町の産経ホールというイベント会場の舞台の上でおこなわれたことを指しているのだろう。

東富士欽壹（本名・井上勤一）は１９２１年（大正10年）、東京市下谷区（現在の台東区）生まれ。１９３６年（昭和11年）1月、14歳で初土俵。１９４３年（昭和18年）5月場所で初入幕。戦後の１９４８年（昭和23年）5月場所終了後、第40代横綱に昇進。１９５４年（昭和29年）9月場所を最後に引退。横綱在位20場所。幕内最高優勝6回。

相撲時代の番付だけを比較すれば、元横綱・東富士のほうが元関脇・力道山よりもはるかに格上であることはいうまでもないが、引退後、33歳でのプロレス転向は必ずしも東富士本人の希望するところではなかったといわれている。そして、じっさいにプロレスラーとしては大成せずにわずか4年でプロレス界から去っていった。

「酒に酔うと力道山は、東富士のことを『相撲では向こうが横綱だがプロレスではこっちが横綱だ』と言って荒れた。力道山の権力がオールマイティーになったのを抑えるため、新田理事長が東富士をプロレス入りさせた、の事情通の見解もある」

「――だがこれは力道山がオルテガに〝思い切ってゆけ！〟とけしかけ、東富士をさらしものにした策略であった……の憶測もある」

「力道山が留守をあえて東富士に任せたのは、東富士としっくりいかない力道山が〝ためした〟とみる向きがあった」

「力道山にとって東富士が『目の上のたんこぶ』であったことは確か。大体がワンマンになった力道山を抑えるために新田新作・日本プロレス理事長がプロレスに送り込んだと、一部ではみている」

このあたりのいくつかの記述では、庄一さんは〝私〟ではなくて〝事情通の見解〟〝——の憶測もある〟——とみる向き〟〝一部ではみている〟といった微妙ないいまわしを用いている。もちろん、ここでいう〝事情通〟も〝一部〟も、〝憶測〟をしているのも庄一さん自身であることはいうまでもない。文中にある「人のいい東富士」「薄幸の生涯を閉じた」というセンテンスからも読みとれるように、庄一さんは東富士のことを力道山（と新田新作・日本プロレス協会理事長）にふりまわされ、利用され、その運命をほんろうされた気の毒な人だった、というふうにとらえていたようだ。

力道山は木村政彦との試合で日本ヘビー級選手権を獲得したあと、キング・コングを下しアジア・ヘビー級王座（1955年＝昭和30年11月22日、東京・蔵前国技館）、タム・ライスからは太平洋沿岸ヘビー級王座（1956年＝昭和31年9月1日、東京・田園コロシアム）を奪取し、いよいよルー・テーズの保持する〝本場アメリカ〟の世界ヘビー級王座——この時代は日本のマスコミはNWAという英語の頭文字をほとんど使わず、シンプルに〝世界選手権〟と表記——に照準を合わせていく。

力道山に敗れた木村は、〝昭和巌流島の決闘〟から1年後の1955年（昭和30年）12月、主宰する国際プロレス団の興行を大阪で開催。翌1956年（昭和31年）4月にはメキシコからラウル・ロメロら3選手を招いて全国縦断のシリーズ興行（20戦）をおこなうが、国際プロレス団は同年7月、大阪での東亜プロレスとの団体対抗戦を最後に活動停止。木村のライバルとしてメキシコから来日したラウル・ロメロは、日本にやって来た最初のマスクマンで、ロメロ・スペシャル（吊り天井固め）の考案者というふれこみだった。

国際プロレス団解散後、木村と清美川（本名・佐藤梅之助）のふたりは昭和31年7月、メキシコに遠征。木村はその後、ヨーロッパにも渡ったが、翌1957年（昭和32年）に帰国。しかし、再びプロレスのリングに上がることなく引退した。

いっぽう、清美川は〝さすらいのレスラー〟となり、メキシコから中南米、アフリカ、ヨーロッパを長期にわたり単身ツアー。1973年（昭和48年）に帰国――途中、1970年（昭和45年）3月、14年ぶりに一時帰国し、国際プロレスの『第2回IWAワールド・シリーズ』に出場――。アントニオ猪木対ストロング小林（1974年＝昭和49年3月19日）の試合で特別レフェリーをつとめたことでも知られている。女子プロレス新団体『ワールド女子プロレス』設立にかかわったこともあったが、同団体は旗揚げ興行をしないまま消滅した。1980年（昭和55年）、死去。

昭和30年に大阪で発足した大同山、白頭山の東亜プロレス、金剛山のアジア・プロレスは、主力メンバーのリングネームとその団体名からもイメージできるように在日韓国人選手、在日朝鮮人選手を中心とした新興団体だった。

東亜プロレスリング協会（〝協会〟を名乗った）を主宰した大同山又道――本名については高泰文、高太文のふたつの説があり、日本名は高山洲弘――は、金正日夫人だった高英姫の父親、現在の金正恩の祖父にあたるとされる人物。そのプロフィルに関しても諸説があり、1920年（大正9年）大阪市生野区生まれとする説、韓国の済州島生まれとする説がある。木村の国際プロレス団との対抗戦に敗れたあと東亜プロレスを解散し、北朝鮮に渡ったといわれているが、その人物像はなぞにつつまれている。

テーズへの挑戦とインター王座獲得

座談会の第4回は、1957年（昭和32年）から1958年（昭和33年）までの2年間、〝鉄人〟ルー・テーズの初来日と日本国内での初めての世界選手権開催から、そのテーズをロサンゼルスで破り、インターナショナル王座を獲得するまでのエピソードをカバーしている。座談会記事から抜粋して引用していく。

PARTⅠ 第4回（昭和32年〜昭和33年）
全国を沸かす力道山対テーズ戦

鈴木　前回までは力道山を軸として展開した日本のプロレスの開花、充実期を語っていただいた。今回はいよいよ、力道山が〝世界〟を目指し、それを果すホップからステップへの課程〔原文ママ〕を話していただきたい。三十二年は年頭、アデリアン・ベラルジョンの来日で幕が開く。

工藤　カナダの怪力レスラーだな。有名なカナダの力持ち五兄弟の長男だった。妹も女子レスラーということだった。背が高く（一九五センチ）て骨ばった体（体重は一一三キロ）そしていて〔原文ママ〕、めっぽう腕が長かった。アームレスリング（腕相撲）のチャンピオンと称した。

九州山　すごい力の持ち主だったな。大相撲で腕相撲で負けたことのない力自慢の豊登と腕相撲をやって左腕は豊登、右腕はアデリアンが勝った。ベンチプレスで三五〇ポンドを差した。もっとも豊登は最盛期、四二五ポンドを差しているがね。

米軍政下の沖縄の同胞喜ばす 力道山らの外人レスラー打倒

鈴木　大阪（一月四日）では力道山と引き分けた。そのあと沖縄に遠征して、力道山は那覇（一月十四日）でアデリアンを倒してアジア・ヘビー級選手権の初防衛をしたな。この時の沖縄の三日間興行は連日、超満員だったとか。むろんまだ沖縄は返還前で、米軍の軍政下にあった。二十六年十月にボビー・ブランズら一行を招いて慈善興行を行なった（力道山はこの時、プロレス入りする）在日トリイ・オアシス・シュライナース・クラブが興行の橋渡しをした。

九州山　力道山、東富士、豊登にアデリアンらが遠征した。軍政下にある沖縄の人は、力道山が外国人のアデリアンを叩きのめすことで、ストレスを発散した。力道山がシャープ兄弟など外人レスラーをやっつけた時の興奮と同じだった。

工藤　沖縄の空手家とアメリカ人が挑戦してきたな。力道山は若い小島泰弘（のちのヒロ・マツダ＝NWA世界J・ヘビー級選手権を二度獲得）を相手にさせたが、小島はアメリカ人を3分、空手三段の青年を6分足らずで倒した。他流試合の皮切りだったな。

鈴木　二月、力道山は豊登を伴って渡米する。力道山は六度目だが、豊登は初渡米だった。その時、遠藤はハワイにいた。力道山の渡米はルー・テーズの世界タイトルへの挑戦と、その招聘が目的だった。

田鶴浜　その留守中に日本L・ヘビー級選手権者の芳の里のプロボクサー転向（プロレスラー兼業）が出る。結局はボクシング界から反対されて実現しなかったが、当時のプロボクシング世界ヘビー級選手権者のロッキー・マルシアノと同じくらいの体だったし、大相撲の幕内だった芳の里のボクサーは面白そうだったな。この頃から力道山はボクシングに関心を持っていたようだな。（のちにジム創設）。

下降気味の人気を盛り返したブラジルの来日と世界戦調印

工藤　力道山は渡米中にNWAの本部のあるセントルイスで、テーズと日本で二度（東京、大阪）で〔原文ママ〕世界タイトルマッチを開催する契約調印したことを連絡してくる。この朗報は沸いた。この世界タイトルマッチにからんで、テレビに問題が起こる。

九州山　三菱電機が日本テレビのスポンサーになるんだな。それまでテレビは定期番組はなかった。一時期、ＴＢＳテレビが実況中継をやった。八欧電機が番組スポンサーだった。力道山の渡米に八欧電機は餞別（三百万円といわれる）を送った。先方はそれを中継の契約金の一部とした。結局、それは力道山が返す。そして日本テレビに切り代えるんだ〔原文ママ〕。ここで長く続いた三菱電機－日本テレビ－日本プロレスのつながりが出来る。

鈴木　渡米中の豊登がホノルルでテーズの世界タイトルに挑戦する。豊登は一本先取したが、テーズのバックドロップを食って脳震とうを起こして、立てず敗退。この頃のテーズは全盛期だったろう。豊登は「警戒していても、テーズのバックドロップは防げなかった」と語った。

工藤　八月にボボ・ブラジル、ロード・レートン、ダニー・プレチェスの大型が来日する。黒人のブラジルはすごかったな。川崎球場（九月二十五日）の力道山・豊登対ブラジル・プレチェス戦は、一万五千人の観衆を集めた。プロレスの人気も一時は下火となったが、ブラジルの来日で人気を盛り返した。テーズとの世界タイトルマッチの前哨戦シリーズだった。

九州山　テーズが来日（十月二日）、三日には大野伴睦さんが二代目コミッショナーに推戴される。初代のコミッショナーの酒井忠正さん（大相撲横綱審議会会長）は力道山－木村政彦の初の日本ヘビー級選手権試合（二十九年十二月二十二日）の前日に推戴された。

大野先生はテーズ対力道山の世界ヘビー級選手権試合開催の直前だった。（中略）

田鶴浜　当初、十月七日東京・後楽園球場で開催のテーズ対力道山の世界タイトルマッチは雨で一日順延された。この延期でテレビは大変だった。初めテレビなしと発表されたが、東京地区は放映しないが、関西地区だけ放映する、いわゆるクローズドサーキットとなり、さらに前売りが好調で関東、関西、中部、北海道の四地域放映になった。だが順延。テレビは困ったな。でも当日は午後八時から試合終了までという破天荒な放映となった。この間行なわれたオールスター戦〔斎藤註＝79年8月の「プロレス夢のオールスター戦」〕が、各局の事情からテレビ放映のなかったのに比べ、当時とは事情は異なるとはいえ雲泥の差。考えなければいけないね。

鈴木　観衆は二万七千人と主催者は発表した。この数字は水増しじゃない。入場料最高は三千六百円（当時で約十ドル）。闇値は一万数千円だった。総売り上げは三千万円を超した。今回のオールスター戦が屋内で一万六千五百人の観衆（主催者発表）と七千万円以上（推定）の水揚げを記録したのに比べれば、収益では下回るが、当時の貨幣価値からいって大変なもの。すごい人気だった。

工藤　勝負は61分三本勝負。レフェリーはプレチェス。沖識名のレフェリーはテーズが拒否、立会い人のアル・カラシックもこれに同意した。むろん日本コミッションも同調した。テーズのバックドロップで力道山はピンチを招いたが、二発目からは河津掛けで封じた。テーズも力道山の空手チョップに苦しんだが、しばしばロープアウトで逃げた。

テーズは老巧だった。両者ともフォールなく時間切れ引き分け。

九州山　当時、テレビ台数（モノクロ）は電通調査では全国で七十万台を超し、その時の実況中継の視聴率は八七％という驚異的な高率。むろん全番組のトップで、プロレスの人気は沸騰したね。

鈴木　第二戦の大阪プールは、前回にまさる大盛況。三万人（主催者発表）の観衆が集まったが、これは日本のプロレス史上最高のものだった。今もこの記録は破られていない。

九州山　勝負はまたも引き分けに終わった。でも今度はテーズのバックドロップで先制されながら力道山はフォールを返す。そしてテーズのエアプレンスピンを力道山がロープにしがみつき、重なってリング下に転落し両者リングアウト。前戦より迫力のある試合だったな。

田鶴浜　そのあと地方で力道山とテーズのノンタイトル五戦（福岡、広島、神戸、名古屋、仙台）をやりテーズの二勝三分け。さらに沖縄に遠征したが、ここでも引き分け。力道山はとうとう一勝も出来なかったがプロレスの人気は正に爆発的だった。二十九年の世界タッグ選手権のシャープ兄弟、三十一年の二度目の来日以来の盛況ぶりで人気は完全によみ返った〔原文ママ〕。

工藤　十一月に力道山、東富士が、台湾出身の卓詒約の羅生門（大相撲の新高山）、ビル・サベージ、ハロルド坂田らを帯同して初の台湾遠征をした。大変な歓迎ぶりだった。日本ではパッとしない巨人の卓（二〇二センチ、一二五キロ）がヒーローと迎えられた。招待試合だったが、地元の格闘技者が挑戦。芳の里が問題にせず勝った。当時のプロレスー〔原文ママ〕は、いつでも異種格闘技の勝戦〔原文ママ＝挑戦の誤りか〕を受けた。そして勝った。

力道山ロスでテーズ倒したが奪ったタイトルに疑いの目も

鈴木　翌年七月、力道山はテーズに挑戦のため渡米する。そしてロサンゼルスでテーズに挑戦し2－1でテーズを破る。インターナショナル選手権の獲得だ。このタイトルの獲得には、後でゴタゴタが起きる。

田鶴浜　私は今でも疑問を持っている。工藤さん真相はどお？　あのタイトルはテーズが前年、世界チャンピオンとして初の海外遠征をし、日本での力道山を初め東南アジア、欧州、豪州の各地で不敗を記録したのでNWAがその偉業を賛え〔原文ママ〕インターナショナル選手権を贈ったというわくだった。だが前年十一月十四日カナダのトロントでテーズはディック・ハットンに世界ヘビー級選手権は奪われているのだ。

工藤　当時、私もハットンがチャンピオンと思っていた。そして力道山からの連絡も「ハットンとロサンゼルスで対戦」とあったが、テーズとの対戦に変わった。その間の事情は判らないが、力道山がテーズと戦って勝ち、奪取したのはインターナショナル選手権だった。これは、新制定のチャンピオンだった。

九州山　鈴木さん、あんた当時新聞社にいて国際電話でくわしく聞いたでしょう。AP、UPI電が「タイトルマッチでなく前座試合」とも流した。帰国した力道山が空港で報道関係者とそれをめぐって、ひと悶着あったね。

鈴木　力道山は、はっきり「2－1で勝ってタイトルを取った」と国際電話で答えた。チャンピオン・ベルトのないのは「テーズはベルトはオレのもの。欲しかったら何万ドルも出せ、と言ったが、金がないので持ってこなかった」と説明した。力道山は念願のテーズに勝ったことで、喜びがいっぱいだったし誇りにした。ともかくテーズは不世出と称される大レスラーだったからね。

工藤　スカイ・ハイ・リー、ドン・レオ・ジョナサン、ジョニー・バレント〔原文ママ＝ジョニー・バレンド〕の三外人レスラーを招いて、獲得したチャンピオンの防衛戦をやる。〝不死身の巨人〟と称されたリーとは二度の渡米で、力道山は二度とも引き分けに終わっていた。

九州山　蔵前国技館（九月六日）でリーを破ったね。リーは体にタタミ針を刺してもケロリ、試合前にブランデーをラッパ飲みにした怪人だった。だがあの化物〔原文ママ〕も、もう死んでしまった。

田鶴浜　川崎球場（九月九日）でジョナサンに勝って初防衛。東京体育館（十月三十一日）ではジョナサンの負傷棄権で力道山は二度目のタイトル防衛。このタイトルは三十八年に急死するまで保持した。日本のプロレスの栄光のチャンピオンだ。

鈴木　ともかく、この選手権の獲得で日本のプロレスの第一期黄金時代が築かれた。二十九年のシャープ兄弟の初来日以来、高度の急成長を遂げた。（『プロレス』1979年10月号、112〜115頁）

1951年（昭和26年）10月のボビー・ブランズとのエキシビション・マッチをデビュー戦とすると、力道山のプロレスラーとしての現役生活は1963年（昭和38年）に急逝するまでの12年2カ月ということになるが、日本プロレス史が本格的なスタートを切った1954年（昭和29年）を〝プロレス元年〟とするならば、いわゆる〝力道山プロレス〟の時代はちょうど10年間と考えることができる。

この全4回の座談会記事は、その〝力道山プロレス〟の最初の5年間――シャープ兄弟との歴史的な一戦、木村政彦との〝昭和巌流島の決闘〟、世界王者テーズの招へい、そしてインターナショナル王座獲得――を総括したものだった。NHKと日本テレビの2局によるテレビ中継、正力松太郎発案の街頭テレビからはじまったメディアイベントとしての日本のプロレスは、さらに4年後の1958年（昭和33年）、日本テレビ―三菱電機の強力タッグ結成によって〝金曜夜8時〟というゴールデンタイムの定位置を獲得することになる。

政界との深い関わり

〝力道山プロレス〟はマスメディアだけでなく、政治の世界、もっとわかりやすくいえば自民党ともひじょうに近い関係にあった。田鶴浜さんがその著作のなかで力道山と〝有力な後援者たち〟とのコネクション、そして、力道山死後のプロレス界と政界のかかわりについてこんなふうにまとめている。

田鶴浜ナラティブ

日本プロレスの親、各界主要後援者

過去、30年間に、日本プロレスを大きくまもり育てるのに有力な各界の主要な後援者——というと、どうしても、政界とマスコミ関係者が目立つ。影響力がものをいうからであろう。

ずらり大臣級ぞろい

政界人として、力道山が、最初にプロレス入りした当時に肩入れをした顔ぶれ——というと、（中略）辻寛一、大麻唯男、楢橋渡の三代議士が名前を連らねていた。

続いて、日本プロレス協会の設立で、初代会長（のちに初代プロレス・コミッショナー）

に推戴された酒井忠正氏も、農林大臣の前歴だから、矢張り政界人の一人といっていいのである。

酒井氏は、相撲協会の横綱審議会会長として相撲協会の有力なアドバイザーでもあった。だから、国技、相撲の隆盛発展にも熱心であったから、日本プロレス誕生の当時としては、突如として、日本の大衆の新らしいアイドルとなった力道山の西洋相撲（プロレス）が、日本相撲協会関係者に、大きなアレルギー反応やら確執を生じさせないお役目には、酒井氏こそ、まさに、うってつけの人物であったろう。（中略）

初の日本選手権——力道山対木村戦の前に、初代日本プロレス・コミッショナーとなり、昭和31年、コミッショナーを辞任してプロレス界を去り、中央競馬会理事長に転じたが、酒井氏は、立ち上り時代の日本プロレス史に銘記できる如上の意味で、目立たないが重要な役割を残こして去られたと明記しておきたい。

大野伴睦コミッショナー誕生

力道山プロレスの華々しい発展期には、自民党副総裁で党人派きっての大領袖・大野伴睦氏以下、元自民党幹事長で大臣を歴任された楢橋渡氏、更に戦前の大臣を歴任の超大物長老・賀屋興宣氏らの肩入れが、大きな力になる。

また、表面にこそ出なかったが、自民党内の実力者である河野一郎衆院議員も有力な支援者だったのをはじめとして、平井義一元衆院議員、中川一郎衆院議員（当時は大野伴睦氏秘書としてプロレス界に親しみ深い）、田中栄一衆院議員（当時は警視総監）らの他、社会党の大物、浅沼稲次郎、鈴木茂三郎衆院議員らが、日本プロレスのマットをめぐる政界の主だった顔ぶれであった。

大野伴睦氏は、昭和32年10月、力道山がルー・テーズのＮＷＡ世界タイトル挑戦を前にして、酒井初代コミッショナー辞任後、空席になっていたコミッショナーの座を継いで第二代目コミッショナーに就任されるのだ。大野コミッショナーかつぎ出しのころに、コミッショナー事務局長だった工藤雷介氏から聞いた話だが、自民党の副総裁を引きうけられる当時の大野さんは、ずい分各方面の世話をやいておられたから、およそ１００以上の団体のシャッポ役を、すべて返上して、党務に専念する決意を固めておられたという。その矢先のことだから、プロレス・コミッショナー就任は、まさに異例中の異例で、特別なことであった。（中略）

大野コミッショナーのプロレスに対する愛情は通り一ぺんのものではなかった。たとえ国会の会期中でも、特に重要な大試合にはリング・サイドのコミッショナー席に姿を見せられた。

力道山の人柄と、勧善懲悪のマットぶりに傾倒され、またお互いの気っ風〔原文ママ〕から、力道山と本当にウマが合ったようで、〝おやじさん〟〝リキ〟と呼び合うほどの間柄であった。だから力道山が、山王病院で息を引きとったとき、真っ先にかけつけたのが大野さんであり、池上本門寺での盛大な葬儀には、葬儀委員長をつとめられた。

力道山の歿後再建日本プロレス界をも激励され、年頭のシリーズ開幕にあたっては、〝関ケ原だ〟と全員に活をいれ志気を鼓舞された。また、力道山を失って、いろいろな点で思うようにいかぬ日本プロレス界にとっては、大野伴睦氏の肩入れが大きな力で、中川一郎衆院議員が率いる当時の大野氏秘書グループにどれだけ世話になったか知れない。ここで、一つ一つ具体的なことはあげないほうがいいが、ずい分無理なことまで通用させてもらったようだ。

その頼みの綱の大野先生が、正月末になると慶応病院に入院——そして、半年後には力道山のあとを追うようにしてなくなってしまった。

6年間に及ぶ楢橋渡会長

大野伴睦氏が、コミッショナーに就任される頃、これに併行して、いま一つ空位であった日本プロレス協会二代目会長を引き継いだのが楢橋渡衆院議員。力道山のプロレス入り以来の縁故で、プロレス行事のあるところ、必ず、あのユニークな、楢橋さんのあごひげ姿が目につくのだ。

それほどに親しみ、またご本人はプロレスを愛され、昭和32年の日本プロレス協会会長就任から、昭和39年、力道山歿後の協会再編成に至るまでの間、昭和37年度の一ヵ年間だけを、ゆえあって賀屋興宣氏がかかわって会長をつとめられた以外は、正味六年間というもの、日本プロレス協会長の座にあった。（中略）

再建時代は川島正次郎会長

力道山を失った後の日本プロレス再建時代、大野コミッショナーの逝去（昭和39年7月）のあと、三代目コミッショナーとして、噂にのぼった中には、力道山を可愛がった河野一郎氏の名前もあがっている。

結局、東京オリンピック担当大臣から自民党副総裁になられた川島正次郎氏が三代目コミッショナーを継がれるのだ（昭和40年）。川島さんもまた、単なる大野さんの後継者というだけにとどまらず、むしろ、大野さんに劣らぬ深い愛情をプロレス界にそそがれ、昭和45年11月に逝去されるまでに、親身になって、その面倒をみられた。（中略）

川島さん時代に、日本プロレス地図の塗りかえがはじまり、統一コミッショナー制度に至らずして歿くなられたのは残念で、川島さんの歿後、昭和46年、自民党副総裁椎名悦三郎氏が四代目日本プロレス・コミッショナーを継承されたが、日ならずして、その座は空しいものになってしまう。

また、昭和39年の再建日本プロレスの新らしい出直しに当って、改組新編成された日本プロレス協会を背負う苦労の多い新会長の大役を引きうけられたのが、力道山を可愛がった国土〔原文ママ＝国士の誤りか〕の児玉誉志夫氏で、その会長就任の詞は、

「青少年に逞しい気力を与えた力道山プロレスの灯を消してはいかん」ということであったと筆者は記憶している。

児玉氏の日本プロレス協会会長の存在は昭和39年一年間だけで、再建日本プロレスの見透しがつくと、昭和40年には、新協会二代目会長（歴代六代目会長）を元衆院議員平井義一氏にゆずる。

政界人でプロレス育成に意欲を持たれた有力な後援者は、このようにコミッショナーとして、また協会会長として日本プロレスの発展に力を注がれた。

アマレス八田一朗氏の協力

コミッショナーにも、また協会にも無縁だったが、今日のプロレス界に少なからぬ協力者であったのは、アマレス協会会長から政界入りした元参院議員の八田一朗氏である。力道山在世時代から、アマとプロの交流には前向きで、八田氏の持論は「アマが強ければプロが栄え、プロが栄えればアマが強くなる。スポーツ界のアマとプロは車の両輪である」という観点からプロレスに肩入れを惜しまなかった。

ローマ・オリンピックのとき、アマレス会場のマセンシオ遺跡でのロイヤル・ボックスで力道山を迎えて八田会長は持論を語り、同席した筆者と三人固い握手を交わしアマとプロの協力発展を誓いあった。（中略）

マスコミ関係ほか

日本プロレスの発展に、何よりも大きい力は、大衆動員だから、マスコミ関係のすべてが、大きい力になったことはいうまでもない。それらの中で、特記しなくてはならないのが次の通りだと思う。
プロレス立ちあがり時代については、すでに書いたように日本テレビ、毎日新聞のほかにNHKもあった。（中略）
日本テレビがプロレス発展の黄金時代を築きあげる時代、活字によって多くのファンを開拓したプロレス後援新聞社の役割も大きかった。力道山を愛しプロレスを深く理解する宮本義男代表取締役がひきいるのが「スポーツ・ニッポン新聞社」であった。
読売新聞社の正力傘下の日本テレビと、毎日新聞傘下のスポーツ・ニッポン新聞が、ことプロレスに関しては、二人三脚が、長期にわたり、しっくりと長続きして、日本プロレスの育成に当ったことは興味深いことで、日本テレビでプロレスに関する全権を握る福井三郎氏と、スポーツ・ニッポンの宮本義男代表、そして力道山のトリオが、ピッタリとイキが合っていたようである。（中略）

スポーツ紙とテレビ局

プロレス専門夕刊紙のかたちで発足した東京スポーツ新聞は、プロレスによって短期間に驚異的発展をとげる一方、スポーツ・ニッポンは宮本代表の歿後、長期にわたって後援した日本プロレスの崩壊があり、プロレスの後援から手をひき、やがて、スポーツ・ニッポン新聞に代って東京スポーツ新聞によるプロレスの後援時代に移ることになる。

（中略）

そのほか、プロレス普及に有力な支援者として数えられる新聞は、日刊スポーツ、東京中日、報知新聞、サンケイ・スポーツ、デーリー・スポーツなどの日刊スポーツ新聞、さらに内外タイムス、内外スポーツ、毎夕新聞（今はない）など夕刊紙の他、レジャー・ニュース、日刊観光などがあり、専門雑誌としては、最初のパイオニアーとして筆者が主宰した「ファイト」、次いでベース・ボール、マガジン社〔原文ママ〕の「プロレス」が既に20年近いキャリヤ。最も新らしいのが日本プロレス出版社〔原文ママ＝日本スポーツ出版社〕の「ゴング」だが、同誌はあらゆる点でアメリカの専門誌をしのぐほど高度なものといっていい。なお現在の「ファイト」は、後年、新大阪新聞の榎本仁臣社長に筆者から題号をお譲りし、生まれ変った「ファイト」誌が題号を継承した。（『日本プロレス30年史』、200〜203頁）

現在の日本のプロレス界と政界は——元プロレスラーの馳浩氏が最近まで文部科学大臣を務め、アントニオ猪木が参議院議員であること以外は——ほとんどつながりはなくなったが、〝力道山プロレス〟の時代と力道山没後の10年ほどはときの自民党副総裁が歴代の日本プロレスコミッショナーをつとめていた。庄一さんの口ぐせではないが、いまでは考えられないことといっていいだろう。

サンフランシスコ講和条約の調印（1951年＝昭和26年9月8日）からわずか3週間後にGHQ

慰安興行として〝ボビー・ブランズ一行〟が来日し、テレビ時代の幕開けと同時に正力松太郎発案の街頭テレビによってプロレスがそのキラー・コンテンツとなり、日本プロレス協会の発起人には政界・財界の大物たちがずらりと名を連ねた。

〝GHQ司法局〟〝大野伴睦〟〝児玉誉士夫〟といったキーワードの数かずを列記していくと、まるでアメリカによる〝陰謀説〟のようでもあるが、プロレスというジャンルが戦後まもなく日本にやって来て、メディアイベントとして大衆に提示され、大ブームを巻き起こし、この国の復興とともに成長・発展をとげてきたことはまぎれもない事実である。

力道山も、プロレスも〝時代の子〟だった。プロレスと社会、プロレスの観客と社会とは無関係ではなくて、プロレスはいつも時代とともに歩み、プロレスの観客もまたプロレスのなかに映し出される〝時代〟をみている。それはいまも変わることはない。

六章　馬場と猪木Ⅰ　デビュー

諸説ある馬場のプロレス入りのいきさつ

ジャイアント馬場（本名・馬場正平）とアントニオ猪木（本名・猪木寛至）が日本プロレスに入門したのは1960年（昭和35年）4月。馬場はプロ野球からの転向で、猪木はブラジル遠征中だった力道山に現地でスカウトされてのプロレス入りだった。馬場と猪木のくわしいプロフィルはこれまでありとあらゆる活字メディア、映像メディアで伝えられているから、ここではできるだけかんたんにまとめておく。

馬場は1938年（昭和13年）1月23日、新潟県三条市生まれ。三条実業高校時代は野球部でピッチャーとして活躍。高校入学時にすでに身長は2メートルを超えていたという。1954年（昭和29年）夏、馬場が〝2年生エース〟のとき、甲子園の新潟県予選1回戦で長岡高校に敗れたが、その後、読売ジャイアンツにスカウトされ、高校を中退してプロ野球選手となった。まだドラフト会議のない時代だった。背番号は59。

ジャイアンツには1959年（昭和34年）まで5シーズン在籍したが、一軍での登板は1957年（昭和32年）のシーズン中の3試合（先発は1試合）のみで成績は0勝1敗。59年のシーズン終了後に戦力外となり、翌1960年（昭和35年）春、テスト生として大洋ホエールズ（現在の横浜DeNAベイスターズ）の春季キャンプに参加。しかし、キャンプ地であった兵庫県明石市の宿泊先ホテルの浴場で転倒し、右ヒジ内側じん帯を断裂し、野球生活を断念した。

猪木は1943年（昭和18年）2月20日、神奈川県横浜市鶴見区生まれ。男7人、女4人の11人兄弟の下から2番めの六男。1957年（昭和32年）2月、14歳の誕生日をまえに家族とともにブラジルに移住。現地では陸上競技で活躍。サンパウロ市内の青果市場で働いていたところを力道山にスカウトされ――じっさいにはこの青果市場を経営する日本人実業家、児玉満社長から紹介があったとされる――1960年（昭和35年）4月に帰国。力道山門下となった。

馬場と猪木の入門が発表されたのは同年4月11日。この日、東京・日本橋人形町のプロレス・センターで力道山のブラジル遠征（これが2度め）の報告のための記者会見が開かれ、ここで力道山の口から馬場と猪木の入門が明らかにされた。22歳の馬場はプロ野球選手から転向の大型ルーキーで、17歳の猪木には「ブラジル・サンパウロ出身の日系二世」という架空のプロフィルが用意されていた。カタコトの日本語しか話せない日系二世という〝設定〟のため、猪木は公の場で日本語を話すことを禁じられた。

のちに宿命のライバルとなる馬場と猪木が〝同日入門〟だったのは、力道山がはじめからそういうプランを立てていたというよりも、どちらかといえば偶然だった。だからこそ、まだ10代だった猪木はこの日から馬場に対してライバル意識を抱き、すでにこの時点で5年の社会人経験があった馬場はたまたまそこに立っていた猪木少年の存在をそれほど意識しなかったのかもしれない。

この前日、4月10日に力道山がブラジルから帰国したさい、羽田空港で報道関係者に配布された資料（メモ書き）には猪木の本名が〝寛至〟ではなく〝完至〟と記載されていたが、これは力道山のブラジル遠征に同行した長沢秀幸（大相撲－実業団相撲を経て1953年＝昭和28年にプロレス転向）が〝寛〟と〝完〟を書き誤ったものではないかといわれている。この〝完至〟という表記は昭和40年代まで訂正されなかった。

馬場のプロレス入りまでのいきさつについては諸説がある。庄一さんはその著書『鈴木庄一の日本プロレス史・上』と『宿命のライバルG・馬場A・猪木 永遠の抗争 過去・現在・未来』のなかでこう書いている。

庄一ナラティブ

力道山の渡米中に東京・日本橋人形町のプロレス・センターで小島泰弘（のちのヒロ・マツダ）が単身フリーで海外遠征前のトレーニングをし、プロ野球巨人軍を整理され、大洋の明石キャンプのテスト中にフロ場で転倒し、左腕をけがしプロ野球生命を絶たれた馬場正平――今のジャイアント馬場が同所を訪れる（私が仲介する）。（『鈴木庄一の日本プロレス史・上』、133頁）

〝巨人〟の馬場に、力道山はかねてから関心を持っていた。馬場は人目をはばかり、再出発の人生をスポーツでなく、好きな読書を縁に東京都内の某出版社に就職を内定していた。馬場は三条実業高校（2年中退）を卒業したらプロ野球は別として出版社に勤めることが願いだった。（高校時代の友人の話）。

力道山はそんな傷心の馬場に、人を介してプロレス入りの誘いをする。私は力道山がブラジルに出発する前「出来たら留守中に道場に連れて来て、けいこはともかく皆に紹介してくれ」と頼まれた。私はその力道山との約束を果たす。確か3月20日前後だったと思う。人形町のプロレス・センターで笠原専務に、力道山から頼まれている経緯を打ち明け、練習中の芳の里をリーダーとするレスラー一同に日本プロレスに馬場が入門することを伝える。馬場はじっくりとトレーニングを見物した。このことは、当時そこにいたレスラーを含め一部の日本プロレスの職員しか知らず、外部に洩れていない。

だが馬場は4月11日に入門発表まで力道山のいないプロレス・センターには、その後、姿を見せていない。私は馬場がプロレスラーに転身するであろうことは、交した言葉から十分信じていたが、いささか不安になった。でも馬場は力道山が帰国した10日に連絡をとり、11日の入門発表となる。1度はジムでレスラーに〝よろしく〟の挨拶をした馬場が、その後はジムに姿を現さなかったのは何故か？　のちに知ったことだが、律儀な馬場は力道山と会って正式に契約（プロ野球選手だった馬場はプロ野球の「統一契約書」

のように契約が念頭にあった）する前に、誤解されるような行動をすることを避けたのだった。（中略）
入門発表時、力道山と私は社長室で2人だけで馬場の体位を測った。身長203センチで体重125キロ。22歳だったが身長もその後、伸びる。198センチのマンモス鈴木は「そう違わないな」と言ったが、それ以上伸びなかった。やはり馬場は〝物〟が違ったのか。（『宿命のライバル G・馬場 A・猪木 永遠の抗争 過去・現在・未来』第1章－1）

ところが、東京スポーツ新聞社の櫻井康雄さんはこの庄一ナラティブを否定する内容の記述を馬場自身のコメントとしてその著作『激録 力道山』第3巻のなかで書いている。そのまま引用する。

櫻井ナラティブ

筆者は馬場に「プロレス入りの事情」を詳しく聞いたことがある。昭和58年（1983年）に本紙に連載した「ファイティングトーク闘魂の秘録」から、その一問一答を再現する。

――プロレス入りの動機、これはいったいどういうことだったんですか？

馬場 巨人軍をクビになりましてね。その後まあ、いろいろあって昭和35年の4月にオープンする『ホテル・ニュージャパン』に勤めないか、とか、ある映画会社から俳優にならないか、とか、いろいろ話があったが気乗りがしない…なぜといわれても自分でもはっきりしないんだが、昭和35年の3月だったかな、人形町に力道山を訪ねていったんだよ。ふらふら…とね。

——誰か紹介者がいたとか、プロレスに行けと勧《すす》めた人がいたとか、そういうことは？

馬場　いや誰からも勧《すす》められたわけじゃない。本当にふらふらふらといってしまったのよ。なぜあの時に人形町に足が向いたんだろうね。ふらふらと、プロレスというか、力道山を見にいったんですよ。

——その時、力道山に会ったんですか？

馬場　いや会えなかった。義屋（注＝竹下民夫）という若手レスラーがいて、いろいろ話をした。

——どういう話をしました？

馬場　プロレスにきなさいよ。プロレスは金になりますよ、という話だったな。豊登が年収二百四十万円とかいろいろいっていた。へーえ、そんなにプロレスは金になるのかと思った。

——二百四十万円というと、いまの物価指数でいけば二千四百万円ぐらいかな。

馬場　もっとじゃない。大学出で月給も、八千円の時代だもの。プロレスって凄いな、そんなに金になるのかと思ったもの。

——それですんなりプロレス入り？

馬場　いや、力道山が帰ってくるのが四月中旬になるということで、その日は帰った。そして四月中旬（注＝4月11日）にまた行ったんですよ。

——その最初に行って帰る時、馬場さんの気持ちはどうだったの？　プロレスラーになろうという気になっていた？

馬場　はっきりしていなかったね、とにかく力道山に会わなければ気持ちの上で先に進まない。

——それで力道山に会ったのは？

馬場　四月十一日、力道山道場をまた訪ねて行ったら力道山がいて会ってくれた。みんな練習していてね、力道山が上から下までじろっとみてね。オイ足の運動五十回やってみろ、といわれた。

——ヒンズースクワット？

馬場　そう、それでみんなやってる通りに五十回やった。そしたら、あと五十回やれというからまた五十回やった。力道山はじーっと見ていてね、終わったら、よしあしたからこい…それだけ。

——力道山に初めて会った印象は？

馬場　その時が初めてじゃなく巨人軍にいた時に一度会っているし、力道山もボクを覚えていたし〝おう〟というのが最初の言葉だったな。こっちは硬くなって…怖い人だと思ったよ。

——それでその翌日（4月12日）行った？

馬場　すんなりプロレスラーになっちゃったんだな。すぐに練習させられて。

——生活というか、生きるためにプロレスという職業を選択したのか？　それともプロレスラーになって世間のフットライト〔原文ママ〕を浴び、スターになってやろうと思っていた？

馬場　わからないんだな、いまだにそれが。ただ前にもいったように何か思い切ったことをやって、オレをクビにした巨人軍というか…見返してやりたい人達がいたわけ…。

——巷説では誰か新聞記者が馬場さんを力道山に紹介したということがいわれているが？

馬場　いや、そういうことはないなあ。ボクが初めて力道山道場を訪ねていった時…会えなかった時ね。ある新聞の記者がいたような気がするが、紹介してくれたということはないな。ボクはボクの意思でプロレスラーになった。

——その時アントニオ猪木はいたんですか。

馬場　いた。ブラジルから力道山に連れてこられたばかりで、ちょっと細いおとなしい感じだった。何か今でも猪木に初めて会った時のことを覚えているんだが、胸に英語を書いたTシャツを着て稽古していたな。

——話はした？

馬場　別にしなかった。そんな気持ちの余裕はなかったよ。猪木よりも毛むくじゃらの

マンモス（鈴木）の方が印象が強かったな。すげえ奴がいると思った。（『激録 力道山』第3巻、99〜101頁）

庄一ナラティブが「私が仲介する」「私は力道山がブラジルに出発する前『出来たら留守中に道場に連れて来て、けいこはともかく皆に紹介してくれ』と頼まれた」「私はその力道山との約束を果たす」として、庄一さんが馬場を日本プロレスの道場に連れていったと記述している部分をなぜか櫻井ナラティブ――櫻井さんと馬場の会話――は「巷説では誰か新聞記者が馬場さんを力道山に紹介したということがいわれているが？」「いや、そういうことはないなあ。ボクが初めて力道山道場を訪ねていった時…会えなかった時ね。ある新聞の記者がいたような気がするが、紹介してくれたということはないな」とまっこうから否定している。

また、庄一ナラティブは、馬場と力道山の接触について「力道山はそんな傷心の馬場に、人を介してプロレス入りの誘いをする」と、力道山のほうから馬場に対して間接的なアプローチがあったことを記しているが、櫻井ナラティブはこれについても「昭和35年の3月だったかな、人形町に力道山を訪ねていったんだよ。ふらふら…とね」「いや誰からも勧められたわけじゃない。本当にふらふらといってしまったのよ。なぜあの時に人形町に足が向いたんだろうね。ふらふらと――」と馬場自身のコメントとして仲介者の存在を否定している。短いコメントのなかに〝ふらふらと〟という表現が集中的に3回も使われているから、櫻井さんはよほどこの〝ふらふらと〟を強調したかったのだろう。

馬場のコメントのなかに登場している〝義屋〟（注＝竹下民夫）という若手レスラー〟は、馬場と同い年で馬場よりも先にプロ野球からプロレスに転向した竹下民夫（元トンボ・ユニオンズ）のことだ。この竹下が馬場の日本プロレス入門の直接の仲介役だったとする説もある。

櫻井ナラティブでは、馬場が4月11日に力道山と会ったときのやりとりは「力道山は上から下までじろっとみてね。オイ足の運動を五十回やってみろ、といわれた」「それでみんなやってる通りに五十回やった。そしたら、あと五十回やれというからまた五十回やった。力道山はじーっと見ていてね、終わったら、よしあしたからこい…それだけ」となっている。しかし、この日は馬場と猪木の入門が報道関係者に発表された日で、そのときの写真をみてみると、猪木はたしかに上半身裸で下はジャージーをはいていて、いかにも練習中といった雰囲気だが、馬場はスーツを着てきちっとネクタイをしめていて——この日は練習に参加する用意はしていない——なごやかな表情で力道山といっしょに写真におさまっているから「オイ足の運動五十回やってみろ」「よしあしたからこい」なる力道山のコメントとそのやりとりはかなり不自然な感じがする。

庄一ナラティブにあるように、プロ野球出身の馬場はプロレスにもプロ野球と同じような契約書が存在すると考えていたようで、〝入団発表〟の日にいきなり練習をやるというふうには思っていなかったのだろう。このあたりは庄一ナラティブと櫻井ナラティブの明らかな〝乖離〟、あるいは櫻井さんが感じていたかもしれない庄一さんに対する一種の敵意のようなものとみるべきだろう。

力道山急逝から馬場インター王座獲得まで

馬場と猪木の待遇には入門当時から明らかな格差がつけられていた。馬場には読売ジャイアンツ在籍時と同額の月給5万円（当時の大学新卒のサラリーマンの月給は1万3000円）が支給され、合宿所ではなく神奈川・下丸子のアパートから道場への〝通勤〟だったのに対し、猪木は内弟子として力道山の自宅に住み込み、給料制ではなく不定期の〝小遣い〟が与えられた。

力道山が〝未来のメインイベンター〟として育成した新人には馬場、猪木のほかに鈴木幸雄（リングネームはマンモス鈴木＝のちに国際プロレスでレフェリーに転向）と大木金太郎（本名・金一《キムイル》）のふたりがいた。

鈴木は身長198センチ、体重113キロの大型で、1958年（昭和33年）6月、大相撲――本人はこの経歴を隠した――から入門。全身を覆う剛毛とアゴひげというワイルドな風貌が力道山に気に入られ、とくに目をかけられた。大木は力道山にあこがれ、58年ごろ（入国の時期については諸説がある）韓国から密入国。1959年（昭和34年）、入管法違反で逮捕されたが、横浜の拘置所から力道山に手紙を書き、大野伴睦・日本プロレスコミッショナー（自民党副総裁＝当時）の超法規的措置で釈放され、同年7月、日本プロレスに入門を許可された。

鈴木、大木はいずれも馬場、猪木よりも先輩にあたるが、当時の日本プロレス関係者、マスコミは馬場、猪木、鈴木の3人を〝若手三羽烏〟、これに大木を加えた4人を〝若手四天王〟と呼んだ。

馬場と猪木のデビュー戦は、同日入門から5カ月後の1960年（昭和35年）9月30日、東京・台東体育館。馬場は元大相撲幕下で相撲時代から力道山の付き人だった中堅の桂浜（田中米太郎）と、猪木は9カ月の先輩にあたる韓国出身の大木金太郎とそれぞれシングルマッチで対戦。馬場は5分15秒、股裂きでギブアップ勝ちを収め、猪木は7分16秒、逆腕固めでギブアップ負け。馬場は比較的イージーな相手との試合でデビュー戦を勝利で飾り、猪木は力道山直系の兄弟子との対戦で完敗を喫した。

馬場と猪木はデビュー戦の翌年、1961年（昭和36年）5月から6月にかけて6回、1年おいて1963年（昭和38年）4月から10月にかけて10回、合計16回、シングルマッチで対戦し、試合結果は馬場の16勝0敗。ついに実現しなかった〝世紀の一戦〟ということになっている馬場と猪木の直接対決は、じつはふたりがまだ若手だった時代――力道山の存命中――に前座カードでおこなわれていた。

馬場は『第3回ワールド・リーグ戦』終了後の1961年（昭和36年）7月、芳の里、マンモス鈴木とともに初のアメリカ武者修行の旅に出発。1年8カ月間にわたりアメリカとカナダを長期ツアー。典型的なエリートコースだった。

アメリカでのリングネームは、当初は本名のショーヘイ・ババだったが、メインイベンターとして全米を飛びまわるようになると現地のプロモーターによってババ・ザ・ジャイアントに〝格上げ〟された。対戦相手はアントニオ・ロッカ、ブルーノ・サンマルチノ、エドワード・カーペンティア、ボボ・ブラジル、キラー・コワルスキーなど超一流どころばかりで、当時、バディ・ロジャースが保持していたNWA世界ヘビー級王座にも通算7回挑戦した。
いっぽう、猪木も馬場がアメリカ遠征中だった1962年（昭和37年）4月、『第4回ワールド・リーグ戦』に出場。キャリア2年、19歳のルーキーだった猪木は同リーグ公式戦でルー・テーズ、ディック・ハットン、フレッド・ブラッシーといった超一流外国人選手と初めてシングルマッチで対戦した（リーグ戦の成績は8戦全敗）。猪木完至からアントニオ猪木への改名は、同年11月の沖縄巡業からだった。

1963年（昭和38年）3月、『第5回ワールド・リーグ戦』出場のため帰国した馬場は、このシリーズ興行からリングネームを正式にジャイアント馬場に改名した。同リーグ戦は力道山の5年連続5度めの優勝で幕を閉じ、馬場は同年10月、2度めのアメリカ長期遠征に出発。それからわずか2カ月後、滞在先のカナダ・オンタリオで力道山の急逝を知ることになる。しかし、馬場は帰国はせず、そのまま翌年4月までアメリカに滞在した。ちょっと意外な感じではあるが、力道山が帰らぬ人となった63年（昭和38年）12月、大木もロサンゼルス遠征中だった。猪木がようやく念願のアメリカ武者修行に出たのは、力道山死後の1964年（昭和39年）3月。馬場と猪木がリング上で再会するのは、力道山の死から4年後の1967年（昭和42年）のことだった。

『ワールド・リーグ戦』は、1959年（昭和34年）からはじまった〝力道山プロレス〟の集大成といえる一大イベントで、馬場と猪木が日本プロレスに入門したのはその第2回大会の直前だった。力道山自身は第5回大会開催をまえに「『ワールド・リーグ戦』はことしで打ち止め」と語っていたとされるが、突然の死によって、それはほんとうに〝力道山プロレス〟の総括となった。

力道山ときわめて近い距離にあった関係者が、『ワールド・リーグ戦』第1回大会が開催された59年（昭和34年）から馬場&猪木の〝BIコンビ〟が日本プロレスの主役として活躍する1968年（昭和43年）までの10年間のこの国のプロレス界の動きを語り合った座談会から引用する。

この座談会記事が連載シリーズ「特別企画バトンタッチ座談会　各時代の証人による日本プロレス30年の軌跡PARTⅡ」として『プロレス』誌に掲載されたのは1979年（昭和54年）11月号から1980年（昭和55年）2月号までの4号（4カ月間）。前章で紹介した座談会の続編である。

座談会の出席者は、芳の里（長谷川淳三、元幕内・プロレスラー、元日本プロレス代表取締役）、岩田浩（元日本プロレス専務取締役）、清水一郎（日本テレビ・アナウンス部副部長＝当時）の各氏、そして司会・進行の鈴木庄一さんの計4名。

この座談会が収録された時点で、芳の里（1928年＝昭和3年生まれ）は51歳。日本プロレス崩壊から6年後のことだ。岩田・元日本プロレス専務取締役は、正確な年齢は不詳だが、芳の里と同年代かやや上と思われる。清水アナ（1933年＝昭和8年生まれ）はこのとき46歳。1957年（昭和32年）からこの前年の1978年（昭和53年）まで21年間、24歳から45歳までプロレス中継の実況アナをつとめた。司会・進行役の庄一さん（1923年＝大正12年生まれ）は56歳だった。

第5回は1959年（昭和34年）から1961年（昭和36年）までの3年間、第6回は1962年（昭和37年）から力道山が死去する1963年（昭和38年）までの2年間、第7回は1964年（昭和39年）から1965年（昭和40年）の2年間、第8回は1966年（昭和41年）から1968年（昭和43年）の3年間のできごとをそれぞれカバーしている。司会が庄一さんで、原稿をおこしたのも庄一さんだから、この座談会の内容も基本的には庄一ナラティブととらえていい。

鈴木 皆さん、お元気で何よりです。（中略）もう当時の人で何人かは故人となりましたが、ある意味ではいい時代だったし、またある意味では大変だった——。

PRATⅡ 第5回（昭和34年〜昭和36年）
低迷人気はね返すワールド・リーグ戦

岩田 三十四年は第一回ワールド・リーグ戦が開催された年だな。その前年には力道山がロサンゼルスでルー・テーズを降してインターナショナル選手権を獲得し第一期黄金時代ともいうべき盛況だったが、下半期、ことに暮近くからは人気が下降した。力道山がブラジルに遠征して不在だったこともあるが…。

札止めとなる体育館
初の本格的国際試合

清水 当時、世間はナベ底景気と言われた。中小企業が倒産しストライキが続出した。プロレスも例に洩れず不況だった。でもテレビの視聴率は悪くなかった（抜き打ち調査では三月時で六一・七％＝全番組のトップ）。芳の里さんは、この年の十二月にブラジルから帰って来たんですね（33年11月25日〜34年2月27日力道山とブラジル遠征）（原文ママ＝33年11月17日〜同12月17日の誤りか）。

芳の里　ブラジルでの関取（力道山）の人気は大変だった。ワシ、いやになったな。何しろ関取は早い時間で勝てば、日系人のファンは大喜びなんだ。それでドンドン、早いタイムでケリをつける。こっちは長い時間ファイトしなくちゃならない。関取はワシの数倍のギャラを取って、ファイトの時間はワシの数分の一だ。ワシ、割りが合わないんでボヤいてやったよ。

鈴木　人気の低調から力道山は画期的なワールド・リーグ戦の開催を計画した。マスコミなど当時〝プロレスは曲り角〟など下火説を吹聴した。そう言われると反発するのが、力道山の反骨の精神だったな。

岩田　鈴木さん、あんたその張本人だったんじゃない。でも本当にワールド・リーグ戦の前は苦しかった。テレビ撮りの常打ち会場がなく後楽園ジム（東京・水道橋＝現在ボクシング、ボディビル練習場）を使ったが、使用料の十万円の水揚げもなかったことがある。

清水　芳の里さんの帰国に期待しましたよ。でも力道山の渡米中（ワールド・リーグ戦折衝のため3月24日〜4月28日渡米）に来日したミスター・アトミックに、あんた、吉村道明が続いてやられ、逆に人気が沸いた。折からテレビ番組で月光仮面ブームが起こり、日本に初登場の覆面レスラー（原文ママ＝厳密には昭和31年に来日し、木村政彦らと対戦したラウル・ロメロのほうが先）のアトミックがそれにあやかった？

岩田　ワールド・リーグ前にアトミックとダニー・プレチェス（昭和32年10月初来日）の二人を帯同してリーグ前哨の北海道巡業をしたが、これが当たった。各地で一万人近い観客を集めた。

芳の里　東京体育館の開幕戦は連日札止めだった。このリーグ戦はヘビー級の出場ということで、日本側は関取（力道山）、豊登、遠藤の三人が出て、吉村もワシも出場できなかった。

鈴木　七人の外人レスラーが参加ということは、当時では破天荒なことだった。キング・コング、ジェス・オルテガの肥大漢に、エンリキ・トーレス、ロード・ブレアースの技巧派、それに人気のアトミックと揃った。ブームがまたやって来た。

清水　優勝戦は四者（力道山、オルテガ、トーレス、アトミック）の決勝トーナメントとなり、トーレスとオルテガが決着付かず、力道山はアトミックに反則負けした。だが引き分けの両者から抽選でオルテガが出て、アトミックの負傷棄権による漁夫の利〔原文ママ〕で力道山が浮上し、結局は力道山がオルテガをフォールし優勝した。強烈な個性的な外人が揃ったことが、人気を集めたのじゃないの。

岩田　そのあと四人のレスラーを選抜し国際試合を行なった。リーグ戦の前後を併せ九十三日間に六十戦。約六十万人の観客動員と約二億五千万円の水揚げがあった。当時、年間の興行数は今のような定期的シリーズでなく、八十試合から九十試合だから大変なものだ。これで息を吹き返した。

鈴木　ロングランのこの興行を終えた時、力道山は「これで首をくくらずに済んだ」と言ったが、実感だったたね。この成功の一つにグレート東郷の協力は見逃せないと思うが……。

芳の里　東郷さんの協力があっての成功は確かに言えるね。東郷さんが来日し、関取を凌ぐような人気を集め、関取は不機嫌になったよ。アメリカでは無名に近いアトミック（カール・ステーフ）〔原文ママ＝クライド・スティーブス〕を日本に送ったのも東郷さんだった。新しいプロレスがやって来た。

馬場、猪木の入門で大型時代へ胎動開始

鈴木　三十五年には元関脇の輝昇がプロレスラー転向を発表した。芳の里さん、マワシをつけてけいこしたね。でも輝昇は腫ようが悪化し、リングに上がらぬまま〝幻のレスラー〟となった。このあと馬場正平、猪木完至〔原文ママ〕が入門する。それ以前に鈴木幸雄、大木金太郎が入門し、大型時代が踏み出す。

清水　力道山は次の時代作りを図ったんだな。二十二歳の馬場、二十歳の鈴木、十七歳の猪木とこの大型トリオを売り出す。この三人はこれまでにない魅力を持った若者だった。

岩田　馬場は力道山の二度目のブラジル遠征中に、鈴木さんがジムに連れて来た。プロ野球（巨人）を退団した大きな男と聞いていたが、びっくりした。猪木については、ブラジルから有望な若者を連れて帰るという連絡があった。

鈴木　馬場は巨人軍を整理されたあと、勧誘の話があった。でも馬場が〝もう一度プロ野球でやりたい〟と断り、大洋の明石キャンプでテストを受け、採用が決まった。それが風呂場で転倒し右腕と頭部を負傷、野球生活を断念せざるを得なくなった。そこで再交渉。ジムでトレーニングを見せるために、私が連れて来た。結局、力道山の帰国後に正式入門する。

芳の里　二人の入門は、ほとんど同時でシノギを削る。関取は鈴木（現在国際プロレスのレフェリーのマンモス鈴木）に、より期待をかけていた。関取の本心はワシや豊登はうるさい存在だったし、これら若い連中の方が御し易いので、三人に目を掛けていた。当然なことだったと思うよ。

岩田　第二回ワールド・リーグ戦は、前回にもまさる盛況だった。〝不世出の大レスラー〟と称されるルー・テーズの九三六連勝に土を付けた（反則勝ち）プロフットボール出身のレオ・ノメリーニが台風の目だった。ノメリーニとサニー・マイヤースの開幕戦の好一番は忘れられないね。優勝は結局、力道山とこのノメリーニの間で行なわれ力道山がリングアウト勝ちして連続優勝した。

清水　ノメリーニはこれまでに来日した外人レスラーの中で、最も印象に残るレスラーの一人だ。体も良かったしパワーもあった。私は今、アメリカンフットボールの実況を担当しているので渡米する機会は多く、最近サンフランシスコでノメリーニと会った。もう白髪の中年だが今でも元気。古巣のサンフランシスコ〝49〟のゲームのテレビ実況の解説者をしているが、今でも大変な人気者だ。

岩田　リーグ戦のあと、前年同様に選抜国際試合を行ない、また人気を集め、延べ八十日間の興行をやっている。そのあと黒人のリッキー・ワルドーがシンガポールから流れて来る。これは掘り出しものというか、拾いものだったね。折からの〝ダッコちゃんブーム〟に便乗し人気を集める。

芳の里　来た時は痩せていた。金もなくて合宿でちゃんこを食うんだが、飯に汁をぶっかけてね。それで見る見る間に立派な体になり、関取と引き分けてしまうまでになる。関取は「もうあいつにちゃんこを食わすな」なんて言い出した。来日前は、きっとひどい生活をしてたんだね、でもワシも長いことアメリカを一人でファイトしたことがあるが〝どうにでもなれ〟と思ったことあるな。プロレスラーは、しょせん自分だけしか頼れないよ。ワルドーのバイタリティは見習うべきだよ。（中略）

岩田　力道山は大阪に豊登、芳の里らを中心とした支部のような団体を作らせ、独自に興行をし、また交流試合をすることを計画した。一時期、関西だけで力道山を除いてテレビ実況中継をしたこともある。力道山は他団体が誕生することを、そうしたことによって押さえようとしたことも事実だった。その点では、しょせんは日本に一団体ではなく他の団体誕生の可能性は必然的にあったとも言えよう。

鈴木　第三回ワールド・リーグ戦は、前二回を上回る規模となる。怪物グレート・アントニオに実力派のカール・クラウザー（のちにカール・ゴッチ）ミスター・X（ビル・ミラー）らが参加する。芳の里さんも出たし吉村も出場するんだな。

清水　東京・神宮外苑の絵画館前でアントニオがクサリで繋いだ三台の大型バスを引っ張る。力道山はその化け物〔原文ママ〕アントニオを破る。そしてさ決勝でミスター・Xを降して三年連続優勝した。

岩田　アントニオが大言壮語して外人レスラーの鼻つまみになり、リング外で叩きのめされた。クラウザーはリング上でもひどい目に合わせた。アイク・アーキンスなんて無法者は半殺しにしたね。最後は〝国外追放〟を力道山は命じて、貨物船で寂しく帰国した。

芳の里　アメリカでも、実力がなくて大口を叩くような奴はひどい目に合う。カール・ゴッチのNWA世界ヘビー級チャンピオンのバディ・ロージャース〔原文ママ〕の殴打事件のような例は、表には出ないがザラにある。

鈴木　このリーグ戦の途中であったが、芳の里と馬場、鈴木が渡米する。ロスを振り出しにシカゴ、ニューヨークと全米を回るんだな。鈴木は事故で一人早く帰国した。MSGにも出場したんだね。それから馬場と別れ二年三ヵ月間の長期滞在となった。テネシーで暴れたね。

清水　タロー・サクローと組んでテネシー州タッグ・チャンピオンになったな。テネシー州ってとこ、日本人を憎悪したんだそうだね。のちに日本のレスラーが多く行く（ミツ・ヒライ、グレート小鹿、大熊元司、ヒロ・マツダ、アントニオ猪木、山本小鉄、星野勘太郎…）。

あんたはその先鞭をつけたわけだ。（中略）

芳の里　馬場はＭＳＧで脚光を浴びる。そしてシカゴで当時のＮＷＡ世界ヘビー級チャンピオンのロジャースに挑戦した。だが力道山は「そのことは他言するな」と言った。

力道山念願の「殿堂」スポーツパレス誕生

清水　力道山念願のリキ・スポーツパレスが完成。ボウリング場も作られた。そしてボクシング界に打って出る。だがボクシング界進出は難航したな。

鈴木　力道山は小さい殻の中にはいられない人だった。着想が常人では及ばないし、実行力も抜群だった。よく〝出る杭は打たれる〟と自分で言っていたがその通りだったな。リキ・スポーツパレスの完成でプロレスが安定の根を降ろしたことはまぐれもない事実だった。（『プロレス』１９７９年11月号、１０８頁）

この座談会・第5回でも、馬場の日本プロレス入門の経緯を「馬場は力道山の二度目のブラジル遠征中に、鈴木さんがジムに連れて来た」という岩田氏のコメントと「ジムでトレーニングを見せるために、私がつれて来た」という庄一さん自身のコメントで前出の庄一ナラティブを肯定する内容になっている。

１９５９年（昭和34年）からスタートする『ワールド・リーグ戦』については、庄一さんは「人気の低調から力道山が画期的なワールド・リーグ戦の開催を計画した」「七人の外人レスラーが参加ということは、当時では破天荒なことだった」と分析している。この前年（昭和33年）、外国人選手が参加する〝国際試合〟は2シリーズ（合計59興行）しか開催されず、プロレスの人気が下降気味だったことは事実なのだろう。日本プロレスの興行が1年を通じてのシリーズ形式のスケジュールになったのは『第1回ワールド・リーグ戦』が開催された昭和34年からだった。

日本プロレスのフロントだった岩田氏が「リーグ戦の前後を併せ九十三日間に六十戦。約六十万人の観客動員と約二億五千万円の水揚げがあった」、芳の里が「東郷さんの協力があっての成功は確かに言えるね」とインサイダーの立場から『第1回ワールド・リーグ戦』の業績をふり返っている。座談会・第6回、第7回の抜粋をつづけて引用していく。

PARTⅡ 第6回（昭和37年〜38年）
〝好事魔多し〟力道山の遭難
力道山・豊登組敗れて
放火も出る観客の騒乱

鈴木 三十七年は二十七年に発足した力道山の日本プロレスの最盛期ともいうべき黄金時代だった。だが何かと波乱も多かった。芳の里さんは日本にいなかったが…。（前年七月に馬場正平、鈴木幸雄と渡米中）。

岩田 年頭の大阪（府立体育会館）東京（台東体育館）とも二日間興行で、連日満員だった。

〝今年はいけるな!〟と活気を感じた。二月の日大講堂では二日間、連続のアジア・タッグ選手権試合が行なわれた。二日間同じ会場で同じタイトルマッチは、空前のことだった。

清水 そうだね。今でもそんなことはないよ。力道山・豊登組に初日は白人のロニー・エチソン、ロッキー・ハミルトン組が挑戦(力道山・豊登組の勝ち)。二日目は黒人のワルドー・レンジー組〔斎藤註=リッキー・ワルドー、ルッター・レンジ組〕が挑戦した。ワルドー・レンジー組が勝ってタイトルを奪取した。力道山・豊登組がタイトルを失い、超満員の観衆がエキサイトしたな。力道山の頭に客が投げたイスが当たり、二階では放火騒ぎが起きた。空前の混乱。騒動だったね。

鈴木 力道山が敗れてタイトルを失ったのは、三十一年五月の世界タッグ選手権のリターンマッチ(遠藤幸吉と組みシャープ兄弟から獲得した同タイトルを奪回される)以来のこと。東京では初めてで、観衆は興奮した。私も新聞(日刊スポーツ)に書いたが、翌朝のスポーツ新聞はいずれもこの騒動を大々的に報じた。一般紙を含めプロレスの騒擾が新聞記事になったのは、あれが初めてだろう。警視庁の機動隊が出動したからね。

視聴者から死人を出す
ブラッシーの噛みつき

岩田 三月に力道山がロサンゼルスでブラッシーを破ってWWA世界ヘビー級選手権を

奪取する。このタイトルマッチはフィルムで写され〔原文ママ〕、日本テレビで放映したね。バンパイヤー（吸血鬼）のブラッシーが力道山の額にかみついて出血させ、日本でのリターンマッチの前、すでに話題となった。

清水　困ったことの前触れだったね。第四回ワールド・リーグ戦の開幕三日間興行（東京体育館）の最終日にリターンマッチが行なわれた。力道山はブラッシーを破って日本のファンの前でタイトルの初防衛をした。館内は最高に沸いた。だがこの時の実況中継は、あとで判ったことだが、テレビ視聴者のショック死事件を起こす。

岩田　清水君がアナウンサーで、鈴木さんが解説者だったな。そのあとの神戸（二十七日神戸王子体育館＝力道山・豊登・グレート東郷組対テーズ・ブラッシー・シャープ組の六人タッグマッチ）で、またまたテレビ視聴者のショック死事件が起こる。死んだのはいずれも老人で、新聞によると六人を数えた。初めて見たブラッシーの〝かみつき〟は、老人には刺激が強過ぎたのだろうが…。もっとも、いずれも高血圧症の人だったそうだがね。

鈴木　スポンサーの三菱電機が警告をし、日本テレビもカラー放映を中止し黒白〔原文ママ〕にした。大阪府警が「青少年への有害興行」と興行中止を要望、民放連も審議をするなど、大変なことになった。力道山も関係方面に善後策で奔走した。清水さんも私も小さくなったね。あんなことは日本のプロレスの歴史の中で、あとにも先にもあれが一回だ。

芳の里　ワシ、渡米中でテネシーにいて、そのこと聞いた。日本のファンは、あの当時はまだプロレスへの認識が、今日ほどではなかったんだね。

清水　第四回ワールド・リーグ戦は力道山がテーズを破って四年連続優勝をする。テーズは無冠だったが、その翌年カナダのトロントでバディ・ロジャースを破って六度目の世界王座への返り咲きをするのだから、全盛期ともいえるテーズを倒した力道山は油〔原文ママ〕が乗っていた。この時のリーグ戦には元NWA世界ヘビー級選手権者のディック・ハットンも参加。テーズ＝ハットン、テーズ＝ブラッシーなど外人同志〔原文ママ〕の対戦も人気を集めた。

岩田　この時のリーグ戦と、その後の選抜戦を併せて七十二日間に五十五戦のロングランだった。興行数も延べ観客動員数も、それまでの最高だった。正に黄金時代といえた。

鈴木　力道山は渡米し、ロサンゼルスでWWA世界ヘビー級選手権の防衛戦をする。挑戦者はブラッシー。力道山がブラッシーにかみつかれ出血多量でレフェリーストップ。試合続行不可能、そして負けとされ、タイトルを奪取される。私は国際電話で力道山に事情を聞いたが、要領を得ない。結局は〝WWAの謀略〟と日本側では解釈したがすっきりしなかった。力道山がブラッシーにタイトルを奪われた翌日、サンディエゴでデストロイヤーにタイトルを奪われているのも不可解だ。

力道山に「最後の幸せ」マスコミ出し抜く結婚

岩田　（中略）十一月に六年ぶりに三度目の沖縄巡業をした。まだ本土に復帰前だ。オープンで那覇で三日間興行をした。連日超満員で、この時、プロ野球の大洋－広島のオープン戦と二日、鉢合わせ興行をしたが、観客動員では問題にならなかった。当時は二日、三日間の同一会場での興行なんてザラで、今の人気とは異質なもの。興行は〝やれば儲かる〟だった。赤字なんてない。

鈴木　三十八年は力道山の婚約の話題で明るい年が明けた。前年の秋ごろから結婚話が取りざたされていた。十二月に大した用件もないのに十日間ほど渡米した。観光ビザで、それも出発を一日早めて渡米している。日航のスチュワーデスをしていた田中敬子さんとアメリカでのデートだ。そして帰国して結納を交わしている。マスコミは裏をかかれた。

岩田　もう時効だから話しますよ。結納金は二百万円だった。敬子さんをとりもったのは森徹（当時プロ野球・大洋ホエールズ）の母親の信さんで最初は徹の嫁にという話しだったが、徹はもう決まっていた。力道山が乗り気になって敬子さんのお父さん（田中勝五郎・茅ヶ崎警察署長）にアタックし、キャッチした。

芳の里　アメリカで敬子さんの写真を見せられた。〝いい女性だろう〟と鼻を高くしていた。力関、ぞっこん惚れ込んでいたね。

鈴木　婚約発表のあと、赤坂のリキ・アパートの自宅に行ったんだ。すると「ワシ、明日、韓国に行く」というんだ。韓国政府の招待なんだな。そのみやげは二一〇センチの巨人・金栄珠の来日だった（五月二十八日）。馬場より背が高い、目方も馬場に劣らない。だが金はトレーニングをしたが、巨人の欠陥か椎間板ヘルニアをわずらってプロレスラーとしてリングには上がらなかった。

清水　第五回ワールド・リーグ戦の決勝で力道山はコワルスキーを破って連続五年優勝。さらに来日したWWA世界ヘビー級選手権者のデストロイヤーに挑戦してレフェリーストップの痛み分け。この試合でのデストロイヤーの足4の字固めが脚光を浴びた。あの時のテレビ視聴率は五十六・四パーセントを記録した。鈴木さんが先輩アナの佐土一正さんと組んで解説をしましたね。

鈴木　芳の里さんは、この秋の国際試合に二年二ヵ月ぶりにアメリカから帰って出場したが、その時の田吾作スタイルが人気を呼んだ。その頃、馬場はアメリカで大変な人気。ロサンゼルスではブラッシーがデストロイヤーを破って王座に返り咲き、馬場はブラッシーと引き分けている。

ワンマン急逝の衝撃を乗り越える結束と援助

岩田　十二月に衝撃的なことが起きる。デストロイヤーの来日でビッグマッチを全国主要都市で行なった。最終戦の浜松市体育館（十二月七日）を終わり深夜の寝台列車で私と帰京した。大事な用件があったからで、自宅で少し休んだあと、大相撲の高砂親方（元横綱・前田山）と会い、大相撲のアメリカ巡業の話をした。橋渡し役をしたが、その席（赤坂の料亭・千代新）にグレート東郷も同席した。話しが巧くつきご機嫌になり、そのあとTBSテレビで「朝丘雪路ショー」にゲストで出て王将を歌った。そしてラテン・クォーターに繰り出し、そこで暴力団員に刺された。その後の経過は、世間の周知のところだ。

芳の里　ワシ、十二月十一日に結婚式をした。そして挨拶に行ったら、快方に向かって元気だった。今にして思えば、ワシに結婚をすすめたのは力関で〝結婚すれば日本にいるだろう〟ということで、ワシを日本に止めて置きたかったんだな。

鈴木　偉大なる〝プロレスリングの父〟も凶刃の前に、再びリングには上がれなかった。結婚の喜びも束の間だったし、事業の拡大の矢先でお先き真っ暗となった。先ゆきはどうなるかと世間は思った。

芳の里　豊登が〝プロレスの灯を消すな。関取の遺産のプロレスを守ろう〟とリーダーになってレスラーに呼び掛けた。〝ついて来るものは来い〟だった。ただひたすらに〝やろう〟だったよ。

岩田　期せずして出た声だ。一人も脱落者はなかった。力道山のワンマン会社だったので、経理も判っていない。金も会社のものはない。そこへ、テレビのスポンサーの三菱電機が継続の線を出してくれた。日本テレビも力を貸してくれると言ってくれた。ある人が、これを使えと大金を出してくれた。その人がだれか？　は想像に任せることにするが、ともかく、いろいろの人が協力をしてくれた。そうでなくては、再発足は出来なかった。その時はジュンちゃん（芳の里）を初め皆がもう夢中だったね。あの時の気持ちがあれば、人間、何だってやれるね。早いもんだなぁ、やがて力道山の十七回忌がやって来る。（『プロレス』１９７９年12月号、１０８〜１１１頁）

ＰＡＲＴⅡ　第７回（昭和39年〜昭和40年）
力道山の独裁から合議制の新路線へ…
再建の第一歩阻む東郷
本場で出世コース馬場

鈴木　三十九年は年頭から大変だった。何しろその前年の十二月十五日、ワンマンでありオールマイティだった日本プロレス生みの親の力道山が急死したのだから、その後をどうするかが大変だった。十二月二十日に葬儀、そしてリキ・スポーツパレスで追悼試合を行ない、一応は再出発はしたんだが…。

岩田　それまでは力道山一人で仕切っていて、だれも詳細な運営など判らない。だから、もう馬車馬のように突っ走るしかない。まさに〝闇雲〟だったが、それでも一月八日に遠ちゃん（遠藤幸吉）と沖さん（沖識名）が渡米して外人レスラー招聘に当たった。だが一月十日のリキ・パレスのこの年のふた開け興行に参加を予定していたブル・ベドウ

（スペイン）が来なかった。東郷（グレート東郷）が止めたんだな。

芳の里　それは、東郷の横槍が入ったからだった。それで渡米した遠ちゃんと沖さんはロサンゼルスの川福でモトさん（ミスターモト）や渡米中の馬場、大木に東郷を交えて話し合った。そこで新路線は東郷との絶縁を決め、代って外人招聘の窓口をモトさんにした。その意趣からだな、東郷がベドウの来日を邪魔したのは…。ところで、大木はその当時、ロサンゼルスのＷＷＡ世界タッグ選手権者だったね（三十八年十二月十日に、ミスター・モトと組んでベアキャット・ライト、レッド・バスチェン組から同タイトルを奪取している）（原文ママ＝大木＆モトのこの世界タッグ王座獲得は現地の文献には記録として残っていない）。

鈴木　一方、新路線の方はテレビ放映（毎週金曜日）があるので、興行の中止はできない。それで一月から二月の半ばにかけて毎週リキ・パレスで興行をやったな。そして二月十八日から新路線の初の地方巡業が始まったわけだ。

岩田　地方巡業もまぁまぁの客の入りだった。二月十六日に東京・日大講堂で新路線での初めての大会場での興行をした。今でも覚えているが、たしか、八千人くらい客が入った。愁眉（しゅうび）を開いたよ。やっていけそうだと…。

清水　その頃、渡米中の馬場はビッグマッチをやっているね。デトロイトでＮＷＡ世界ヘビー級選手権者のルー・テーズ（1－1から負け）、ニューヨークのＭＳＧでＷＷＷＦ世界ヘビー級選手権者のブルーノ・サンマルチノ（0－1のまま市条例で時間切れ）、ロサンゼルスでＷＷＡ世界ヘビー級選手権者のフレッド・ブラッシーと二度戦っている（1－1のあと反則勝ちと、引き分け）。もう〝世界的なレスラー〟となった。

芳の里　飛行機嫌いの豊登が猪木と渡米する（三月九日）。ワールド・リーグ戦の準備のためで、本場所のワールド・リーグ戦の開催は、新路線の命運をかけた。

豊登初優勝のＷリーグ
外人遅刻で綱渡り開幕

鈴木　そのワールド・リーグ戦が大変だったね。開幕戦の開始時刻に来ていた外人レスラーはモトを入れて四人。その時刻での客の入りは三分。馬場とハリケーンが時間を引き延ばして戦ったな。そして三人のレスラーが羽田空港から直行してメーンエベントをやった。危ない〝綱渡り〟だった。（中略）

岩田　豊登が決勝でキニスキーを破って初優勝した。この時の東京体育館は超満員だった。初の大仕事だったが、みなが〝プロレスの灯を消すな〟〝力道山の遺産を守れ〟の一致団結での成功だったろう。そのあとの国際選抜戦も、長野市営動物園広場（一万二千人）、上田市営球場（一万六千人）と、野外会場がすごい観客動員ぶりだった。

清水　札幌で豊登・馬場組がキニスキー・ハリケーン組を破って空位のアジア・タッグ選手権者となる（五月十九日）。馬場の台頭は新しい時代の訪ずれの象徴だった。この当時のテレビ視聴率（ビデオリサーチ社調べ＝関東地区）は三五％を上回り、当時の日本テレビの看板番組のプロ野球の巨人－中日戦を凌いだ。日本テレビの首脳陣は「二〇％以下なら考えねばならない」と言っていたが、それは杞憂（きゆう）となった。興行もテレビも、正直言って胸をなで降ろしたね。

鈴木　馬場が母校の新潟県三条市の三条実高グラウンドで、晴れ姿を見せたのが七月二十三日だった。それは豊登と組んでアジア・タッグ選手権の初防衛戦（ザ・スポイラー、ジョニー・バレンド組が挑戦チーム）で私も見に行ったが、二万人を超す観客が集まるという大盛況だった。新しいスター誕生だったね。

岩田　九月に豊登、吉村、大木ら主力が渡米し、それに私も同行した。目的の一つは豊登のＷＷＡ世界ヘビー級選手権挑戦だった。このタイトルは力道山が保持したタイトルだったからだ（三十七年三月二十八日、ロサンゼルスでフレッド・ブラッシーから奪取、同年七月二十六日まで保持）。挑戦に漕ぎ付けた。

清水　その後、チャンピオンのザ・デストロイヤーが来日し、東京体育館で豊登が挑戦し、１－１のあとフォールをものにし第十三代ＷＷＡ世界ヘビー級チャンピオンになるんだね。あの時は、先輩の佐土一正アナと鈴木さんが解説者のコンビで実況中継をしましたね。超満員だった。（中略）

暴力団資金源の疑惑が晴れて有望新人も入門

岩田　四十年は力道山の在世中の三十八年と同じく、大阪府立体育会館でふた開けする（一月四、五の両日）。連日興行だが客の入りは良かった。だが、思いもよらぬ災難が降って沸く。兵庫県警が神戸の王子体育館の使用を断ってきた。マンモス興行が暴力団の資金源になっている…、というのだ。これは折からの広域暴力団の掃蕩（そうとう）からだった。あるマスコミはウチが暴力団と組み〝プロレス地盤協定〟を結んでいるなど書く。ウチはそんなこと毛頭ない。それでウチの幹部は手分けして公共施設の使用を関係筋に説得して歩いた。それが理解され、全国の体育館の使用許可が降りた〔原文ママ〕。

芳の里　暴力団との癒着の疑いを晴らすために日本プロレス協会、日本プロレス興業の一部役員が辞任し、姿勢を正した。あの時は、世間の誤解を解くために皆が真剣に取り組んだ。日本プロレス興業は豊登が社長、私が副社長に推され、新しい役員で新しい出発をした。

鈴木　確かに新路線の発足は、とっさの変事（力道山の急死）で、一部に旧態を踏襲したことは否めない。そのことは当時の児玉誉士夫・協会会長も認めた。だが改めた姿勢が世間から見直され、逸材といわれる一流スポーツマンがプロレスに投じる。これは明るいことだったな。

清水　アマレスの斎藤昌典、杉山恒治（ともに明大出）。さらにラグビーから草津正武（八幡製鉄）の入門だ。斎藤、杉山はオリンピック代表（東京オリンピック）で、元日本チャンピオン。草津も元全日本フィフティーン。プロレスが世間に認識された証拠となる。

芳の里　豊登は二月二十六日、東京体育館でザ・デストロイヤーの挑戦を退け初防衛。その後の第七回ワールド・リーグ戦決勝でフレッド・ブラッシーを破り連続優勝。さらに五月二十一日、東京体育館でザ・デストロイヤーの二度目の挑戦を反則負けながらルールでの防衛と、曲りなりにも、日本プロレスの屋台骨を支えた。

鈴木　当時、WWA世界ヘビー級選手権者のザ・デストロイヤーのギャランティ（試合報酬）はどのくらいだったの？

岩田　もう時効だから、しゃべってもいいだろう。豊登が挑戦した時は一万ドル（当時三千六百万円）〔斎藤註＝1ドル360円換算では、1万ドルは360万円、日本円で3600万円であれば10万ドル〕だった。デカイ投資だったが、選手権を獲得したのだから良かった。豊登はこのタイトルを二度まで防衛した。だが人気の点で、今一つが足りない。そこで考えたのが、力道山が死ぬまで保持し、一時は永久保持（一代限り）としたルー・テーズから奪ったインターナショナル選手権の復活だ。

清水　選手会が日本側の代表に馬場を推薦。馬場は何人かの外国の強豪を降し、それなりの実績を作った上で、しかるべき強者と決定戦を行なわせるという案だな。

芳の里　これには内部に異論もあったが、馬場は推されて決定戦出場資格を取得（ザ・デストロイヤーと二戦し、いずれも引き分け。ザ・ブッチャーと引き分け。アルバート・トーレス、ジ・アサシンにも勝ち）する。

鈴木　豊登のロサンゼルスでのＷＷＡ世界ヘビー級選手権の海外での初防衛戦は、ＷＷＡ側の処置はすっきりしなかったな。芳の里さんは豊登と同行して渡米したね。私も渡米したが…。

芳の里　対戦者のルーク・グラハムが同じチャンピオン・ベルトを腰に巻いていたのは、不可解だった。そして勝った方が〝リアル・ワールド・チャンピオン〟（正当の世界選手権者）というんだ。豊登はその対戦（九月八日ロサンゼルスのオリンピック・オーデトリアム）に勝ち二つのベルトを巻く。そして強引に再戦を要求され（九月二十日同所）反則負け。ルールではタイトルは移動しないのだが選手権を奪取され抗議は容れられなかった。関取（力道山）がブラッシーにこのタイトルを奪取された時も不可解だったが、またも〝策にはまった〟感じだった。

1年間の観客動員75万
豊登去って馬場時代へ

鈴木　豊登は無冠となる。そこで待望するのは、もういや応なしに豊登に代る新しいスター、馬場への期待が高まる。馬場は復活インターナショナル選手権者決定戦をディック・ザ・ブルーザーとやり、二本とも反則勝ちながら選手権を獲得する。

清水　タイトルを獲得（十一月二十四日、大阪府立体育会館）した三日後（十一月二十七日、蔵前国技館）ブルーザーとの初防衛戦で1－1のあと両者リングアウト。いよいよ〝馬場時代〟の本格的夜明けだ。

岩田　新しい時代が来たね。四十年は一年間に百五十一戦をやり、七十五万人の観客を動員した。もう力道山時代に劣らぬ興行成績を収めた。

鈴木　この年の大晦日、リキ・パレスの最終戦に豊登の姿はなかった。いろいろの噂があったが、これで豊登の日本プロレスからの離反は決定的となった。芳の里さん、豊登は詰め腹を切らされたんですね。

芳の里（無言）。時代は変わりつつあったんですよ…。（『プロレス』1980年1月号、118～121頁）

この座談会の第6回と第7回は、『ワールド・リーグ戦』の第4回大会、第5回大会が開催された1962年（昭和37年）、1963年（昭和38年）から、力道山の死去——新体制の発足、約2年間の豊登時代をクッションに、1965年（昭和40年）、ジャイアント馬場が〝復活〟インターナショナル・ヘビー級王座を獲得するまでの4年間をカバーしている。

暴力団との黒いつながり

第7回（昭和39年〜昭和40年編）の「暴力団資金源の疑惑が晴れて有望新人も入門」の項では、岩田氏が「兵庫県警が神戸の王子体育館の使用を断ってきた。マンモス興行が暴力団の資金源になっている…、というのだ」「あるマスコミはウチが暴力団と組み〝プロレス地盤協定〟を結んでいるなど書く」、芳の里は「暴力団との癒着の疑いを晴らすために日本プロレス協会、日本プロレス興業の一部役員が辞任し、姿勢を正した」とそれぞれコメント。岩田氏は、座談会・第6回でも力道山が死去した直後のエピソードとして「ある人が、これを使えと大金を出してくれた。その人がだれか？　は想像に任せることにするが、ともかく、いろいろの人が協力をしてくれた」と発言し、名前を出すことができないような〝ある人〟が〝協力〟をしたことに言及している。

力道山時代のプロレスの興行と反社会的勢力とのつながりについては、この座談会記事よりもかなりあとに、庄一さんがその詳細を実名入りで克明につづっている。座談会・第8回を引用するまえに、まずそちらの記事を紹介しておく。

あってはならない暴力団との〝黒いつながり〟
日本で最初の公開興行
手掛けたのはギャング

戦後6年の昭和26年9月、ボビー・ブランズ、ハロルド坂田ら7人の外人レスラーがアメリカから上陸。9月30日東京・両国のメモリアルホール（旧両国国技館）で初めて外人だけでプロレスを日本で公開した。（中略）11月にはプロボクシングの前世界ヘビー級選手権者のジョー・ルイスが来日し、東京・後楽園球場をはじめ各地でプロレスと帯同興行を行った。（中略）

ＧＨＱ（連合軍総司令部）のウィリアム・マーカット将校を会長とする宗教団体「トリイ・オアシス・シュライナース・クラブ」の招請で、進駐軍慰安と日本の身体不自由児の慈善興行を目的とした。だがそれが目的のすべてではなく、プロレスの日本進出計画でもあった。シュライナース・クラブの本部は東京・飯倉の旧海軍水交社の跡にあり、駐留軍下で治外法権を持ち日本人の出入りは容易に出来なかった。私は縁あって、この興行の日本側関係者に入った。（中略）

この時の興行の中心人物は同クラブ員のテッド・ルーイン、モーリス・リプトン、マーシャル・マイルズ（ルイスのマネジャーと称した）らで、のちに分かったことだが、これらアメリカ人は東京都内の米人経営のナイトクラブで国際賭博をして、あくどいもうけをしたスキャンダラスな人物。ルーインは「東洋のカポネ」の異名を持つ暗黒街のボス、リプトンはその片腕〔原文ママ〕だった。アメリカの暗黒街の顔役が興行に参画していたとは知らなかった。プロレスと暴力団――そのタネがまかれた初の公開で、そうした顔ぶれが介在していたことを、のちに私は知り、りつ然とした。

西の会長は酒梅組親分
東は新田会長らが揃う

日本で最初のプロレス興行（26年7月18日大阪府立体育会館の山口利夫対清美川の「柔道が勝つか、相撲が強いか！」の対戦は別として）は東の力道山の日本プロレス協会（酒井忠正会長）に対抗して、山口、清美川を中心に大阪に設立された全日本プロレス協会（松山庄次郎会長）が29年2月6、7の両日大阪府立体育会館で「日米対抗プロレス」と銘打って行う。力道山が世界タッグ選手権者のシャープ兄弟を招いて2月19、20、21の3日間連続、東京・蔵前国技館で本格的国際試合（木村政彦、山口、清美川らも参加）がふたを開ける13日前だった。

全日本プロレス協会の松山会長は酒梅組の親分。顧問の小西寅松代議士は河内の親分。理事に田岡一雄・山口組三代目組長ら、その筋での大物がそろっていた。田岡理事が「前科のある者は協会の役員にはなれませんか？」とただしたという逸話がある。今日ではとても信じられない顔ぶれ、そして組織だった。

力道山を中心とする日本プロレス興業（新田新作社長）は興行の責任者に永田貞雄・日新プロ社長を、林弘高・吉本興行社長、松尾国三・千土地興行社長（大阪は林庄之助・吉本興行大阪社長）ら興行界の大物があたる。全国興行への布石だった。明治座社長の新田新作（新田建設社長）は戦後新興勢力としてのし上がったヤクザあがり〔原文ママ〕。占領軍関係の土建工事を請け負い、自らマゲを切って大相撲を廃業した力道山を現場監督とした。大相撲の後援者でもあった。永田貞雄は初代天中軒雲月の門下生だったが、ノドを痛め浪曲の興行師に転じる。力道山プロレスを軌道に乗せた永田は、山口組二代目・山口登組長の「舎弟」。三代目・田岡一雄組長は浪曲の興行を継ぎ、芸能界に進出（神戸芸能社）する。三代目と永田はじっこんであり、力道山は三代目を力士時代から知る。力道山のプロレスが永田を軸とする浪曲の全国コースを組めたのが、プロレス興行の基礎を作ったと称しても過言ではない。裏には〝黒い組織〟がうごめく。東も西も同じだった。

全国にあった地盤協定
力道山は暴力に倒れた

38年12月8日、「大東亜戦争」の発生から数えて、くしくも22年目のこの日、力道山が東京・赤坂のナイトクラブ「ニュー・ラテンクォーター」で住吉会系の暴力団「大日本興業」の組員・村田勝志（かつて日本プロレスに参加の黒人リッキー・ワルドーと酒場で暴力事件を起こす）と口論し、取っ組み合いのような格好となり、危険を感じた村田がナイフで力道山の左下腹部を刺す。応急手当てを受け、いったん自宅に戻ったが再び虎の門の山王病院に入院し開腹手術をする。力道山が一時帰宅したころ、リキ・アパートの敷地内で暴力団同士の抗争が起きている。

12月15日、腸閉塞を併発した力道山は不帰の人となる。18日密葬が行われ「大光院力道日源居士」の戒名が贈られる。力道山の遺影の左右には全国の暴力団組長の献花が並ぶ。

この葬儀委員長は大野伴睦自民党副総裁（日本プロレス・コミッショナー）だったが渡韓中で、全国の暴力団に隠然たる勢力を持つ児玉誉士夫代行がとり行う。この力道山の刺殺事件を前にプロレスの興行権をめぐってゴタゴタが起きている。力道山は東京の東声会・町井久之会長を山口組・田岡組長に紹介し、児玉は田岡－町井の縁組みをする。それは力道山のプロレス興行権の強化といわれる。

当時の某紙は、「底流には暴力団同士の抗争、縄張り争いがあった。浜松以西を山口組が、関東と東北の一部を山口組系東声会が、また錦政会には静岡と横浜地区、北星会には東北地区を任せ、莫大な利益を全国からすい上げていた」と説明する。再建を目指す日本プロレス協会は、会長に児玉誉士夫、副会長に田岡一雄両氏の就任を発表する。39年5月29日、大野伴睦日本プロレス・コミッショナー（自民党副総裁）が死去する。この大野氏の死去は、戦前戦後を通じて最大の「組織暴力撃滅作戦」のセキを切る発端

と見る向きは多い。（中略）

暴力団との絶縁こそが明るいプロレスの建設

日本プロレス再建2年目の40年2月に、大きく日本プロレスを揺さぶる事件が起きる。暴力団の関係する事件。プロレスの興行が暴力団の資金源になっている世論の高まりから警視庁捜査2課の組織暴力取締本部が動く。協会の田岡会長、興行会長の町井久之（東声会会長）、平野富士松（同副会長）の両監査役が辞任する。日本プロレスは役員の刷新で姿勢を正す。（中略）

26年9月のブランズら一行の日本でのプロレス初公開に関係して以来30余年、私は終始プロレス界の表と裏も見てきた。（中略）かつてのプロレス界が暴力団と（それはプロである大相撲も、ボクシングも同じ）つながりがあったことは、隠せない。再建日本プロレスが公共施設の使用を（暴力団の資金源としてのつながりから）シャットアウトされかけた時、つながりを断ち切ったPR文書も書き、体育館の借用に役員と同行して説明したこともある。今の「大衆に愛されるプロレス」は、〝黒いつながり〟があってはならない。すっきりした明るいプロレス――時代の移り変わりはプロレスのファイト内容だけでなく、団体の構造、組織にまで及ばなくてはならない。（『デラックス・プロレス』1985年6月号、68頁）

ひじょうにショッキングな内容である。日本プロレス・コミッショナーが大野伴睦・自民党副総裁で、日本プロレス協会の会長が〝ロッキード事件の黒幕〟として有名な児玉誉士夫、同副会長が田岡一雄・山口組三代目組長であったという事実はたいへん大きな驚きだ。政権与党の大物政治家と〝裏社会〟の大物たちが、プロレスというひとつの大衆文化をプロデュースするステージで仲よく名前を並べているというシチュエーションは、コンプライアンスを根本理念とする現代社会ではとても考えられない。力道山は、とてつもなくディープな次元で戦後の日本社会の〝表〟と〝裏〟にかかわった〝昭和のヒーロー〟だったということである。

力道山と裏社会の関係についてとくに興味のある読者には、本書でも力道山の出自に関する文献資料として引用した牛島秀彦さんの『力道山　大相撲・プロレス・ウラ社会』と『東京アンダーワールド』（ロバート・ホワイティング著）というふたつの作品をおすすめしたい。ただし、いずれも作者の手によってかなり大胆にノベライズ、またはデフォルメされたドキュメンタリーであり、そこに書かれていることすべてが正確な〝記録〟というわけではないことをここで改めて指摘しておくべきだろう。

座談会・第7回で岩田氏が「あるマスコミはウチが暴力団と組み〝プロレス地盤協定〟を結んでいるなど書く。ウチはそんなこと毛頭ない」と語っていた「あるマスコミは――」にあたるのが、この庄一ナラティブに記されている「当時の某紙は――」からはじまる新聞記事の引用部分であると思われる。

岩田氏の「それでウチの幹部は手分けして公共施設の使用を関係筋に説得して歩いた。それが理解され、全国の体育館の使用許可が降りた」というコメントを、庄一ナラティブ――この座談会からさらに5年後に専門誌に掲載された――が「再建日本プロレスが公共施設の使用を（暴力団とのつながりから）シャットアウトされかけた時、つながりを断ち切ったPR文書も書き、体育館の借用に役員と同行して説明したこともある」と〝私〟の体験としてフォローしている。庄一さんもまたひじょうにディープな次元でこの問題（の解決）にかかわっていたのだ。

国際プロレスとの二団体時代突入

座談会・第8回は、アメリカ武者修行から帰国途中だったアントニオ猪木が日本プロレスを脱退し、豊登とともに設立した東京プロレスとその結末、日本プロレスから派生したもうひとつの新団体・国際プロレスの誕生、そして日本プロレスと国際プロレスの2団体時代までをカバーしている。抜粋して引用していく。

PARTⅡ 第8回（昭和41年〜昭和43年）
日プロ独占から競争時代へ…
猪木引き抜きに成功し
除名に巻き返した豊登

鈴木 力道山の死後（三十八年一二月一五日死去）三年目に入った四一年は連鎖反応的に激動が起きる。日本プロレスが豊登を除名、ワールド・リーグ戦不参加の猪木が豊登と組み東京プロレスを旗揚げ。力道山の遺産のリキ・スポーツパレス買収問題、そして日本プロレスのお家騒動が表面化する。ここに当時の代表（芳の里）もいる。

岩田 古い話で忘れようとしていることもある。あまりいじめなさんな。苦労したんだよ。

鈴木 豊登の除名は〝太平洋上の略奪〟といわれた猪木の抱き込み、東京プロレスの設立にと動く。猪木は豊登の〝口車〟に乗せられたという声もあるが。

岩田 トヨさんがワールド・リーグ戦参加のため帰国途中の猪木を、ハワイで口説いたのは一日だけだった。むろんその前に、電話で連絡はあったろうが、それで猪木が急拠、考えを変えたのには、もちろん根拠がなくてはなるまい。

清水 猪木が日本プロレスのリングに上がっても（二年間渡米）トップは馬場で、猪木は馬場を抜けない。だから別団体を作れと言ったとか…。豊登が日本プロレスに感情的になっていたのは判る。

芳の里　代表だった豊登には退職金を出した。その時〝今後も協力する〟の誓約をした。それを、猪木を略奪するようなことをするのは明らかな違反行為。信義を疑った。

鈴木　その問題はともあれ、時代は豊登から馬場に移っていたね。馬場はブルーザーを倒して復活インターナショナル選手権者になったし〔三九年十一月二十四日〕〔原文ママ＝昭和40年11月24日の誤り〕二月四日〔原文ママ＝昭和41年2月28日の誤り〕東京体育館ではルー・テーズを破って同タイトルを防衛している。さらに第八回ワールド・リーグ戦で初優勝。新しい時代が来た。

清水　三十年に日本テレビがプロレスを放送し始めて十年。放映開始の頃は十五、六万台しかなかったテレビ受像機が、その当時すでに全国では千八百万台となっている。テレビの普及がプロレス人気を盛り上げたことは否めまい。

岩田　五月のゴールデン・シリーズにヒロ・マツダ〔前NWA世界J・ヘビー級選手権者〕が日本のリングに六年ぶりに上がった。マツダの出身地の川崎球場〔一万五千人〕、東京体育館も満員の人気だった。このことは余波が起きる。鈴木さん、あんた一番良く知っているだろう。

鈴木　当時、営業部長だった吉原氏とマツダが、その盛況からある興行関係の有力者と図って別団体を作ろうの計画か。吉原氏は当時、日本プロレスのフロント内で確執があったし、マツダはまた猪木とアメリカで一緒にいた時、ある共通の考えがあった。ともかく吉原氏は革新を唱えた。リキ・スポーツパレスの買収も考えた。

清水　日本プロレス内部に改革の声があったのは事実だ。外部からいえば〝お家騒動〟が表面化していった。

東京プロ失敗に終わり
老舗日プロに挑む国際

岩田　東京プロレスは蔵前国技館で旗挙げする。一万人の観客と発表した。よく客を入れた。

鈴木　開幕の前日のパーティで猪木は馬場に挑戦状を出すことを公表した。これがその後、今もって続く猪木の馬場への挑戦の口火だった。

清水　東京プロレスの地方巡業の最中、渡米中の吉原、マツダが帰国し国際プロレスの設立を発表。マツダは巡業先に猪木を訪ずれ、猪木に協力を要請したが、〝いい答え〟は得られなかった。この東京プロレスの旗挙げシリーズは、いろいろの問題を起こしたね。

岩田　板橋大会でファンが暴徒化し、機動隊が出動した不祥事は汚点だった。信用を失うよ。この時、発表した三十三戦中、実際に興行したのは二十数戦に過ぎなかった。二度目のシリーズも興行成績は悪かった。ジリ貧というか、惨めだった。これで事実上の終わりとなる。

鈴木　芳の里さん、年末（十二月三日、日本武道館）の馬場対フリッツ・フォン・エリックのインターナショナル選手権は大盛況だったね。当時、屋内での日本プロレス史上最高の観客動員だった。

芳の里　日本で一番大きな屋内会場での初興行だった。一万四千人は入ったろう。開催に内部でも賛否両論があったが、やってよかった。むろん東京プロレスや、やがて発足しようとする国際プロレスへのデモンストレーションもあった。

岩田　四十二年は年頭から二団体時代が初めて幕を開く。国際は東京との合同興行だった。レスラーがいなかったものね。マツダと猪木が組んだ。豊登は出ない。そして猪木と豊登が告訴合戦をし、二人の恥部をさらけ出した。

鈴木　そうした矢先に、日本プロレスに〝元柔道日本一〟の坂口が入門する。坂口をスカウトしたのはあんた（芳の里）だったね。

芳の里　世話をする人がいた。次の時代を考えると、大物新人が欲しかった。その点では坂口は最高の逸材だった。

清水　前年、明武谷の転向が噂された。でも明武谷は後援会の反対もあり、実現しなかった。それだけに日本プロレスのクリーンヒットだったし、イメージアップだった。坂口は契約金を支払った最初の人でしょう。

芳の里　まあ、そうですね。これはテレビのスポンサーの三菱電機と日本テレビが〝視聴率アップ〟を要請していたこともある。ＴＢＳが国際プロレスを放映することが、業界でもいわれていたしね。

鈴木 両団体が八月十四日、大阪（日本＝大阪球場、国際＝大阪府立体育会館）で初の同一日同時間のまともな〝興行合戦〟をしたね。マスコミは〝大阪夏の陣〟と呼んだ。何しろ百メートルの至近距離での興行戦争だ。大阪球場は二万人、大阪府立体育会館は四千二百人（主催者発表）で日本プロレスの圧勝だった。

清水 日本プロレスの馬場対NWA世界へビー級選手権者のジン・キニスキーのインターナショナル選手権試合は60分のフルタイム戦って1－1、5分延長したが決着は付かなかった。内容のある試合だった。その試合の実況を担当したが、今でも忘れられない。

鈴木 国際は一月の旗挙げシリーズのあと、七月から八月にかけ単独でシリーズを開催する。豊登が参加したが、やはり興行は低調だった。そしてマツダはこの興行限りで手を引く。だがTBS（東京放送）が四十三年一月からテレビ放映を公表したので救われた。

弱体ながら頑張る国際
「救世主」のロビンソン

岩田 四十三年はTBSを後ろダテに、テコ入れした国際とウチが年頭から鉢合わせの興行合戦（一月三日、日本＝蔵前国技館、同、国際＝日大講堂）をする。ウチは午後一時半、国際は午後五時半開始。隅田川を隔てての対決で、マスコミは〝隅田川決戦〟とあおった。ウチは一万二千人、国際は六千三百人（主催者発表）。ウチは満員で、国際は六分の入りだったろう。

清水　これはテレビの電波合戦でもあった。あとで判ったが、視聴率は日本テレビ（録画中継）が三六・三％で、ＴＢＳは三一・三％。国際のＴＢＳも好視聴率だった。初物には関心が集まることもあろうが…。

芳の里　シニセの面目にかけてウチは負けられない。ウチはあらゆる面で全力を投入した。私は個人的には吉原君とは今も親しいが、企業防衛という点では勝たねばならなかった。

鈴木　このあと、イヤなことが起きるね。ユセフ・トルコのグレート東郷襲撃事件、東郷の外人レスラーのストライキによる国際プロレス不参加…。

芳の里　トルコのあの事件は私の渡米中のことだった。暴力をふるったことはいけない。だがトルコの私憤も判らなくはないよ。東郷は関取（力道山）の死後、外人レスラー招聘の窓口を切られたことから妨害をした。それに大木金太郎を引き込もうと画策した。大木は私の渡米前に辞表を提出したが、その後、撤回した。いろいろとエゲツないことをしたんだ。

清水　ギャラの不払いとかで東郷が外人レスラーを出場させなかったんですね。でも吉原さんにはいい分（不当に高額なギャラで、それは一時、代表の座を代った岩田弘氏＝三ツ矢乳業社長が契約した）があったよう。それで東郷を切って欧州ラインと外人招聘の窓口を作った。

鈴木　大変だったろう。何しろ契約するTBSの番組に穴はあけられない。日本アマチュアレスリング連盟〔原文ママ〕の八田一朗会長の橋渡し（八田会長は早大レスリング部OBで吉原社長の先輩）でイギリスのジョイント・プロモーション（ジョン・レリスコウ代表）から急拠、レスラーを送ってもらって急場をしのいだ。そして日本では知られていなかった大英帝国ヘビー級選手権者で〝ヨーロッパ・ナンバーワン〟のビル・ロビンソンがやって来て、国際プロレスの救世主となった。

芳の里　私がこんなことを言うのはおかしいが、吉原君は大変だったろう。トップといったら豊登、グレート草津、サンダー杉山らだったからね。豊登はともかく、海外遠征したとはいえ、草津、杉山はウチの若手に過ぎなかったからね。でもあの人、よく耐えるよ。

観客動員百十六万数う
日本プロレスの全盛期

岩田　ところで、日プロの方は前年に次ぐWWWF世界ヘビー級チャンピオンのブルーノ・サンマルチノの再来日は当たった。雨で一日順延した大阪球場（八月七日）の馬場対サンマルチノのインターナショナル・タイトルマッチは一万四千人、東京・田園コロシアム（八月九日）の馬場・猪木組対サンマルチノ・スチーブンス組のインターナショナル・タッグ選手権試合も一万人（いずれも主催者発表）の盛況だった。国際プロレスが強力になればなるだけ、日本プロレスは結束を固めたし、それがいい方向に進んだ。その点では、一団体より二団体の方が互いを刺激し合い発展につながるといえよう。
清水　余談になるが、テレビ視聴率も、日本テレビは常時三〇％台を維持し、力道山時代にまさるとも劣らぬものになった。国際のＴＢＳはやはり視聴率が下降したね、四月から時間帯がゴールデンタイムから深夜になったのも響いた。
鈴木　ここに一つの数字があるんだが、この年、日本プロレスの年間興行数は二百五回。国際プロレスも百四十八回やっている。合わせると年間三百五十三戦だ。日本プロレスのこの興行数は二十八年に力道山の日本プロレスが誕生して以来年間の最高興行数。五十四年に新日本プロレスが、過去七年間で最高の二百三回（他に格闘技戦四回）を記録したが、それにまさる。総観客動員数は百十六万七千人。前年の八十三万七千人を遥かに上回った。百万人を突破したのは、これが初めてのことだった。日本プロレスの最盛期の到来だった。国際プロレスの百四十八戦も多い。五十四年は確か百三十八戦だったと思う。苦難の年だったが国際プロレスもよく頑張った。（『プロレス』１９８０年２月号、１１８〜１２１頁）

東京プロレス旗揚げと猪木対バレンタイン

この座談会・第8回で論じられている、猪木が23歳で設立した——いまでいうところのインディペンデント団体——東京プロレスについて、プロレス・ライターの菊池孝さんがたいへん力のこもった記事を書いている。『プロレス』誌に掲載された「我が心の名勝負」というリレー連載のなかで、菊池さんは長い記者生活のなかでいちばん思い出に残る試合として東京プロレスの旗揚げ興行でおこなわれたアントニオ猪木対ジョニー・バレンタインのシングルマッチ（1966年＝昭和41年10月12日）をあげている。

座談会・第8回の内容を分析するまえに、ここでこの菊池ナラティブを紹介する。菊池さんは新聞記者出身であるため、1960年（昭和35年）の記者デビューから昭和40年代にかけて菊池さん自身がリアルタイムで取材し、『大阪新夕刊新聞』の〝プロレス面〟に掲載された菊池さん執筆による膨大な量の記事の数かずについてはそのひとつひとつを発掘することはいまとなってはひじょうに困難だが、このような形で専門誌に寄稿した読み物に関しては〝復元〟が可能だ。

『プロレス』1981年（昭和56年）3月号に掲載された「我が心の名勝負　アントニオ猪木対ジョニー・バレンタイン　昭和41年10月12日　東京・蔵前国技館」から抜粋して引用していく。菊池さんは1932年（昭和7年）9月生まれだから、この記事が同誌に掲載された時点では48歳。プロレス記者歴22年、48歳の菊池さんが15年まえ（昭和41年＝当時34歳）のできごとをふり返っている。

この三月でプロレス記者生活二十二年目に入る私の〝思い出の名勝負〟と言えば、やはり昭和四十一年十月十二日東京・蔵前国技館における東京プロレス旗揚げ第一戦のメーンエベント、アントニオ猪木対ジョニー・バレンタイン戦だろう。二十一年間に随分と多くの名勝負・好勝負を見てきた。どれがベストバウトだったかと言われると、迷わざるを得ない。四十年三月二十六日東京・渋谷のリキ・スポーツパレスで行なわれた「ジャイアント馬場帰国歓迎試合」で馬場があの巨体を宙におどらせ、本邦初公開の三十二文ドロップキックをドン・ダフィーの胸板に炸裂させた時は、〝これで日本のプロレスの歴史も変わる〟と、異常なまでの興奮を覚えたものだった。これはバトル・ロイヤルの幕切れのシーンだったから、名勝負というにはほど遠いが、強烈な印象を受けたということではトップの思い出の試合だ。三十八年三月二十四日蔵前国技館における豊登、吉村道明、グレート東郷組対カウボーイ・ボブ・エリス、ジノ・マレラ（ゴリラ・モンスーン）、キラー・X（フランク・タウンゼント）組の六人タッグ・マッチも、真のショーマンシップの何たるかを私に教えてくれた。思い出しても愉快な名勝負だった。だがやはり猪木―バレンタイン戦は、その実現に至るまでにかなりの曲折があり、私自身いささかそれに巻き込まれたこともあって、私には忘れられないものになっている。内容ももちろん名勝負というにふさわしいものだった。猪木が日本でスターの地位を確保した記念すべき試合でもある。古いメモをひっくり返しながら、あの名勝負にまつわ

る私なりの思い出を書いてみたい。（中略）

取材拒否

昭和四十一年の私の初仕事は、日本プロレスが一月五日リキ・スポーツパレスで発表した前社長豊登退社の原稿を書くことだった。当時「大阪新夕刊」新聞東京支社の次長だった私は、編集記者は支社に私一人という気楽さから、余り勤勉とは言えない毎日を送っていたが、豊登の動向だけは気にかけていた。前年十二月二十一日に明治神宮で行なった恒例の正月用写真撮影会に、豊登は姿を見せず〝豊さんは？〟と聞いた私に、ある日プロ幹部が

「これ、来年の写真だろうな、ならこれでいいんだ」

と言ったことから、私は「来年のエースは馬場。豊登は引退？」という記事を書いたのだが、それを押山保明宣伝担当取締役から意外なほど強い調子で抗議されて、かえって関心をそそられていたのだ。日プロが発表した豊登の退社理由は尿管結石の悪化ということだったが、十二月十七日のリキ・パレス大会で吉村と組んで外人組を一蹴した時の豊登は、体調は良さそうだったし、退社・引退の発表に、入院しているわけでもない本人が出席していないというのも、何かひっかかるものがあったのだ。

豊登に関する噂は、その後いろいろと耳に入ってきた。四十一年という年は、前年二月に米軍の北ベトナム爆撃が開始され、同四月に発足した「ベ平連」の活動も一段と活

発になっていた年だが、プロレス担当記者としては、前年十一月に復活インターナショナル選手権者となり豊登の引退によって名実ともに日本マット界の第一人者となった馬場の活躍ぶりと、潜行している豊登の動向が、やはり最大の関心事だった。

私には、いい仲間がいた。D紙のI記者とM紙のK記者で、二人とも社会部的な感覚の鋭い記者だった。私たちはちょいちょい情報を交換し合い、確認し合った。D紙は朝刊、M紙は夕刊で、私は大阪の新聞ということが、競合せずにトリオを組めた理由でもある。といってもやはりブン屋根性で、お互いに相手がどの程度まで情報をつかんでいるか腹の探り合いをしながらの交換ではあったが…。

D紙が『豊登独立宣言』をスッパ抜いたのは、三月四日だった。M紙と新夕刊が後を追い、さらに『猪木、第八回ワールド・リーグ戦に不参加か』と追い打ちをかけた。日プロの動きがあわただしくなり、同七日に沖識名が渡米、九日には馬場がハワイに飛んだ。十一日にリキ・パレスで行なわれた毎週金曜の定例試合は豊登、馬場の二枚看板を欠き、いつにない不入りだった。

この試合を取材に行った私とI、Kの三人は、パレス入口でちょっとと呼び止められ、事務所横の応接室に通された。中には芳の里代表を初め遠藤幸吉、吉原功、押山の三取締役と、九州山、ユセフ・トルコ両監査役が、難しい顔を並べていた。私たち三人に〝取材拒否〟を通告したのは、吉原営業部長だった。

現国際プロレス代表の吉原は

「あのころの君は、まことに憎らしい記者だった。ブン殴ってやろうかと思ったことさえある」
と今は苦笑して言う。（中略）

告訴の決意

I・K両記者と私がトリオを組んだのは、四十一年当時は朝刊スポーツ紙がすべてプロレスを扱い、プロレスを売物としていた夕刊紙も東京に四紙、大阪に三紙あって、取材競争が激しかったからだ。他社の記者と手を組むのはブン屋としては邪道だが、当時から日プロに信用厚かった「東京スポーツ」には山田、桜井、飯山（現全日本プロレス企画宣伝室長）、門馬と人材がそろっていたのに対して、新夕刊は東京に私一人、D紙もプロレス担当はI記者一人で、チームを組まなければ、東スポの独走を指をくわえて見ていなければならなかったからである。ましてや夕刊紙は即売（駅などのスタンド売り）が勝負。他紙の後塵を拝してばかりいては、販売部から突き上げを食うというお家の事情もあったのだ。

そのトリオが日プロから出入禁止を食った十日後の三月二十一日、日プロは豊登以下田中忠治、木村政雄（ラッシャー）、斎藤昌典（マサ）四選手の除名と猪木のワールド戦不参加を発表した。私たちの記事は、間違ってはいなかったのだ。同二十六日第八回ワールド・リーグ戦開幕。日プロは、社に対する取材拒否を個人忌避に切り替えてきた。つまり、「新夕刊の取材は結構だが、記者は菊池以外の者にしてくれ」と通告してきたのだ。しかも個人忌避を食ったのは、トリオのうちでも私だけ。何とまあ徹底して嫌われたものである。そのためワールド戦には、東京の前夜祭から全試合、大阪本社の木村記者がつくことになった。私が東京にいながら、大阪から出張費を使って取材記者が来る。私は社に対しても迷惑をかけることになってしまったのだ。

こうなれば意地でも、豊登に新団体を設立してもらわなければ、私の社における立場もなくなってしまう。私たちは渡米中の豊登からの吉報を、首を長くして待った。そんな時I記者がとんでもない話を聞き込んできた。私たちトリオが渡米前の豊登と赤坂のHというクラブで会い、日プロ幹部がそれを真実だと思い込んだのが、取材拒否の理由だというのである。私はカッとなった。十万円は当時の私の給料の約二倍に当る金額だが、その多寡はともかく、私が金で動く男だと思われたことに、心底から腹が立ったのだ。私はその噂の出所を確かめ、噂を流した人物を名誉毀損で告訴する決意を固めた。（中略）

その後も私たちはコツコツと調べていって、噂の出所はこの人物だという心証をつかんだ。私の親友の義兄で判事上がりのベテラン弁護士に相談した所、告訴すれば絶対に勝つと保証してくれた。

だが結局私は、告訴には踏み切らなかった。私が〝これ〟と目した人物が、そのころ急速に私に接近し始め

「日プロは君を誤解している。それを解くようにいま運動しているから、もう少しの我慢だな」

などと言ってきたことと、私の尊敬する先輩記者から

「君に告訴されれば、彼は最悪の場合、今の職を失なう。彼にも女房・子供がいることを考えてやってくれないか」

と言われたからだ。〝彼〟が私に接近して懐柔策に出たことと先輩の言葉で、私は〝勝った〟と思った。十万円もらったという濡れ衣は、これで晴れたと思ったのである。しかし私が本気で告訴する決心を固め、行動を起こさなかったら、この〝勝ち〟はなかったろう。（中略）たしかに私は、この噂のために約八ヵ月間、第一線記者としての生命を断たれていたのだから……。

〝猪木復帰〟依頼

日プロには行けないから、私は東京プロレスの取材に全力をあげた。日プロの圧力もあって、東プロのスタートはだいぶもたついていたが、六月十日に訪れた静岡県伊東市瓶山（かめやま）の合宿では、日プロ除名組の田中、木村、斎藤や高崎山三吉（魁勝司）、カムバック組のマンモス鈴木、竹下岩夫らに混じって相撲界から転向してきた寺西勇、永源遥、柴田勝久、仙台強（大剛鉄之助）、大磯武、中川弘らが砂浜や芝生で懸命に受け身の練習をやっていて、その姿が私を勇気づけてくれもした。（中略）

東プロが資金面でも苦戦を続け、旗揚げ絶望という噂が飛んだことも再三あった。そんなころ、六月の末だったが、日プロの社員ではないマット関係者から、私は呼び出された。指定された場所は、ちょっと高級なバーだった。話というのは

「東プロの旗揚げは絶望だろう。悪くこじれないうちに、猪木だけでも日プロに復帰させたい。君から猪木にそっと、この日プロの意向を伝えて欲しい。君が豊登から十万円もらっていないことは、私も知っている。猪木復帰の橋渡しをしてくれれば、日プロも喜んで君に対する取材拒否を解く」

ということだった。当時日プロは企業防衛のため、政治家筋を動かして東プロの外人招聘ルートにストップをかけ、地方プロモーターに圧力をかけて東プロの興行から手を引かせるなど、あらゆる手段で東プロつぶしにかかっていたが、この猪木引き抜きも、その一つだったのだろう。だが私は、この日プロの意向を猪木にだけではなく、東プロの幹部全員に伝えた。連日奔走している東プロ社員や、旗揚げの日を夢見て合宿で練習している若手たちのことを考えれば、猪木引き抜きの橋渡しなど、到底私には出来なかったのだ。猪木自身もこの時点では、日プロ復帰の話など一蹴したことだろう。

当初八月十五日と予定されていた東プロの旗揚げは延び延びとなり、十月十二日と決定をみたのは、もう九月に入ってからだった。外人レスラー交渉のため八月二十一日に渡米した猪木が九月二十二日に帰国、その口からジョニー・バレンタインの名を聞いた時は、心中思わず〝やった〟と叫んだものだった。バレンタインなら、日本のファンが

もっとも見たがっているレスラーの一人だったからだ。私は久しぶりに、「新夕刊」のトップ記事を書きまくった。

九月二十七日、日プロの押山宣伝部長から電話がかかってきた。

「菊池君か。久しぶりだね。いつまでも意地を張ってないで、ウチの方にも取材に来いよ。いろいろあったけど、昔通りにやろうじゃないか」

というのだ。私には、この押山老の表現が嬉しかった。私は別に意地を張っていたわけじゃない。日プロの方が来ていかんというから、行かなかっただけだ。社に対する取材拒否に続く私への個人忌避。これは見ようによっては、日プロが私を罪人扱いしたとも言える（事実その後だいぶたってから私が日プロ事務所に顔を出した時〝おっ、もう許されたの？〟と言った社員もいたほどだ）。だが私には、罪の意識などさらさらなかった。私の記事は間違ってはいなかった。それによって日プロが営業的にいくらかの損失を招いたであろうことは、私にもわかる。日プロとは、当時ですでに六年越しのつき合いだったから、心中いささか〝すまない〟と思わないこともなかったが、私が書かなければいずれは誰かが書き私は遅れを取ることになったろう。私は情報をキャッチし、その裏付けを取り、記事としたのだ。記者としては正しいことをしたと信じている。日プロに謝罪する気など、毛頭なかった。押山老はその私の気持ちを汲んで、取材拒否を解くとか、出入禁止を解禁するとかいった言葉を使わず、まるで私が自分の意志で日プロに行かなかったかのような表現をしてくれたのだ。さすが年の功だと私は脱帽したが、そうかといって、はいそうですかと日プロへ飛んで行く気もなかった。それから二ヵ月間、今度は本当に、私の意地を張らせてもらったのだ。私が、日プロへ取材に行ったのは十一月二十五日、日プロの後楽園ホール〝進出〟第一戦だった。

アントニオ・ドライバー

旗揚げが十月十二日と決定して、東プロの事務所も合宿も一気に活気づいた。十月三日には神田のＹＭＣＡで、日本組の公開練習が行なわれた。何しろ、猪木のファイトはここ二年半、日本では誰も見ていない。しかもこの旗揚げシリーズでデビューする新人が六人もいて、日本組の陣容を報道関係者に紹介しておく必要があったのだ。

この公開練習で報道陣を驚かせたのは、猪木の大わざアントニオ・ドライバーだった。正面から相手の首を両腕で決め、後方に半円を描いて投げ落とすわざで、いわばバックフリップの一種。正式にはフロントネック・チャンスリードロップというのだそうだが、とにかく日本では初めて見る荒わざで、ベテランのカメラマンたちもいいアングルがわからず、二度、三度と要求して、投げられ役の田中忠治が〝もう勘弁してくれ〟と悲鳴をあげたものだった。（中略）

とにかくこのアントニオ・ドライバーの初公開で、猪木はその成長ぶりを報道陣に強く印象づけた。そして十月十日に外人組が来日。赤坂プリンスホテルで行なわれたレセプションで猪木とバレンタインは派手な殴り合いを演じ、翌十一日ＹＭＣＡでの外人組公開練習では、バレンタインが前評判通りの大物ぶりを見せつけて、テレビもなく宣伝費も余りかけられなかった東プロの旗揚げ第一戦だがムードは盛り上がった。

十二日の蔵前国技館は、約九千人の観客を集めた。超満員とはいかなかったが三月の豊登独立宣言以来茨の道を歩み続けてきた東プロの旗揚げとしては、上々のスタートだった。豊登も、若手レスラーたちも、客席を見上げる目が赤かった。この大観衆を前にして堅くならなければいいがと、私は記者席で、全員がいい試合をやってくれることを心に念じていた。三月に日プロから取材拒否を食って以来、私は東プロの旗揚げ成功に賭けてきた。営業的には、第一戦は成功した。これでいい試合をやってくれれば私の意地も通り、肩身も広くなるというものだ。私は胸を張って日プロへ行ける。〝頼むぞ！〟。そんな気持だった。

メーンエベントの猪木－バレンタイン戦時間無制限一本勝負は、そんな私の個人的な感情を抜きにしても、文句なく素晴しい試合だった。

試合は、バレンタインの執ようなチョーク気味スリーパーホールド攻撃に頭に来た猪木が一発張り手を飛ばしてから殺気に満ちたムードとなり、猪木の空手とバレンタインのエルボーバットが火を吹いた。二人とも一歩も退かずに正面から殴り合う。猪木の髪をつかんだバレンタインの鉄柱攻撃に、猪木の額がざっくりと割れた。猪木も空手の乱打でバレンタインの額をたたき割る。金髪を朱に染めたバレンタインのパンチとストンピングの雨には、プロレスを見続けて来た私も、〝猪木が殺されるんじゃないか〟と一瞬背筋が寒くなった。猪木はコブラツイストからアントニオ・ドライバーの逆襲。だがタフなバレンタインははね返し、エルボーバットの反撃に出る。殺気に満ちた殴り合いが続き、バレンタインを場外に投げ落とした猪木は、ここでもう一発アントニオ・ドライバーを決め、さっと駆け上がって31分56秒、リングアウト勝ちを握った。ストロングファイトの神髄を見せた試合だった。場内はもう興奮のるつぼ。二人おいた席にいたI記者が飛んで来て私の肩をつかみ

「な、なっ、いい試合だったな、ひいき目でなく、いい試合だったよな！」

と私をゆさぶった。思いは同じだったらしい。目は赤く、声は興奮で上ずっていた。

「うん、いい試合だった。最高の試合だ」

という私の声ものどにからみ、リング上のライトがにじんで見えた。（『プロレス』1981年3月号、178〜182頁）

この伝説の一戦は、残念ながら映像には残されていない。東京プロレスの旗揚げ興行のメインイベント――菊池さんの表記はメーンエベント――というだけでなく、この試合は猪木にとってはアメリカ武者修行からの凱旋帰国第1戦という意味を持っていた。

菊池さんが文中で「D紙は朝刊」「M紙夕刊」と頭文字で記していた新聞は、おそらく『デイリースポーツ』と『毎夕新聞』の2紙だろう。菊池さんの記述にもあるように「当時は朝刊スポーツ紙がすべてプロレスを扱い、プロレスを売物としていた夕刊紙も東京に四紙、大阪に三紙あって」取

材競争が激しかった時代。考えようによっては、いまよりもはるかにプロレス界に活字ジャーナリズムが存在していた時代といえるかもしれない。

菊池さんは文中で「『東京スポーツ』には山田、桜井、飯山（現全日本プロレス企画宣伝部長）、門馬と人材がそろっていたのに対して、新夕刊は私一人」と山田隆さん、櫻井康雄さん、門馬忠雄さんら『東京スポーツ』の第一線記者の実名をあげ、東京スポーツ新聞にライバル意識を持っていたことを明らかにしている。

豊登から〝10万円〟の賄賂をもらって東京プロレスへの協力を約束したとの疑いをかけられたこと、リキ・パレスの応接室で日本プロレス幹部から〝取材拒否〟を通告されたこと、日本プロレスの社員ではないプロレス関係者から高級バーに呼び出され〝猪木引き抜き工作〟の依頼を受けたことなど、菊池さん自身が巻き込まれたさまざまな事件に関する記述はひじょうになまなましく、迫力がある。

猪木―バレンタイン戦についての描写は、現場でこの試合のすべてを目撃した記者でなければ書くことができない記憶のなかの映像である。「猪木が一発張り手を飛ばしてから殺気に満ちたムードとなり」「猪木の髪をつかんだバレンタインの鉄柱攻撃に、猪木の額がざっくりと割れた」「金髪を朱に染めたバレンタインのパンチとストンピングの雨には、プロレスを見続けてきた私も、〝猪木が殺されるんじゃないか〟と一瞬背筋が寒くなった」といった記述は決して誇張ではないだろう。

最後の「『うん、いい試合だった。最高の試合だ』という私の声ものどにからみ、リング上のライトがにじんで見えた」という部分は、ドラマのラストシーンのようでもある。〝熱いブン屋〟だった菊池さんは、このときプロレス担当記者としてのキャリアは6年。それから2年後の1968年（昭和43年）にフリーとなり、生涯、いちプロレス・ライターとしての道を歩むことになるのである。

猪木の日本プロレス復帰

前出の座談会・第8回では1966年（昭和41年）から1968年（昭和43年）までの3年間のできごとが論じられているが、ひじょうに奇妙なことに、このなかでは東京プロレス崩壊から猪木の日本プロレス復帰までのいきさつについてはほとんどふれられていない。もちろん、猪木の日本プロレス復帰に関するもろもろのエピソードはほかの文献でくわしく取り上げられている。庄一ナラティブ、櫻井ナラティブの順でつづけて引用していく。

庄一ナラティブ

馬場・猪木コンビの誕生

四十二年の第9回ワールド・リーグ戦（四月八日、蔵前国技館～五月十七日、横浜文化体育館）の開幕直前の四月六日、日本プロレスはアントニオ猪木の復帰を川島正次郎コミッショナー立ち会いのもと、東京・丸の内のパレスホテルで発表。席上、長谷川淳三代表は、若手レスラーを引っくるめての東京プロレスとの合併を願う猪木に「合併じゃあない。猪木一人の復帰」を力説する。この時点では、猪木だけが迎え入れられる。東京プロレスに参じた若いレスラーを見離して日本プロレスに戻った猪木に、世間の大きな批判が起きる。

豊登の口説きによるとはいえ、日本プロレスへの出場を拒否。東京プロレスのエースとなり、ジャイアント馬場に挑戦を申し入れ、二度の興行、そして吉原功、ヒロ・マツダの国際プロレスと合同興行をした猪木を（いってみれば当面の敵）、なぜ復帰させたか？

その根拠（直接には日本プロレスの後援紙スポーツニッポンの宮本義男社長＝故人＝があっせんする）は、日本テレビの定期番組のスポンサー三菱電機から、視聴率上昇の人気面で「何とかしてくれ！」の突き上げがあり、二月十七日に入門の「元柔道日本一」の坂口征二を使うまでに時間がかかること。国際プロレスがＴＢＳテレビと中継問題で交渉し、決定直前（四月四日、今道潤三社長が定例記者会見で「国際プロレスの放映を検討中」の発表をする）まで進んでいることがあったといわれる。

国際プロレスはマツダ、猪木を看板にＴＢＳと折衝していただけに、猪木の抜けるのは大きな痛手だった（マツダもその後、１シリーズ参加したが、国際プロレスと離別する）。日本プロレスの国際プロレスへの企業防衛策でもあった。（『鈴木庄一の日本プロレス史・下』、86〜87頁）

猪木、日本プロレスに突如復帰

（中略）４月８日、蔵前国技館で開幕する日本プロレスの第９回ワールド・リーグ戦を前にする６日、東京・丸の内のパレスホテルで川島正次郎日本プロレス・コミッショナー立ち合いの記者会見の席上、突如猪木の日本プロレス復帰が発表された。ちょうど１年前、第８回ワールド・リーグ戦に猪木は日本側から出場すべく２年に渡る〔原文ママ〕アメリカ転戦を終えて帰国の途上、ハワイで豊登に口説かれ設立の東京プロレスのエースとなる。だが、興行は不振。同年末で単独興行は出来ず、新設の国際プロレスと合同興行。豊登との告訴合戦も起こす。自分を育ててくれた日本プロレスに背を向けた猪木だった。

国際プロレスへの継続参加はしない。元日本プロレスで営業部長だった岩田浩氏があっせん、当時日本プロレスをバックアップするスポーツニッポン新聞社の宮本義男社長（日本プロレス協会顧問）に非を詫びる。宮本社長を仲介に日本プロレスの長谷川淳三代表（芳の里）と何度か会い、復帰が実現する。戦国プロレスにあって猪木は、日本プロレスの最大の戦力スターとして貴重だった。（『宿命のライバル Ｇ・馬場 Ａ・猪木 永遠の抗争 過去・現在・未来』第19章）

猪木が日本プロレスに単独復帰

（中略）実は筆者は、昭和42年3月末ごろから「アントニオ猪木が日本プロレスに戻る。猪木側は、日本プロレスに東京プロレスぐるみの合併ということで動いているらしい」という情報を入手していた。

取材を進めると『スポーツニッポン』のベテラン記者である後藤秀夫氏が「猪木と日本プロレスの間に入ってアレンジしている。すでに芳の里（日本プロレス代表）と猪木が何度も会っている」という話も出てきた。

猪木を捜したがつかまらない。芳の里に聞くと「まだ決まったわけじゃないが、3月半ばごろ、ある人を通じて猪木が日本プロレスに戻りたいと言ってきた。戻りたいんなら他人の手をわずらわせず自分で話しに来いと言ってやって、3月末に猪木と会って話した。（中略）ワシは彼が日本プロレスを飛び出したのは、若さゆえの勇み足、一時の迷いと信じ、戻すことにした。また、狭い了見を捨てて日本のプロレスの将来ということを考えれば、猪木の日本プロレス復帰はプラスになると考え、幹部と話し合った結果、猪木の復帰を認めることにした。ただし、噂になっているような日プロと東プロの合併、合同ということはない。猪木の単独復帰だ。（中略）」という答えが返ってきた。

昭和42年4月7日付（6日発行）の東京スポーツで「猪木、日プロ復帰」を報じた。

4月6日午前11時、東京・青山のレスリング会館で日本プロレスの若手レスラーのトレーニングが行われ、坂口征二や上田馬之助ら帰国組が初練習する、というので筆者もカメラマンとともに取材に出かけた。（中略）

大ベテランの吉村道明をリーダーに、グレート・イトー、坂口征二、そしてミツ・ヒライ（本名＝平井光昭）（原文ママ＝光明の誤り）、小鹿雷三（本名＝信也、後のグレート小鹿）、高千穂明久（後のザ・グレート・カブキ）らが汗を流している。

何と、そこにアントニオ猪木がいた。猪木は日本プロレスのレスラーたちと少し離れたところで練習していた。猪木は筆者を見ると「戻ることにしました。よろしく…」と、ちょっと照れ臭そうな表情で頭を下げた。

いろいろ聞いてみたいことがあった。だが猪木は「今は話せないんです。今日午後4時、コミッショナーに会ってから記者会見をする。その時、すべて話します」と言って、黙々とヒンズースクワットをやっていた。

そこに上田馬之助がやってきて「猪木さん、一緒にやろう」と声をかけ、猪木は日本プロレスのレスラーたちの仲間に入っていったが、猪木と積極的にトレーニングしたのは上田と坂口らだけで、ヒライ、高千穂などは距離をおいており、冷ややかな目を向けているように筆者には見えた。

幹部の吉村が、一生懸命その場をとりなしていたのが印象的であった。ジャイアント馬場の姿はそこにはなかった。

4月6日午後4時から、東京・丸の内のパレス・ホテル701号室の川島正次郎日本プロレスコミッショナーの個人事務所で、猪木は日本プロレスの代表取締役である芳の里とともにコミッショナーに「日本プロレス復帰の意思」を伝え、コミッショナーも了承して猪木の日本プロレス復帰を認め、集まった報道陣に正式に発表された。（中略）

「東京プロレスと契約している他のレスラーはどうするのか？」「置いてきぼりなのか？」という厳しい質問が出ると、猪木は顔を紅潮させて言った。

「全員、契約してくれるようにお願いしたが、受け入れてもらえなかった。だが、わたしが日本プロレスへ復帰して道を作り、東京プロレスの他のレスラーもリングに上がれるように今後も交渉していきたい。決して置いてきぼりにはしない。わたしが責任を持って面倒を見る」（中略）

記者会見が終わって帰りぎわに、猪木は筆者に言った。

「いろいろ言いたいこともあるが、いまは話せない。つらいわたしの気持ちもわかってください」

おそらく東京プロレスの合宿で待っている他のレスラーの今後を考えると、胸に押し迫るものがあったのだろう。（『激録 馬場と猪木』第5巻、93〜96頁）

猪木の日本プロレス復帰について、庄一ナラティブは「直接には日本プロレスの後援紙スポーツニッポンの宮本義男社長があっせんする」「日本テレビの定期番組のスポンサー三菱電機から、視聴率上昇の人気面で——突き上げがあり」「日本プロレスの国際プロレスへの企業防衛」「元日本プロレスの営業部長だった岩田浩氏があっせん」といくつかの具体的な理由とその経緯を提示しているのが、櫻井ナラティブでは「『スポーツニッポン』のベテラン記者である後藤秀夫氏が『猪木と日本プロレスの間に入ってアレンジしている――』」としてスポーツニッポン新聞の介在についてはふれているものの、日本テレビとプロレス中継の番組スポンサーの三菱電機の意向、日本プロレスによる国際プロレス―TBSに対する企業防衛といった部分にはまったく言及していない。

ここでの櫻井ナラティブの核になっているのは、あくまでも〝筆者〟（櫻井さん）が入手した情報、〝筆者〟と芳の里の会話、〝筆者〟と猪木のやりとりだ。それが櫻井ナラティブのひとつのスタイルといってしまえばそれまでのことなのかもしれないが、「猪木は筆者を見ると『戻ることにしました。よろしく…』と言って、ちょっと照れ臭そうな表情で頭を下げた」「猪木は『今は話せないんです――』と言って、黙々とヒンズースクワットをやっていた」「猪木と積極的にトレーニングしたのは上田と坂口らだけで、ヒライ、高千穂などは距離をおいており、冷ややかな目を向けているように筆者には見えた」「記者会見が終わって帰りぎわに、猪木は筆者に言った。『いろいろ言いたいこともあるが、いまは話せない。つらいわたしの気持ちもわかってください』」とそのストーリーは〝筆者〟と猪木の個人的な関係を指し示す内容に終始している。

庄一ナラティブにも〝私〟がたくさん出てくるが、櫻井ナラティブにも〝筆者〟がかなりひんぱんに登場して活字のうえを動きまわる。庄一さん（1923年生まれ）と櫻井さん（1936年生まれ）は年齢では13歳の開きがあり、世代的にはひとまわり以上のちがいあるが、プロレス・ライターとしては、あるいは活字にはならないところでのフィクサーとしてのポジションではふたりはライバル関係にあったということかもしれない。

座談会・第8回は、〝弱体ながら頑張る国際〟と〝日本プロレスの全盛期〟という小見出しで1968年（昭和43年）の日本のプロレス・シーンをふり返っていた。庄一ナラティブにあるように、猪木の日本プロレス復帰で1967年（昭和42年）には馬場・猪木のコンビが誕生し、以後5年間は無敵の〝BI砲〟の時代に入る。

国際プロレスの名勝負、ホッジ対マツダ

前出の菊池ナラティブと同じように、庄一さんもまた『プロレス』誌のリレー連載「我が心の名勝負」シリーズで〝思い出の試合〟について書いている。田鶴浜弘さんを除いてはプロレス・ライターとしては現役最古参の庄一さんは、リアルタイムで目撃した力道山の試合でも馬場、猪木の試合でもなく、意外にも国際プロレスの旗揚げ興行でおこなわれたダニー・ホッジ対ヒロ・マツダのNWA世界ジュニアヘビー級選手権を「我が心の名勝負」として記している。東京プロレス旗揚げ興行での猪木－バレンタイン戦と同様、このホッジ－マツダ戦もテレビ放映がなかったため、残念ながらその映像は残されていない。『プロレス』1981年（昭和56年）8月号に掲載された「我が心の名勝負　ダニー・ホッジ対ヒロ・マツダ　昭和42年1月15日　大阪府立体育会館」の全文を引

用し、この庄一ナラティブを本章のしめくくりとしたい。

庄一ナラティブ

国プロの旗揚げ

「吉原さん、元気ですか？　国際プロレスはテレビの定期番組がなくなったとか、本当ですか。興行成績はどんなです…」――六月末、私が米国フロリダ州タンパのヒロ・マツダに電話をかけた時、こちらの用件をさえぎるようにしてマツダは私に問いかけてきた。

私は一瞬、どう答えたらいいか迷った。

「一週間ほど前に会ったよ。〝苦しいがオレは耐え抜くよ〟と言っていた。あの人の粘りには敬服するな」とだけ言った。

「そうですか」とつぶやくマツダの言葉は寂しそうだった。

電話を切ったあとで、私は考えた。「マツダは仲間割れしたが、先輩（吉原）のこと思っているんだな。一緒に設立した国際プロレスだから、やはり忘れられないんだな」と十余年前のことを思い出した。私はその当時のことを、昨日のことのように思い起こした。

四十一年八月五日、日本プロレスの取締役営業本部長の吉原功は、代表取締役の長谷川淳三（芳の里）に辞表を提出した。力道山のもとにほとんど同時にレスラーとして入門した長谷川と吉原は親友だった。その吉原が十二年間もいた日本プロレスを辞める。

長谷川の胸中は複雑だった。吉原が辞表を提出した最大の原因は、会社役員の内部の不統一から嫌気がさしたからだ。

直接の動機は力道山の死後、もち上がったリキ・スポーツパレスの買収問題だった。経営上の理由から所有者の力道山の遺族の百田家が（実際にはリキ・エンタープライズＫＫ）が乳酸飲料のピロン（窪園秀志社長）への身売りに進んだ。それを吉原が中心となり、五人の役員の連著の約定書をもって資金調達（約三億円と称された）に奔走しメドが付いたが、横槍が入って流れる。結束が崩れたことだった。

早大商学部出身の吉原は〝どんぶり勘定〟の経営方針を批判し、改革にメスを振るう。そこから役員との対立もあった。その役員はリングを降りてなお、レスラー時代と同じ報酬を得ていた。改革の主張の通らぬ吉原は感情問題もあって辞表を叩きつけたのだった。

吉原は十月七日、前年八月に日本プロレス入りしたラグビー元全日本チームの草津正武（のちのグレート草津）と東京オリンピックのレスリング代表の杉山恒治（同サンダー杉山）を伴って渡米した。行く先はマツダのいるフロリダ州タンパだった。そして草津と杉山をマツダの口添えでフロリダの興行会社（ディープサウス・レスリングＩＮＣ）に預け十月二十四日にマツダと帰国、羽田空港で国際プロレスの設立を発表した。

国際プロレス（正式にはインターナショナル・レスリング・エンタープライズ）の設立登記はすでに十月十一日付でされた。資本金五百万円。準備は吉原が辞表を提出した時には進行していた。吉原が新団体を設立したのには一つの成算があった。レスラーだった吉原が営業部長として采配を振るったこの年のゴールデン・シリーズ（五月二十七日札幌中島スポーツセンター～七月六日横浜文化体育館＝三十二戦）が、画期的な興収をあげたことだった。

このシリーズには弟のように思う後輩の小島泰弘（マッダ）が米国で恩人とするデューク・ケオムカと共に参加、六年ぶりに日本のリングに登場してアメリカン・スタイルのレスリングで新風を吹かせたことが大きかった。日本人として第1号のNWA世界ジュニアヘビー級選手権者となったマツダは、シリーズ中の六月十八日、出身地（マツダは昭和十二年七月二十二日横浜市鶴見区上末吉町生まれ）ともいえる川崎球場のメーンエベント（マツダ、吉村道明組対エディ・グラハム、サム・スティンボート組のアジア・タッグ選手権防衛戦＝1対1のまま時間切れ引き分け）で一万五千人を超す大観衆を集めている。関係者を驚かす盛況だった。

さらに七月五日東京体育館の二本立てビッグエベント（ジャイアント馬場対キラー・コックスのインターナショナル選手権とマツダ、ケオムカ組対グラハム、スティンボート組のNWA世界タッグ選手権試合）で超満員一万人の観客と、千五百万円を超す当時では空前の興行収益をあげている。このシリーズの序盤、中盤戦はマツダの人気、終盤は馬場とマツダの伯仲する人気で興行が爆発的な盛況を収めたことが、新団体の旗挙げに吉原を踏み切らせたことはまぎれもない。

この年の四月、日本プロレスを除名された前代表取締役の豊登が第七回ワールド・リーグ戦参加のため帰国中のアントニオ猪木をハワイで捉え、日本プロレスへの出場を止めさせ東京プロレスを設立し、十月十二日東京・蔵前国技館で旗揚げ興行をしたことが、一層、吉原の旗揚げに拍車をかけさせたともいえよう。

「今の日本プロレスは腐敗している。レスリングもマンネリだ。このままいってはプロレスは大衆から見放される。マツダを中心に新しいレスリングで新しい時代を作ろう!」三十六歳の吉原と二十九歳のマツダの若いコンビはひたすら燃えて立った。

異例の合同興行

国際プロレスは設立を発表したものの、前途にはいくたの問題が横たわる。第一にレスラーを揃えなくてはならない。看板にはマツダがいるだけで、渡米させた草津、杉山は日本プロレスでは前座レスラーに過ぎず、帰国させてもさしたる戦力にはならない。本格的に修業をさせなくてはならなかった。わずかにマツダの荏原高校時代の後輩の鈴木勝義(ミスター鈴木)が日本プロレスから行〔原文ママ〕を共にした。

練習生第1号としてボディビルから大型ボディビルダーの小林省三(のちのストロング小林)を入門させたが、とても戦力とはなり得ない。儀礼的に吉原は日本プロレスの長谷川代表にレスラーの借り入れを申し入れたが返ってきた答えは「ブローカー的団体に対しては協力は出来ない」の当然とも思える声明だった。草津、杉山を引き抜いたことが、日本プロレスを硬化させた。

二人はなぜ日本プロレスを離れたか？　二人は、それぞれのスポーツのトップスターからプロレスに転向した。だが二人共〝冷や飯〟を食わされ、先の見通しは明るくない。草津は巡業先で私に「渡米して修業は出来ないものか」とたずねた。前年渡米し、マツダ、ケオムカが五月のゴールデン・シリーズに日本プロレスのリングに上がることを知っている私は、その時に見てもらい「その結果で」と橋渡しした。

草津はそのテストマッチともいうべきシリーズ開幕戦の第一試合で平野惣一と対戦し左肩を脱臼、その後の試合を欠場した。だが幸運にも二人のメガネにかない渡米の糸口を見出す。杉山（明大出）は吉原が同じアマレスの先輩であることから自費で渡米の運びに至る。二人とも、将来性ある逸材だった。

駒不足――あとは豊登、猪木の東京プロレスに協力を求めるしかない。旗揚げ準備のため帰国したマツダは東京プロレスの巡業先に猪木を訪ね協力を頼んだ。猪木は「選手会にはかって態度を決定する」と回答を保留した。マツダは「猪木君を信頼している」とマスコミに答えるしかなかった。マツダはなぜ「猪木君を信頼している」と言ったか…。

前年八月に渡米した私はテキサス州ダラスで猪木、マツダとはフロリダ州で会い、一週間にわたってサーキットに同行した。二人から求められるままに日本のプロレスの現状を話し、二人の話に耳を傾けた。その年の暮から二月にかけてマツダと猪木はテネシー州をサーキットする。テキサスで猪木の世話をしたケオムカが、同じフロリダにいるマツダを猪木と結び付けたのだった。

マツダはかつて力道山の日本プロレスにいた（三十二年四月に入門）。そして練習中に左ひざを痛め医師からプロレスラーとして再起不能を宣告された。だが医師がサジを投げた故障も回復。力道山がブラジルに二度目の遠征をした三十五年四月には、当時東京・日本橋人形町にあったプロレス・センターで、かつての同僚、後輩とトレーニングをする。南米ペルーにいる伯父の橋渡しで渡航のメドが立ったからだった。私は力道山の留守中に力道山から頼まれたプロ野球を去った馬場正平（のちのジャイアント馬場）をジムに誘って、やがて入門の紹介をした。猪木は力道山に伴われ三年ぶりに帰国、馬場と同時入門が発表される。

だからマツダと猪木は、日本では顔を合わせたことがなかった。それが、それから五年後にテネシー州で一緒になり、タッグを組んで、マスクド・メディックスから南部タッグ選手権、グラハム、スティンボート組から同地区ＮＷＡ世界タッグ選手権を獲得する。ともに異国でスター街道を歩む二人はスパーリングをしたし、シノギを削る仲であり、また若いが故に意気投合するものがあった。

もう時効だから書いてもよかろう。マツダと猪木がテネシー州をサーキットした時、私はマツダから一通のたよりを受け取っている。その文面には「二人が手を併せて日本で本当のプロレスを見せたい」趣旨がしたためてあった。日本プロレスで身の置き場のなくなった豊登（詰め腹的に四十年十二月三十一日付けで辞表提出）が、マツダと猪木に〝あること〟（旗揚げ）を電話で連絡したことを、私はマツダから聴いている。そうしたことからマツダの「猪木君を信頼している」の言葉が、私はうなずけた。結果的に猪木は先行して旗揚げした。

十一月二十六日、東京プロレス選手会は国際プロレスへの参加を決定、二十九日東京・新宿のコミネビル内、東京プロレス事務所で吉原、猪木立ち会いの上で合同興行による国際プロレスのパイオニア・シリーズの開催を発表する。ともあれ豊登を含め猪木以下全員の出場が「以後のことは未定」の注釈付きで決まった。空前、そしてその後もない型破りの「両団体提携」とうたう国際プロレスの旗揚げ興行は、曲りなりにもスタートにこぎ付けた。

神髄見せた試合

四十二年の年頭はまさに「戦国プロレス」の幕開けだった。日本プロレスは一月五日東京・足立区体育館、国際・東京の連合軍は同日大阪府立体育会館で蓋を開けた。二つの団体が同じ日に門出をするのは、かつてない。連合軍は寄せ集めながらマツダ、猪木、豊登の三枚看板。日本プロレスの馬場、吉村、大木金太郎らの主力と比べてそん色はない。だがポスターにある豊登が、なぜか姿はない。

参加外人レスラーはＮＷＡ世界ジュニアヘビー級選手権者のダニー・ホッジ、「世界最大のタッグ」の肩書きを掲げるジェーク・スミスとルーク・ブラウンのザ・ケンタッキアンズ、ベテランのエディ・グラハム、そして東京プロレスの旗揚げに参加した前USヘビー級選手権者（猪木に奪取される）のジョニー・バレンタインが猪木の指名で途中から参加する。スミスは馬場より大きい。当初ジャック・ブリスコも予定された。外人勢の顔触れはなかなかの充実ぶりだ。

客集めに総力を上げた大阪府立体育会館には満員に近い七千三百人（主催者発表）の観客を集めた。メーンエベントはホッジのNWA世界ジュニアヘビー級選手権にマツダが、ぶっつけ本番での挑戦をした。マツダは一九六四年（昭和三十九年）タンパでホッジを破って同選手権を奪取（三カ月間保持）している。このタイトル獲得前には試合を捨てて「プロレスの神様」と称されるカール・ゴッチの〝鉄のしごき〟をマンツーマンで二カ月間受けている。のちに猪木も鍛えられる。

ホッジは三度AAU（全米体協）選手権を取り、一九五二年（ヘルシンキ）一九五六年（メルボルン）の両オリンピックに出場、メルボルンではミドル級で銀メダルを獲得したアマレスの第一人者から五八年にプロレス入りした。六二年にアンジェロ・サボルディを破ってNWA世界ジュニアヘビー級選手権を奪取、当時全米でルー・テーズ、ゴッチと並ぶ「実力者三強」と自他ともに認めた。アマボクシングのゴールデン・グローブ選手権（全米選手権）も手中にする米国でただ一人の二つのスポーツで頂点を極めたヒーローであった。来日して記者会見でリンゴを握り潰してジュースにした握力の持ち主でもあった。

試合は選手権試合ルールの60分三本勝負。冒頭から技と技の応酬の闘いとなった。スピードを競った。ホッジのコブラツイストをマツダが耐え抜き、グラウンドに持ち込みロッキング・チェアホールドで攻める。バナナ・スプレッドも出す。ホッジのバックブリーカーをマツダは切り返す。マツダのゴッチ直伝のジャーマンスープレックス・ホールドの切り札を知っているホッジは、慎重に警戒して封じる。時が刻々と経過する。館内はシーンと静まり返り、一種異様な雰囲気だ。観客は二人の虚々実々の駆け引き、秘技の応酬に酔った。

二人とも、一本のフォールも奪えないまま時間切れ引き分けた。二人の力に開きはなかった。マツダの攻めにホッジはいぶし銀を思わす重厚なレスリングで対抗した。一時間の長丁場を闘ったというのに、二人からは汗も出ていない。いや精根を尽した闘いに汗も枯れたのか。闘い終わった両者に万雷の拍手が起こった。これまでの日本のプロレスで見られない本格派の闘い、プロレスの神髄の〝技の闘い〟を余すところなく見せた。

今も私は思う。昭和二十六年十月にボビー・ブランズら一行が国連軍慰問と、日本の身体不自由児の慈善興行のため来日し日本で本格的なレスリングを披露して以来（この時、力道山、遠藤幸吉が興行の途中から出場）丸三十年間、日本だけでなく北米、欧州、東南アジアの各国でプロレスを見続けてきた私に、これほど感銘させた試合はかつてない。それは私がマツダを身びいきしてのものではない。控室に戻ったマツダが「どうでしたか？　お客は満足してくれたでしょうか」と私に問うたが、私は「言うところないな」と返すだけだった。マツダのノドはからからだったが、私ののどもまた涸れて〔原文ママ〕いた。

二日目の同所ではマツダは猪木と組んでザ・ケンタッキアンズの挑戦を受けＮＷＡ世界タッグ選手権試合を行い、ストレート勝ちした。

二人のチームワークに巨大なコンビも歯が立たなかった。マツダの洗練されたテクニックとは別に、猪木のケレン味のない攻撃型のテクニックが光った。この日の観衆は四千八百人と前日より落ちたが、当時、日本のプロレスが同一会場で連日興行をする自信がないことを思えば、まず上首尾であった。

三十一日仙台・宮城県スポーツセンターまで、あえぎながらも二十戦をこなした。その間、マツダはホッジと十日福岡・九電記念体育館のノンタイトル戦（45分三本勝負）でホッジに１―０とされたあと時間切れ引き分け、三十日横浜文化体育館のタイトルマッチの再戦で１―１のあとマツダのバックドロップから両者が後頭部を打ち両者カウントアウトで勝負はつかなかった。両者に〔原文ママ〕力は伯仲した。

吉原マツダ離別

旗揚げの合同興行シリーズを終えた時、吉原社長は「余りにももくろみとは違ったことが多かった。だが旗揚げはやり繰り算段して曲りなりにも終えた。先のことを考えれば、これでいい」と言った。その顔には心労がありありと見てとれた。興行的には多くの黒字はあげられなかった。豊登は病気を理由に欠場したしその豊登と猪木が東京プロレスにからむ金銭問題から〝告訴合戦〟をやらかし泥もかぶった。

マツダは「最初の興行としては上出来じゃなかったか。いろいろの問題が起こったが、それがなかったらもっとスムーズにいったろう。私たちがやろうと思ったこと――それがファンに認識してもらえたらいい。それにしてもテレビが付いていたら…」と洩らした。そう「テレビがあったらな」は関係者の偽らざる本心だった。

この時点で昨年二度のシリーズを終えた東京プロレスは事実上の継続能力を失っていた。そしてこの合同興行から猪木を除く（のちに日本プロレスに復帰）東京プロレスの若手レスラーの大多数は国際プロレスの翼下に入る。斎藤昌典（現在のマサ斎藤）、木村政雄（同ラッシャー木村）は参加しなかったが、次のパイオニア・サマー・シリーズに豊登が加わった。私は、日蓮宗本山の身延山に山ごもりする豊登を口説いた。豊登は「吉原、マツダには借りを返す」と言い、すべてを忘れて協力を約束した。マツダ、豊登の二枚看板で二度目のシリーズを終えた。

「テレビが付いていたらな」のマツダの言葉は未練となる。吉原は伝手（つて）から旗揚げ前からテレビ各局と折衝した。これは当時、明らかにされなかったことだが、パイオニア・シリーズを終わった時点では、フジテレビが、のちに決まるTBSテレビより進展していた。日活映画を退社した江守清十郎前副社長が東急エージェンシーの企画書を同局に持ち込み、四月からの放映を検討していた。番組スポンサーも決まっていた。

だがその青写真は吉原社長の懇請からTBSテレビに変わる。早大時代の同窓生の森忠大運動部副部長とのつながりからだ。パイオニア・シリーズの七月二十九日東京・大田区体育館の試合を特番の「週間スポーツ」で流し、八月十一日大分県体育館の試合をTBS系列の大分テレビがローカルではあったが録画中継した。プロレスラーのマツダのあれこれを「スポーツアワー」で特集した。

そして翌四十三年一月三日東京・日大講堂の再建国際プロレス（TBSプロレスとうたう）から待望のテレビ定期番組の放映が開始される。契約は二年間で週一回のレギュラーカードが二百万円、特別カードは三百五十万円（税込み）の放映ギャランティーで、当時の日本プロレスの日本テレビを上回る放送料と事情通は推測する。

だが本格的にテレビの放映が開始された時には、その契約を結ばせた主役のマツダの姿は国際プロレスになかった。路線は修整された。豊登に米国から帰国させた草津、杉山を軸に木村が加わり、前シリーズで覆面太郎でデビューした小林が登場する。ルー・テーズとともにホッジも参加したが、もうマツダと対戦する場はなかった。

吉原とともに辛酸をなめて国際プロレスを旗揚げし、二シリーズを主役として闘ったマツダがなぜ、吉原とタモトを分かったか？　私はパイオニア・サマー・シリーズのあと渡米し、フロリダ州からプエルトリコ、バハマ諸島をサーキットした時、マツダの気持ちにとくと耳を傾けた。そしてマイアミビーチのホテルから東京の吉原社長のもとに

「協力打ち切り」の電話を掛けた時、私はマツダの横でその言葉を聴いていた。「これですべては終わった。私は米国で専念する」というマツダと、ホテルのバーで酔った。なぜだったか――それは吉原社長とマツダ、私と三人の間でだけ知っていればいい。

その後「日本のプロレスの孤児」〔原文ママ〕になるかと思われたマツダは、馬場の全日本プロレスのリングに上がり、また猪木の新日本プロレスのリングにも上がった。でも国際プロレスのリングにだけは上がっていない。マツダの実力、その経験を馬場も猪木も、買ったからであろう。マツダと私は日本でも米国でも、会うたびにあの時のこと（旗揚げのホッジ対マツダ戦）を繰り返して回想する。「あの時のようなファイトを今もやれるか」が、酒に酔うたびに私の口から出る。

冒頭の「吉原さん、元気ですか?国際プロレスはどうですか」のマツダの言葉は、やはり忘れようにも国際プロレスを忘れられないからではないか。今の国際プロレスは厳しい苦境に立つ。マツダは私に「あなたもそうじゃないですか」と口を掛けよう〔原文ママ〕、そう、私は会社名の「インターナショナル・レスリング・エンタープライズ」と旗揚げシリーズ名称の「パイオニア・シリーズ」を名付けたのだから…。（『プロレス』1981年8月号、172〜175頁）

この記事を執筆した当時、すでにプロレス・ライターとしてのキャリア30年、58歳だった庄一さんが、14年まえ（当時44歳）の国際プロレス設立のいきさつとその旗揚げ興行をふり返っていると

いうシチュエーションである。国際プロレスはこの年（1981年）の8月、活動を停止。その15年の歴史に終止符を打った。庄一さんは、吉原功・国際プロレス社長と、吉原社長とともに国際プロレスを設立するがのちに袂を分かったヒロ・マツダのふたりに対する〝私〟の思いを、めずらしくセンチメンタルなタッチでつづっている。

冒頭のシーンは、庄一さんとヒロ・マツダの電話の会話からはじまっている。庄一さんが平日の午前中に『週刊プロレス』の編集部にやって来て、フロリダ州タンパ在住のマツダに〝国際電話〟をかけているところを――いまから30年以上もまえのことだが――ぼくは何度も目撃したことがある。東京が午前10時だと、フロリダは午後8時、夏時間だと午後9時で、長電話をするにはおたがいにちょうどいい時間帯だったのだろう。

庄一さんはプッシュフォンのボタンを〝ピポパ〟と押すダイレクト・コールではなくて、いつもKDDのオペレーターを呼び出してから口頭で相手の氏名と電話番号を伝えるパーソン・トゥ・パーソン・コールを利用していた。1980年代は国際電話がまだ高額な時代で、アメリカに電話をかけること自体がなんとなく非日常的な光景だった。いつも気むずかしい顔をしていた庄一さんが、マツダと電話で話すときはいつも上機嫌でウキウキしていた。文中には出てこないが、受話器を握った庄一さんの第一声はいつも「ミスター・コジマ（マツダの本名は小島泰弘）？　マガジンのスズキです」だった。

庄一ナラティブには〝私〟がよく登場することはすでにふれたとおりだが、とくにこの記事のなかでは〝私〟が歴史的な事件の目撃者（ときには当事者）として活字のなかをフルに動きまわっていて、その記述は——思い出ばなしという次元ではなく——臨場感と緊迫感に満ちている。

「……草津は巡業先で私に『渡米して修業は出来ないものか』とたずねた。前年渡米し、マツダ、ケオムカが五月のゴールデン・シリーズに日本プロレスのリングに上がることを知っている私は、その時に見てもらい『その結果で』と橋渡しした」

「前年八月に渡米した私はテキサス州ダラスで猪木、マツダとはフロリダ州で会い……」

「私は力道山の留守中に力道山から頼まれたプロ野球を去った馬場正平（のちのジャイアント馬場）をジムに誘って、やがて入門の紹介をした」

「もう時効だから書いてもよかろう。マツダと猪木がテネシー州をサーキットした時、私はマツダから一通のたよりを受け取っている。その文面には『二人が手を併せて日本で本当のプロレスを見せたい』趣旨がしたためてあった。……豊登が、マツダと猪木に〝あること〟（旗揚げ）を電話で連絡したことを、私はマツダから聴いている」

国際プロレスの旗揚げ興行でおこなわれたダニー・ホッジ対ヒロ・マツダのNWA世界ジュニアヘビー級選手権は、この記事のタイトルどおり庄一さんの〝我が心の名勝負〟だったのだろう。

「今も私は思う。……丸三十年間、日本だけでなく北米、欧州、東南アジアの各国でプロレスを見続けてきた私に、これほど感銘させた試合はかつてない。それは私がマツダを身びいきしてのものではない」

しかし、旗揚げから2シリーズを終了後、マツダと吉原社長は袂を分かった。

「私はパイオニア・サマー・シリーズのあと渡米し、フロリダ州からプエルトリコ、バハマ諸島をサーキットした時、マツダの気持ちにとくと耳を傾けた。そしてマイアミビーチのホテルから東京の吉原社長のもとに『協力打ち切り』の電話を掛けた時、私はマツダの横でその言葉を聴いていた。『これですべては終わった。私は米国で専念する』というマツダと、ホテルのバーで酔った。なぜだったか——それは吉原社長とマツダ、私と三人の間でだけ知っていればいい」

「マツダと私は日本でも米国でも、会うたびにあの時のこと（旗揚げのホッジ対マツダ戦）を繰り返して回想する。『あの時のようなファイトを今もやれるか』が、酒に酔うたびに私の口から出る」

国際プロレスが活動停止—消滅してから4年後の1985年（昭和60年）6月、吉原功・元国際プロレス社長は胃ガンのためこの世を去った。まだ55歳の若さだった。庄一さんも、ヒロ・マツダ——1999年11月、大腸ガンで死去。享年62——もうここにはいない。力道山の日本プロレスでもジャイアント馬場の全日本プロレスでもアントニオ猪木の新日本プロレスでもなく、吉原功とヒロ・マツダが設立し、約15年間にわたる歴史を昭和プロレス史に刻んだ国際プロレスをリアルタイムで目撃したプロレスファンもだんだん少なくなってきた——。

あとがき

昭和プロレス正史とは、活字プロレスの歴史であるとぼくは考えた。〝正史〟というと「正統の歴史」「国家が編纂した正統を明らかにする歴史書」（広辞苑による）という意味だが、プロレスというジャンル、とくに日本のプロレスにおいては、その歴史はわりときっちりと活字として記録されてきた。それは〝力道山プロレス〟から本格的にはじまった日本のプロレス史が戦後の文化であることと深く関係している。もちろん、力道山以前にも、ソラキチ・マツダや浜田庄吉、マティ・マツダのように明治時代、大正時代に海を渡ってアメリカでプロレスラーとして活躍した日本人もいたし、力道山のライバルだった〝柔道の鬼〟木村政彦も、厳密にいうとプロレスラーとしてのキャリアは力道山よりも1年先輩だった。

日本国内におけるプロレス史は、1954年（昭和29年）2月の力道山&木村対シャープ兄弟の〝国際大試合〟からはじまっている。それはプロレス史のプロローグであったと同時に、活字プロレスのプロローグでもあった。本書でくわしく論じたとおり、日本のプロレスはその幕開けからメディアイベントであり、テレビという新しいメディアによるメガイベントだった。いまでは考えられないことであるけれど――だからこそ歴史的なできごとなのだが――〝力道山プロレス〟のオープニングとなった力道山&木村対シャープ兄弟の第1戦は、開局したばかりのNHKと日本テレビの2局が生中継でオンエアし、『読売新聞』、『朝日新聞』、『毎日新聞』といった大新聞がスポーツ面と社会面でこのニュースを報じた。

プロレス史を〝昭和史〟と〝平成史〟に分類すると、〝昭和史〟はボビー・ブランズ一行がGHQ慰問興行のために来日した1951年（昭和26年）から1988年（昭和63年）までの37年間ということになる。力道山がプロレスラーとしてデビューしたのが51年（昭和26年）10月で、急逝したのは1963年（昭和38年）12月だから、その現役生活は12年2カ月。シャープ兄弟との歴史的な一戦、木村との〝昭和巌流島の決闘〟がおこなわれた1954年（昭和29年）をスタート地点とするならば、〝力道山プロレス〟は約10年間のピリオドであったととらえることができる。

力道山のまな弟子であり、力道山以後の日本のプロレス史の主人公となるジャイアント馬場とアントニオ猪木は、力道山が生きていた1960年（昭和35年）にプロレスラーとしてデビューした。1964年（昭和39年）から昭和の終わりまでの四半世紀は、〝馬場プロレス〟と〝猪木プロレス〟が日本のプロレス史である。

これまで力道山と〝力道山プロレス〟、馬場と〝馬場プロレス〟、猪木と〝猪木プロレス〟、そして日本のプロレス史をダイジェスト的に取り上げた出版物はたくさんあったが、活字プロレス史という視点から〝昭和プロレス〟をひもといた書籍はあまりなかったように感じる。力道山、馬場、猪木のプロレスをその目でみて、取材し、記事や読み物を書き、それらを活字として後世――つまりいまこの瞬間まで――に伝えてくれたのは昭和を生きたプロレス・マスコミの先輩たちである。

力道山、馬場、猪木の試合を現場で取材し、この3人とじっさいに会話を交わし、また力道山、馬場、猪木と同じ時代を生きたプロレスラー、関係者らと接触したプロレス記者、プロレス・ライターは残念ながらもうそんなにたくさんはいない。とくに力道山に関する活字は、いまとなってはすべて〝資料〟であり、現在でも検索可能なそれらの〝資料〟をファーストハンド・インフォメーションの活字として残したジャーナリストは、突きつめていけば田鶴浜弘さん、鈴木庄一さん、櫻井康雄さんの3人しかいない。ぼくは〝田鶴浜ナラティブ〟〝庄一ナラティブ〟〝櫻井ナラティブ〟をいちどきっちりと整理整とんして、それをぼくよりもさらに若い世代のプロレスファンのためにできるだけ正確にアーカイブしておくことが、大げさにいってしまえば、プロレス・ライターの後輩としての義務ではないかと考えた。

田鶴浜さんは明治生まれ、庄一さんは大正生まれで、ふたりとも戦争経験者。櫻井さんも8歳の夏に終戦を体験した戦中派。3人は3人ともまったくちがったいきさつからプロレスとかかわるようになったが、それぞれがそれぞれに生きた〝昭和〟を抱えながらプロレスと向き合い、プロレスに人生を捧げた人たちだった。

1962年（昭和37年）生まれのぼくは、3人の偉大なプロレス・ライターの先輩たちとくらべると、まるっきりなにもなしとげていない。プロレスに人生を捧げたかといわれると、35年もこの仕事をつづけてきたのだから結果的にはそういうことになるのかもしれないけれど、子どものころからプロレスファンで、こうやってずっとプロレスにかかわってくることができたのだから、いまどきの表現を用いるならば〝自己責任〟だと思っている。

この本の企画をいっしょに考えてくださり、なかなか原稿を書かないぼくを辛抱強く待ちつづけてくれたイースト・プレスの藁谷浩一さんに深く感謝いたします。この本ができるだけ多くのプロレスファンの手に届くこと、ぼくと同じようにプロレスが大好きな人たちにとってほんのちょっとでも役に立つ1冊であることを心から願っています。『昭和プロレス正史』下巻もお楽しみに。

2016年8月、むし暑い仕事場から。

斎藤文彦

書籍
石田順一『私だけの「力道山伝説」』能登印刷出版部、1995年
猪木寛至『燃えよ闘魂』東京スポーツ新聞社、1975年
『新燃えよ闘魂』東京スポーツ新聞社、1981年
上田馬之助『男は馬之助』学研、1983年
『金狼の遺言──完全版──』(トシ倉森／共著)辰巳出版、2012年
牛島秀彦『もう一つの昭和史①──深層海流の男・力道山』毎日新聞社、1978年
『力道山 大相撲・プロレス・ウラ社会』第三書館、1995年
岡村正史『力道山 人生は体当たり、ぶつかるだけだ』ミネルヴァ書房、2008年
菊池孝『プロレス入門 小学館入門百科シリーズ9』小学館、1971年
『誰も書かなかったプロレスの内側』みき書房、1982年
『プロレス ゲラゲラBOOK』リイド社、1983年
『プロレス ゲラゲラBOOK PART2 笑いすぎだよ、リングアウト』リイド社、1986年
『ザ・キング・オブ・プロレス』小学館、1995年
キム・テグォン『北朝鮮版 力道山物語』柏書房(朴正明＝訳)、2003年
小島貞二『日本プロレス風雲録』ベースボール・マガジン社、1957年
『ザ・格闘技』朝日ソノラマ、1976年
『力道山以前の力道山たち──日本プロレス秘話──』三一書房、1983年
桜井康雄(原康史)『実録小説プロレス対柔道』東京スポーツ新聞出版局、1974年
『劇録 力道山』(全5巻)東京スポーツ新聞社、1994年〜1996年
『劇録 馬場と猪木』(全13巻)東京スポーツ新聞社、1997年〜2003年
ジャイアント馬場『たまにはオレもエンターテイナー』かんき出版、1983年

鈴木庄一
『鈴木庄一の日本プロレス史』(上下全2巻) 恒文社、１９８３年
『宿命のライバル G・馬場 A・猪木 永遠の抗争 過去・現在・未来』 都市と生活社、１９８３年

田鶴浜弘
『世界の選手たち』 沙羅書房、１９４９年
『プロレス血風録』 双葉社、１９６８年
『血闘と友情の記録 不滅の王者／力道山・テーズ』 恒文社、１９７０年
『プロレス百科 ファンズブック』 恒文社、１９７０年
『凄絶!! ゴッチとハックの死闘 近代プロレスの夜明け』 恒文社、１９７０年
『プロレス黄金時代の栄光と暗黒』 恒文社、１９７０年
『プロレス・ニッポン世界をゆく』 恒文社、１９７１年
『日本プロレス20年史』 日本テレビ放送網、１９７５年
『格闘技スーパー・スター』 双葉社、１９８０年
『プロレス大研究』 講談社、１９８１年
『日本プロレス30年史』 日本テレビ放送網、１９８４年
『プロレス面白ゼミナール』 こだま出版、１９８４年
『プロレス オール強豪名鑑 世界編』 友峰書店新社、１９８６年
『プロレス オール強豪名鑑 日本編』 友峰書店新社、１９８６年

東京スポーツ新聞社
『プロレス名勝負物語』(山田 隆・櫻井康雄＝担当) 東京スポーツ新聞社、１９７０年
『プロレスの鬼 力道山写真集』 東京スポーツ新聞社、１９７２年
『プロレス血闘録 増補改訂版』 東京スポーツ新聞社、１９７６年

村松友視
『私、プロレスの味方です』 情報センター出版局、１９８０年
『当然、プロレスの味方です』 情報センター出版局、１９８０年
『ダーティ・ヒロイズム宣言』 情報センター出版局、１９８１年
『ファイター 評伝アントニオ猪木』 情報センター出版局、１９８２年
『村松友視のプロレス塾』 徳間書店、１９８２年
『男はみんなプロレスラー』 ベースボール・マガジン社、１９８２年
『七人のトーゴー』(文春文庫) 文藝春秋、１９８４年
『力道山がいた』(朝日文庫) 朝日新聞社、２００２年

門馬忠雄
『改訂版 プロレス百科事典』 東京スポーツ新聞社、１９８１年
『門馬忠雄のこれがプロレスだ!! ザ・プロレス90 1歴史編』 荒地出版社、１９９０年

『門馬忠雄のこれがプロレスだ!! ザ・プロレス90　2ルール・技術編』荒地出版社、１９９０年
『門馬忠雄のこれがプロレスだ!! ザ・プロレス90　3レスラー名鑑・タイトル戦史編』荒地出版社、１９９０年
『プロレス酔虎伝』三一書房、１９９２年
『プロレス血風録』（文春文庫ビジュアル版）文藝春秋、１９９３年
『ザ・国技館伝説』ＫＫベストセラーズ、１９９３年
『ニッポン縦断プロレスラー列伝』エンターブレイン、２００２年
『アンドレがいた！』エンターブレイン、２００４年
『新日本プロレス12人の怪人』（文春新書）文藝春秋、２０１２年
『全日本プロレス超人伝説』（文春新書）文藝春秋、２０１４年

山田隆
『プロレス入門 カラー版ジュニア入門百科３』秋田書店、１９６９年
『続プロレス入門 カラー版ジュニア入門百科15』秋田書店、１９７０年
『プロレスの首領』東京スポーツ新聞社、１９８３年

力道山光浩
『力道山 空手チョップ世界を行く』日本図書センター、２０１２年

雑誌
『プロレス&ボクシング』ベースボール・マガジン社　１９６４年１月号（昭和39年１月１日発行）
『プロレス&ボクシング別冊』ベースボール・マガジン社　１９７２年２月号（昭和47年２月１日発行）
『プロレス』ベースボール・マガジン社　１９７２年９月号（昭和47年９月15日発行）
１９７２年10月号（昭和47年10月15日発行）
１９７３年４月号（昭和48年４月15日発行）
１９７３年５月号（昭和48年５月15日発行）
１９７３年７月号（昭和48年７月15日発行）
１９７３年９月号（昭和48年９月15日発行）
１９７３年10月号（昭和48年10月15日発行）
１９７４年９月号（昭和49年９月15日発行）
１９７５年６月号（昭和50年６月15日発行）

『別冊プロレス夏季号 秘蔵写真でつづる日本のプロレス』ベースボール・マガジン社 1975年（昭和50年）6月25日発行

『プロレス』ベースボール・マガジン社
1975年9月号（昭和50年9月15日発行）
1976年2月号（昭和51年2月15日発行）
1976年8月号（昭和51年8月15日発行）
1978年11月号（昭和53年11月15日発行）
1979年7月号（昭和54年7月15日発行）
1979年8月号（昭和54年8月15日発行）
1979年9月号（昭和54年9月15日発行）
1979年10月号（昭和54年10月15日発行）
1979年11月号（昭和54年11月15日発行）
1979年12月号（昭和54年12月15日発行）
1980年1月号（昭和55年1月15日発行）
1980年2月号（昭和55年2月15日発行）

『プロレス 格闘技世界一決定戦』ベースボール・マガジン社 1980年3月号緊急増刊（昭和55年3月30日発行）

『デラックス・プロレス』ベースボール・マガジン社 1980年5月号（昭和55年5月1日発行）

『プロレス』ベースボール・マガジン社
1981年3月号（昭和56年3月15日発行）
1981年4月号（昭和56年4月15日発行）

『別冊プロレス陽春号 日本のプロレス30年史』ベースボール・マガジン社 1981年（昭和56年）5月1日発行

『プロレス』ベースボール・マガジン社
1981年5月号（昭和56年5月16日発行）
1981年6月号（昭和56年6月15日発行）
1981年7月号（昭和56年7月15日発行）
1981年8月号（昭和56年8月15日発行）
1981年9月号（昭和56年9月15日発行）
1983年6月号緊急増刊（昭和58年6月30日発行）

『デラックス・プロレス』ベースボール・マガジン社
1984年7月号（昭和59年7月1日発行）
1985年5月号（昭和60年5月1日発行）
1985年6月号（昭和60年6月1日発行）

『ビッグレスラー』立風書房 1983年3月号（昭和58年1月27日発売号）

『ナンバー』文藝春秋
1983年（昭和58年）3月5日発行（70号）

『週刊プロレス』ベースボール・マガジン社
1985年（昭和60年）4月2日号（No.86）
1985年（昭和60年）4月9日号（No.87）
1985年（昭和60年）5月28日号（No.94）
1985年（昭和60年）6月18日号（No.97）
1985年（昭和60年）6月25日号（No.98）
1985年（昭和60年）7月2日号（No.99）

『別冊週刊プロレス新年号　1945〜1985激動のスポーツ40年史⑥　プロレス秘蔵写真で綴る激動史　鈴木庄一・菊池孝／監修』ベースボール・マガジン社
1986年（昭和61年）1月15日発行

『週刊プロレス』ベースボール・マガジン社
1986年（昭和61年）3月4日号（No.133）
1987年（昭和62年）1月6日／1月13日合併号（No.182）
1987年（昭和62年）4月21日号（No.199）
1987年（昭和62年）4月28日号（No.200）
1987年（昭和62年）10月13日号（No.226）
1988年（昭和63年）5月17日号（No.256）
1988年（昭和63年）5月24日号（No.257）
1988年（昭和63年）5月31日号（No.259）
1988年（昭和63年）9月20日号（No.276）

『週刊プロレス別冊薫風号　激動の昭和スポーツ史10プロレス　力道山から馬場、猪木へ、そしてUWFの出現まで――』ベースボール・マガジン社
1989年（平成元年）6月20日発行

『週刊ゴング7月10日増刊　20年目の検証　猪木・アリ戦の真実』日本スポーツ出版社
1996年（平成8年）7月10日発行

『週刊プロレススペシャル シリーズ8 BB MOOK215』ベースボール・マガジン社
2002年（平成14年）5月15日発行

『別冊週刊プロレス冬季号　プロレスザ・レトロマニア』ベースボール・マガジン社
2006年（平成18年）12月25日発行

拙著（責任編集＝雑誌別冊を含む）

『いとしのプロレス in アメリカ』　ベースボール・マガジン社、1984年

『プロレス大事典』　小学館、1993年

『テイキング・バンプ とっておきのプロレスリング・コラム』　ベースボール・マガジン社、1995年

『DECADEプロレスラー100人の証言集』（上下全2巻）　ベースボール・マガジン社、1995年

『ボーイズはボーイズ とっておきのプロレスリング・コラム』　梅里書房、1998年

『レジェンド100アメリカンプロレス伝説の男たち』　ベースボール・マガジン社、2005年

『アメリカーナ アメリカン・プロレスの教科書』　週刊プロレス別冊晩秋号　ベースボール・マガジン社、2005年

『アメリカーナ MOREアメリカン・プロレスの教科書』　週刊プロレス別冊秋季号　ベースボール・マガジン社、2006年

『アメリカーナ・イヤーブック07／08』　週刊プロレス別冊早春号　ベースボール・マガジン社、2008年

『みんなのプロレス』　ミシマ社、2008年

昭《しょう》和《わ》プロレス正《せい》史《し》 上巻《じょうかん》

2016年9月20日 初版第1刷発行

著者 斎藤文彦
発行人 木村健一
編集 藁谷浩一
発行所 株式会社イースト・プレス
〒101-0051
東京都千代田区神田神保町2-4-7 久月神田ビル
Tel. 03-5213-4700
Fax. 03-5213-4701
http://www.eastpress.co.jp

AD 三木俊一
デザイン 守屋 圭（文京図案室）
本文DTP オカダレタリング
印刷所 中央精版印刷株式会社

定価はカバーに表記してあります。

乱丁・落丁本がありましたらお取替えいたします。

本書の内容の一部あるいは全部を無断で複製複写（コピー）することは、法律で認められた場合を除き、著作権および出版権の侵害になりますので、その場合は、あらかじめ小社宛に許諾をお求めください。

©SAITO,Fumihiko 2016 PRINTED IN JAPAN
ISBN978-4-7816-1472-4